初 中 数 学　　示 力 丛 书

高阶思维视角下的
本原性问题设计

徐晓燕 等　著

华东师范大学出版社
·上海·

图书在版编目（CIP）数据

高阶思维视角下的本原性问题设计 / 徐晓燕等著.
上海：华东师范大学出版社，2024. -- ISBN 978-7
-5760-5277-0

Ⅰ. G633.602

中国国家版本馆 CIP 数据核字第 2024VK3578 号

高阶思维视角下的本原性问题设计

著　　者　徐晓燕　等
策划编辑　刘祖希
特约审读　苏希常
责任校对　樊　慧
装帧设计　卢晓红

出版发行　华东师范大学出版社
社　　址　上海市中山北路 3663 号　邮编 200062
网　　址　www.ecnupress.com.cn
电　　话　021 - 60821666　行政传真 021 - 62572105
客服电话　021 - 62865537　门市(邮购)电话 021 - 62869887
地　　址　上海市中山北路 3663 号华东师范大学校内先锋路口
网　　店　http://hdsdcbs.tmall.com

印 刷 者　常熟市文化印刷有限公司
开　　本　787 毫米×1092 毫米　1/16
印　　张　17.5
字　　数　354 千字
版　　次　2024 年 11 月第 1 版
印　　次　2024 年 11 月第 1 次
书　　号　ISBN 978 - 7 - 5760 - 5277 - 0
定　　价　68.00 元

出 版 人　王　焰

序一：问题与思维，能力与素养

核心素养导向的课程改革，在课程内容结构化、育人方式、教学方式、学习方式、教学评价、学业评价等方面，提出了全方位的新要求.在基础教育课程教学深化改革的进程中，我们面临着许多重点难点问题，诸如核心素养导向的教学设计、学科实践、跨学科主题学习、作业设计、考试命题、综合素质评价等.为了破解这些难题，人们在作出各种努力，我们中学教师到底该如何作为呢？

基础教育的课程、教材、教学、评价等必须随时代发展而不断变革，这是不以人的意志为转移的，这里的关键是要把握正确的大方向.我认为，在迅速发展的教育改革大潮中，守正创新是把握改革正确方向的正道.如何处理好守正与创新的关系，在继承基础上创新，走一条"积跬步以至千里"的改革道路，是每一位教育工作者都应认真思考的问题.对于数学教育教学改革而言，我们必须以落实立德树人根本任务、发展学生核心素养为目标定位，潜心追索数学教育的本来面目，探寻数学教育教学改革的方式方法，以"一张蓝图绘到底，撸起袖子加油干"的坚强决心，通过坚忍不拔的努力，实现数学育人的时代目标.

那么，在深化数学教育教学改革的行动中，到底什么才是发展学生核心素养的关键？经过长期教学、教研实践并在实践基础上进行理性思考、理论概括，徐晓燕老师在本书中给出的回答是"在课堂中聚焦学生的思维发展开展数学教学"，她认为课堂教学中开展"思维教学"，应着力于如下几点：

创设情境，引发思维动机；聚焦问题，激发思维动力；

自主探究，保持思维主动；合作交流，引发思维监控；

现实应用，促发思维迁移；反思优化，激发思维创新.

我认为，这个回答抓住了数学的学科特点，反映了数学育人的本来面目，其理由是：

(1) 数学是思维的科学，由此决定了数学育人的重心在培养人的思维，正如 2022 年版数学课程标准指出的，数学在形成人的理性思维、科学精神和促进个人智力发展的过程中发挥着不可替代的作用.

（2）"中国学生发展核心素养"是新课改的顶层设计，它把科学精神作为六大素养之一，其具体表现为理性思维、批判质疑、勇于探究.其中，理性思维的重点是：崇尚真知，能理解和掌握基本的科学原理与方法；尊重事实和证据，有实证意识和严谨的求知态度；逻辑清晰，能运用科学的思维方式认识事物、解决问题、指导行为等.批判质疑的重点是：具有问题意识；能独立思考、独立判断；思维缜密，能多角度、辩证地分析问题，做出选择和决定等.勇于探究的重点是：具有好奇心和想象力；能不畏困难，有坚持不懈的探索精神；能大胆尝试，积极寻求有效的问题解决方法等.由此可见，在核心素养发展中，思维的发展是关键.从课程标准中明确的数学课程性质出发，我们可以进一步强调，能否有效达成核心素养导向的数学课程目标，关键在于能否有效培养学生的思维能力.

（3）培养思维能力历来是我国数学课程目标的核心."双基"和"三大能力"是新中国成立以来我国数学学科长期坚持的课程目标.2022年版数学课程标准将数学课程应着力培养的核心素养界定为"三会"，这个表述继承了我国数学教育教学的优良传统，"三会"的内核其实是思维的发展.

（4）心理学的研究表明，智力、能力发展的核心是思维的发展，也就是说，学生智力、能力发展的落脚点都在思维发展上.同时，思维发展心理学强调，培养思维能力的关键在于培养抽象与概括能力，突破口是培养逻辑性（深刻性）、灵活性、创造性、批判性、敏捷性等思维品质.由此可见，培养思维能力与发展核心素养的基本路径一致.

所以，发展学生的思维是数学育人的永恒主题！这是数学课程的精髓，是数学教育的真谛，也是把握课改内涵的基点.

值得指出的是，徐老师强调的是"高阶思维的教学"，也就是策略性思维、批判性思维和创造性思维的教学，其目的是要改变我国数学课堂中以概念记忆、题型识别、机械模仿等为主导的低层次思维教学状况，这与发展"科学精神"素养是不谋而合的.

那么，如何实现"思维的教学"呢？徐老师给出的思路是：创设"解决问题的教与学的环境"，在单元中以"本原性问题"为统帅，在课时中以"核心问题"为引领，通过"驱动性问题""生成性问题"和"引导性问题"形成问题系统，从而建构起数学认知活动和高水平数学思维的教学路径.这是充满实践智慧的理性概括.

一般而言，"本原性问题"的统帅作用体现在方法论层面，是观念性的东西，大致可以与"四基"中的"基本思想"相对应.进一步地，徐老师从教学层面、从培养学生高阶思维的作用上对"本原性问题"在教学中的概念进行了延展，其中包括激发学生对数学核心概念、思想方法的深入探究，促进学生批判性地审视各种观点并为自己的观点确立证据，激发学生发散性思维、提出新问题和新见解，建立新知识经验与已有认知结构间的实质性联系进而实现有意义学习，引领学生在思想、观念层面进行批判性反思，以及以关键问题解决过程为参照的迁移、应用和创新.

"本原性问题"是宏观的、起指导思想作用,离具体内容的研究、探索有较大的距离. 为此,徐老师提出在"本原性问题"统领下从中观到微观的问题设计路径,以"驱动性问题""引导性问题"给学生的高水平思维活动提供具体方向. 例如,对几何图形的研究,其一般套路是"背景—概念—性质(判定)—联系—应用",其中性质主要从图形的组成要素、相关要素(如中线、高线、角平分线、对角线等)的关系、图形之间的关系等展开研究. 在分析初中平面几何课程内容的整体架构后,徐老师以本原性问题"在研究一个几何图形时一般从哪些角度思考?"为引领,设计了"直角三角形的性质"的课时核心问题:直角三角形除了具有一般三角形的性质以外,还有什么特有的性质? 并将其具体化为如下驱动性问题:(1)我们学习了一般三角形的哪些知识?(2)我们学习了等腰三角形的哪些知识? 是从哪些角度、按怎样的路径展开研究的?(3)你能类比等腰三角形的学习过程探究直角三角形的性质吗?(4)你觉得哪些结论作为直角三角形的特有性质比较合适? 为什么?(5)本节课的学习对将来研究四边形或特殊四边形有什么启发? 然后,基于学生困惑和问题生成需要设置引导思维的启发性问题:(1)对于等腰三角形,我们探讨了底边上的高线和中线、顶角的平分线的位置关系. 通过类比,你能说说我们应如何研究直角三角形的高线、中线或角平分线?(2)证明一条线段等于另一条线段的一半是比较陌生的问题,回顾一下我们以往有没有这方面的经验? 你能将它转化为我们熟悉的问题吗?

我认为,按照这样的路径设计出的问题,满足"高质量问题"的四个指标:(1)反映数学内容的本质,(2)处于学生思维最近发展区内,(3)问题具有可发展性,(4)能引导学生通过模仿走向自主提问. 这样的问题,给学生创造了充分的学习机会.

需要指出的是,教师预设的问题、抓住课堂生成所进行的追问是影响思维教学的关键因素. 教师的设问能力不仅反映了教师理解数学、理解学生、理解教学的水平,而且也是制约学生核心素养发展的主要因素. 我相信,本书呈现的关于"如何设问"的理论与实践案例,对数学教师会有极大的启发性.

本书的亮点还有很多,例如,在分析数学内容的本质、具体内容与核心素养的关联之基础上,从中萃取一般观念,再进一步提炼内容模块中的"本原性问题";针对概念课、命题法则课、复习课、探究课等基本课型,在素养立意的核心任务与育人价值分析的基础上,提炼出问题设计和教学策略;基于高阶思维发展的需要,提炼出问题设计的方法和策略,明确具体操作路径和实施策略;等等. 限于篇幅不再一一列举和分析.

真正的改革发生在课堂. 这篇序言的标题概括了本书中呈现的徐晓燕老师沉浸于课堂所追索的数学育人真谛,同时也是课堂中开展"思维教学"的关键点. 我认为,本书的价值在于它告诉我们如何基于结构化的数学课程,在一般观念统领下,以研究一个数学对象的基本套路(背景—概念(本质)—性质(关系、规律)—结构(联系)—应用)为主线,以"本原性问题"为统领,结合具体单元的"核心问题"设计课时"驱动性问题"和"启发性问题",引导学生开展高水平数学思维活动,在发现和提出问题、分析和解决问题的过程中,系统掌握数学基础知识、基本技能,领悟基本思想,积累基本活动经验,发展数学核心素养.

　　是为序!

章建跃

2024 年端午节于北京吾庐

序　二

　　基于问题的教学法,在学科教育领域弥久不衰.不管是追溯到20世纪初大教育家杜威的"问题为核心"的经典论述,还是翻阅新近上海问题化学习研究所"学习始于和终于问题"的国家级教学成果奖著述,在经典理论和当代基于学习科学成果所跨越的一百多年期间,只要略作学术文献的梳理,就会惊讶地发现,教育工作者竟然对"问题"驱动教与学有如此之大的热忱、如此"痴迷"于研究课堂教与学活动中的问题设计、问题结构、问题互动、问题反馈等,以至于在数学课堂教学研究领域中已经延伸出从问题解决(Problem Solving)式教学到问题提出(Problem Posing)式学习的新热点.

　　很显然,徐晓燕老师领衔的这本新书关注的是一个并不多见的问题类型——本原性问题,它与惯常修饰问题的关键词,诸如真实性问题、情境性问题、现实性问题等提法截然不同,它看上去似乎有点生僻或冷门.但这并不代表"本原性问题"的研究不重要,真正的原因在于它难以被研究.横在研究这类问题之前的阻梗在于对数学学科本质把握的挑战,在于对数学思想方法中蕴含着的大概念、大观念等把握的难度,在于有限的课堂时间内平衡多种学习目标侧重让学生获得什么的两难抉择.

　　"本原性问题"原本是哲学本体论研究里的一个术语,它指向对事物最初根源或构成世界的最根本要素的质问.这里的"本原"不仅限于"本源",既有刨根问底探究源头之意,更有寻求理解世界的"始基"或"构成要素"的含义.在学科教育中提出"本原性问题",当然不是从哲学角度来探讨,而是借用哲学中追寻"本原"的思考问题方式来探讨学生究竟为何要学习数学、学习什么样的数学、获得什么样的数学.换言之,期望教师通过对本原性数学问题的关注,引导学生能够体验到数学学习主题中最为原始、朴素、本质的大观念、大思想和大方法,而不仅仅是一个个数学知识点、一道道数学题目及其解法、一则又一则数学定理或推论证法的堆积,这与当下所强调的让学生学会数学的眼光观察世界、学会数学的思维思考世界、学会数学的语言表达世界所追求的价值取向有异曲同工之妙.追求学生获得"三会"数学核心素养,正是对本原性数学问题由何、为何、如何所给出的终极答案,这里当然也包括对于一个更加具体的学习结果追求,即所强调的发展学生的"高阶思维".

本原性数学问题的设计离不开教师对学生数学学习内容的通透理解,这既是前提,也是基础.这里所说的"通透理解",不仅仅包含学科内容所处位置的承前启后关联性,更是放在学段和单元整体角度的结构性把握,也是站在关联性和结构性之上的"大观念""大思想""大方法"的提炼,由此才可能产生学生学习什么样的数学的"大目标",由此进一步产生这个"大目标"之下的一个总体性的驱动问题以及随之延伸出的系列问题来驱动学生的学习进程、导引教师的指导方略.在这本书第二章"内容解读与教学实践"中,对初中数学的数与运算、代数与方程、函数与分析、图形与几何、统计与概率等内容模块的"分析与结构"充分展现了本原性数学问题设计的前提和基础.

本原性数学问题的设计当然不能停留在纸面分析,既需要教学实践中的检验,也需要设计之外"生成"的元素来反馈和完善设计本身.因此从数学课堂教学的常见课型入手,不失为实践本原性问题设计的一种策略,这本书第三章"课型解读与教学实践"正是从四种课型角度做了实践案例成果的呈现:

其一,关于数学概念课中的本原性问题设计.数学概念是数学学科知识体系的基石,本原性问题驱动下的数学概念学习需要让学生体验到该概念"过程"和"结果"的双重属性.概念课不仅仅是把概念作为一个静态结果的"讲概念"和"背概念",概念课中的本原性问题在于让学生在概念的抽象形成过程中感悟概念背后潜藏着的思想方法、文化和价值观,概念本身就是生活经验的抽象,甚至是数学对象的二次抽象、多次抽象.

其二,关于数学命题(法则)课中的本原性问题设计.数学学科知识中的命题是联结概念、表达概念间关系的一些假设或判断,一旦被证明后就成为了规律,正是这些规律构成了数学学科体系的基本骨架.命题课中的本原性问题驱动学习的根本价值在于让学生经历数学规律"发现"或"发明"的过程,这种"发现"过程的主体方法当然是通过演绎式的逻辑推理得来,但在很多时候也是通过归纳式的经验总结而来(如承认一个公理),在命题课中与其说让学生学习各种规律,不如说是在让学生经历和体验各种数学推理过程.

其三,关于数学复习课中的本原性问题设计.复习课是从教学法角度划分的一种课型,其种类多样、目的各不相同,如专题式复习课、习题式复习课、单元式复习课等.但是,无论何种复习课型,一个根本的问题在于,为何需要这样一节复习课? 用本原性问题驱动复习课,就要解决常规的单课时所无法解决的问题.例如,让学生体验到看似不同的数学内容有着紧密的联系、不同的内容学习过程体现着相似的结构、不同的主题学习结果放在更宏观视角取向一致,等等.复习课中本原性问题的设计,从驱动学生学习的目标角度看,无外乎关联、结构、统领、贯通、融合等方面的价值体现.

其四,关于数学拓展课中的本原性问题设计.拓展课是强调数学应用的一种课型,这里的"拓展"既有应用数学层次的拓展(如简单的数学应用题到建模思想初步体验),也有应用数学场景的拓展(如从课堂里的数学学习场景到更加广泛的社会现实场景),甚至还有打破数学课边界的指向真实问题解决的跨学科拓展(比如跨学科数学项目学习)等.因此拓展课中本原性问题的设计,就在于促进学生对数学知识、技能、思想方法、数学活动经验等全方位的综合调动,强调数学世界与现实生活世界的联系,强调数学作为基础性工具学科的迁移性应用、创造性应用.

总体来说,这项基于徐晓燕名师工作室的数学课堂教学实践研究成果,带给我们如下三点启示:

第一,本原性问题设计能够引领教师关注学科本质,从而走向素养导向的课堂教学.过往的学科教学中,教师过度重视技能技巧而忽视发展学生对于学科实质的理解和体验;在新课程实施过程中,不少教师又过度依赖情境导入、小组学习、合作交流等彰显新理念的教学组织形式,忘记了"学生要学到什么"这个最根本的问题.因此,需要重新重视教师对数学学科本身的深度理解,以及不断思考本原性数学问题能够为学生数学核心素养发展贡献什么.

第二,本原性问题设计可以看作是一种教学设计的思想型策略.从数学概念课、数学命题(法则)课,到数学复习课、数学拓展课等,从"为什么要学"这个朴素的原始观念出发,用一系列问题驱动课堂教学,不但要尊重学生的认知水平,也要遵循学科知识的逻辑,让学生体验到数学概念和规律不是"天外来客",而是人类在努力探究自然、社会和精神世界中形成的体系化的认识成果;让学生体验到数学知识不是"毫无用处",而是解决现实生活和社会中问题的有力工具,与人类社会发展有着密切联系.

第三,本原性问题设计也可以看作是教师动态反思自己教学行为的支架."本原"一词所蕴含的刨根问底的探询和追求世界构成或要素的精神,可以引领教师不断反思自己的课堂中"学生究竟学到什么""教与学的活动该如何设计"等系列问题,不但可以加深教师对学生学习的认识,也可以激励教师不断去理解和更新对学科本质本身的认识."记问之学,不足以为人师",在这层意义之下,本原性问题的设计能够把"学之困"和"教不足"联结在一起,是对"人师"的追求,更体现了当下素养导向立意的育人价值.

杨玉东

2024 年 5 月 5 日于上海市教育科学研究院

目 录

前　言

　　数学历来被称为思维的体操,学生通过数学学习的积淀,形成数学学科的思维方式是数学教学的中心任务. 随着数学课程改革的推进,数学课程与教学的目标导向从"双基"到"四基、四能",再到以"三会"为核心的"素养目标",培养学生数学高阶思维正成为数学教育努力的方向和实践的重点之一.

　　2019 年笔者领衔的上海市教科院规划课题"高阶思维视角下的本原性问题设计"立项,旨在基于高阶思维的视角,通过"本原性问题"统帅的有层次的问题链驱动深度学习任务,铺设高阶思维发展的路径,切实提高初中生的数学核心素养. 2022 年课题结题后,笔者以课题研究成果为基础,又带领徐汇区徐晓燕(初中数学)名师工作室团队老师们历经两年的循环研究与实践,不断总结反思,于 2024 年凝练形成专著.

　　我们认为,高阶思维是一种高级认知水平能力,是学生在完成学习任务过程或问题解决中表现出的高水平心智活动,主要表现为策略性思维、批判性思维和创造性思维. 问题是思维创新的起点和催化剂,而"本原性问题"是凸显学科内容本质、处于学生认知规律与学科大观念的联结点上的问题,具有启发性、本质性、统领性,它能激发学生深度思考与探究、促进知识联系与迁移、导向深度学习与理解,促成学生形成反思与评价意识.

　　基于一个教师培训者的视角,成果力图展现教师如何在深度分析数学内容本质的基础上提炼数学学科的一般观念,源于教学目标进行教学任务和活动分解,通过"本原性问题"设计驱动教学的设计. 通过大量的课例实践,呈现出如何在课堂教学中,创设"解决问题的教与学的环境",以"本原性问题"为统帅,以"课时的核心问题"为引领,通过"预设驱动性问题""学生在问题解决过程生成的问题""基于学生困与惑的教师引导性问题"组成的问题系统架构认知过程和高阶水平的思维路径,构建"三位一体"的问题驱动教学样态,体现出徐汇区徐晓燕(初中数学)名师工作室"从课标到课堂落地"的实践与思考.

　　本书分为理论思考、内容解读与教学实践、课型解读与教学实践三部分.

　　在第一章"理论学习与反思重构"中,我们努力回答下列问题:高阶思维的内涵与结构是什么? 为什么要聚焦高阶思维? 数学核心素养与高阶思维之间存在着怎样的关系? 如何观察与评价高阶思维能力？又该怎样培养？力图提出一个能够解释高阶思维内涵的框架结构,建立起数学核心素养与高阶思维之间的逻辑联系.

问题是思维的发动机,好的问题设计能激发学生思维品质的提升.那么什么是本原性问题？如何设计本原性问题驱动高阶思维发展？设计的基本原则和策略是什么？常态教学中如何基于大单元视角下设计问题链驱动教学？本章我们将呈现以高阶思维发展的"本原性问题"为统帅的教学模型和教学结构.

新课程关注核心素养的连续性和进阶性,要求课程内容的结构化,提出横向关联互动、纵向进阶衔接的策略,教学内容以"构建大观念、大任务或大主题"进行结构化组织.而"本原性问题"具有启发性、本质性、统领性,所以在第二章"内容解读与教学实践"中,我们基于课标,结合上海传统分"数与运算""代数与方程""函数与分析""图形与几何""统计与概率"五个模块分析数学内容的本质,分析内容与素养培育的关联,提炼内容背后的一般观念、思想方法,以此为基础提出"本原性问题"设计的建议,并结合课例进行解读与分析.

在第三章"课型解读与教学实践"中,我们分析传统数学概念课、命题法则课、复习课、拓展课教学中的问题,基于新课改提出各种课型的意义和功能、核心任务,基于课型教学结构与环节的本原性问题设计策略,以及概念课、命题法则课、复习课、拓展课四种基本课型在素养导向下的基本任务与过程,提炼问题设计和教学策略,形成基于高阶思维发展"三阶段四环节"的教学样态,归纳提炼基于高阶思维发展的问题设计方法和策略,明确具体操作路径,提出切实可行的实施策略,帮助教师突破单元教学设计的困境,实现新课标新教材背景下课堂教学转型.

聚焦思维发展,我们确立"为思维而教,以学生的学习能力和思维发展为中心"的教学理念,提出课堂以下教学环节：

创设情境,引发思维动机;聚焦问题,激发思维动力;

自主探究,保持思维主动;合作交流,引发思维监控;

现实应用,促发思维迁移;反思优化,激发思维创新.

在"双新"背景下,数学教学不仅注重学生知识的积累与理解,更重要的是揭示知识背后的一般观念;不仅注重学生解决问题的方法,更重要的是通过问题解决提升思维品质;不仅关注学生分析与解决问题的能力,更重要的是培养学生发现与提出问题的能力;不仅关注激发学生的学习兴趣,更重要的是通过情感滋养让学生感受数学学科的育人价值,以此为基础落实核心素养.

在课题研究和书稿撰写过程中,感谢上海市教育科学研究院杨玉东博士和虹口区教育学院胡军老师的不吝指导,我们获益匪浅;也感谢笔者工作室第六期所有学员克服困难,挑战自己的能力边缘撰写书稿,他们由此迭代更新并不断成长.

这本书是第六期徐汇区徐晓燕(初中数学)名师工作室作为一个深度学习研究共同体的集体成果,具体分工如下:

徐晓燕对整本书进行整体架构与设计,分配编写任务、指导修改以及统稿,并负责每一章"章头语"的撰写以及每一节开头的审阅修改.

第一章"理论学习与反思重构"由徐晓燕、金佳元和汤雪川撰写,其中徐晓燕、金佳元主要负责第一节,徐晓燕、汤雪川主要负责第二节.

第二章"内容解读与教学实践"中,蔡洁平、权克军负责第一节正文以及由曹永娥、李佳琦执教的《分数与除法》《实数的概念》案例整理编写;费晓芳负责第二节正文编写,并整理了《代数方程复习课(1)》(王卫军执教)和《单元复习课——一次方程(组)应用》(许炜佶执教)两个教学案例;第三节由周冬妮和翁峥一撰写,并整理了案例《函数的概念(1)》(费晓芳执教)以及《一次函数的性质》(周冬妮执教);吴佳音、应隽、陈飞一起负责第四节的撰写,其中《画一个角等于已知角》由邬振宇执教与整理,《特殊平行四边形的性质(1)》由吴佳音老师执教并整理;施瑾与傅登荣负责第五节的编写,施瑾负责执教并整理案例《事件的概率(1)》,傅登荣整理了案例《中位数、众数》.

第三章"课型解读与教学实践"中,徐晓燕负责第一节,并整理《平面直角坐标系(1)》(刘颖执教)、《认识二元一次方程组(1)》(巩金万执教)两个案例;刘颖负责第二节,并整理《乘法公式的探究》(徐晓燕执教)、《线段的垂直平分线》(汤雪川执教)两个案例;傅炤负责第三节,邬振宇负责《一次函数》(郑逸南执教)、《锐角三角比》(陈飞执教)两个案例的整理;陈飞负责第四节,其中的案例《折剪中的数学》由顾之豪执教、傅登荣整理,《建立函数模型 解决现实问题——含氧量和海拔高度的关系》由周民凡执教、陈飞整理.

本书中,所有案例都是徐晓燕指导过的公开教学案例,并按照本书的意图进行了诠释和整理,感谢所有执教者的辛勤付出与深度思考.

徐晓燕

2024 年 4 月 26 日

第一章

理论学习与反思重构

随着数学课程改革的推进,数学课程与教学目标从"双基"发展到"四基、四能",再到"核心素养".史宁中教授将数学核心素养概括为"三会",其中学生通过数学学习的积淀,形成数学学科的思维方式是数学素养目标的核心.

数学历来被称为思维的体操.在数学教学中,教师需要确立"为思维而教,以学生的学习能力和思维发展为中心"的教学理念.培养学生数学高阶思维正成为数学教育努力的方向和实践的重点之一.

根据笔者领衔的"高阶思维视角下的本原性问题设计"课题探索和研究,以及从事初中数学教研员工作 24 年的实践与思考,我们认为在日常教学中聚焦思维发展的数学课堂教学,其主要环节定位如下:

创设情境,引发思维动机;聚焦问题,激发思维动力;

自主探究,保持思维主动;合作交流,引发思维监控;

现实应用,促发思维迁移;反思结构,激发思维创新.

问题是思维创新的起点和催化剂.我们认为,在当下倡导大单元教学和结构化教学背景下,应该分析学科内容的本质,提炼学科大观念,在此基础上将其转化设计成"本原性问题".课堂教学围绕"本原性问题"统帅下的"课时核心问题"、基于教学环节的"驱动性问题"、基于学生困惑的"启发性问题"所组成的问题系统,驱动学生的学习进程与思维发展.

第一节　数学学科核心素养与高阶思维发展

数学教学的主要任务是提升学生的思维品质,特别是要提升学生的高阶思维能力.高阶思维是一个众所周知的词语,然而对高阶思维的内涵却没有形成广泛的共识.哲学视野下的高阶思维指的是批判性思维.心理学视野下的高阶思维一般包括创造性思维、问题解决力、元认知和决策力.信息理论视野下的高阶思维更多指向的是对信息进行整合分析、推理和有效评价.教育学视野下的高阶思维主要指的是布卢姆(Benjamin S. Bloom)教育目标分类(1956版和2001版),他对高阶思维的研究是以多年的课堂经验和对学生学习的观察为基础的,主要通过学生的思维能力进行体现.

高阶思维的内涵与结构是什么?为什么要聚焦高阶思维?数学学科核心素养与高阶思维之间存在着怎样的关系?如何观察与评价高阶思维能力?又该怎样培养?本节主要是回答上述问题,提出一个能够解释高阶思维内涵的框架结构,建立起数学学科核心素养与高阶思维之间的联系.以此为目标,让老师们在教学中,设置"锚桩",找准"锚点",促进学生的数学思维走向发散、走向主动、走向生成、走向创造、走向发展.

一、素养视角下的数学高阶思维

当今世界正经历着百年未遇之大变局,各国之间的竞争越发激烈,这份激烈的背后实则是人才的竞争.怎样的人才具备竞争力呢?具有高阶思维能力的人才会让各国趋之若鹜这是一个不争的事实,世界各国的教育改革不约而同地指向高阶思维的培养.在我国,高阶思维的培养是落实立德树人根本任务的重要途径,课堂教学的革新势在必行.

(一)高阶思维培养是时代发展的必然要求

在这个迅速发展的时代,数学已不再仅仅被看作是一套死板的公式和定理,而是被视为一种能够培养思维、解决实际问题的有力工具.随着科技的日益发展,人工智能(AI)、大数据分析、区块链技术等新兴技术正以前所未有的速度渗透到我们的日常生活中,而所有这些技术的背后,都离不开数学知识和思维方法.无论是 AI 算法的优化、大数据的处理还是复杂系统的建模,数学都是其中不可或缺的核心要素,其背后指向的正是适应未来社会发展、合理应对复杂现实世界的高阶思维能力.

(二) 高阶思维培养是落实数学学科核心素养的必然要求

在《义务教育数学课程标准(2022年版)》中,课程目标强调学生通过数学学习,逐渐培养起用数学眼光观察、用数学思维思考、用数学语言表达现实世界的能力.这种能力表现在多个方面,包括抽象能力、几何直观、空间观念、推理能力、运算能力、模型观念、数据观念、应用意识、创新意识.以核心素养为导向,学生进一步发展基础知识、基本技能、基本思想、基本活动经验,增强运用数学知识与方法发现和提出、分析和解决问题的能力,这些能力无一不体现对学生高阶思维的要求.

抽象是数学观察现实世界的基本方式,通过抽象,我们可以把握事物在数量关系和空间形式上的本质特征.在数学中,抽象是一种逐级推进的过程,它从具体的事物出发,逐步摆脱非数学属性的束缚,最终达到理想化的、形式化的状态.通过数学抽象,我们可以更好地理解和研究现实世界中的数量关系和空间形式,从而为解决实际问题提供有力的工具.

几何直观主要是指运用图表描述和分析问题的意识与习惯.人们依靠几何直观能够感知各种几何图形及其组成元素,依据图形的特征进行分类;根据语言描述画出相应的图形,分析图形的性质;建立形与数的联系,构建数学问题的直观模型;利用图表分析实际情境与数学问题,探索解决问题的思路.这种基于图形观察的思维方式在高度抽象的数学领域中具有极其重要的价值.通过几何直观,我们可以将抽象的数学概念和问题转化为直观的图形,从而更好地理解它们的内在规律和本质特征.这种思维方式不仅有助于解决数学问题,更能够拓展我们的思维视野,提高我们的创新能力.

空间观念是指对空间物体或图形的形状、大小以及位置关系的认识.要求既能由物体特征抽象出几何图形,又能由几何图形想象出实际物体;能想象并表达物体空间方位和位置关系;感知并描述图形运动和变化规律.空间观念有助于理解现实生活中空间物体的形态与结构,是形成空间想象力的经验基础.空间观念需要想象力和创造力的支持.对于复杂的平面图形,学生需要整体直观感知图形结构,分解出基本图形和图形关系;对于复杂的立体几何,学生需要能够在脑海中构建三维图像.在逻辑推理与证明中,学生有时需要想象并构造几何图形再进行证明.

推理是数学思维的基本形式之一,也是数学学科的基本特征之一.它在数学学习中自始至终地存在,但不同学段的要求和表现形式有所不同.《义务教育数学课程标准(2022年版)》将推理作为核心素养之一,并区分了小学和初中阶段的不同要求.小学阶段主要培养学生的推理意识,而初中阶段则逐步提升为推理能力.从"推理意识"到"推理能力"是一个明显的进阶过程.在推理意识阶段,学生开始认识到推理在数学中的意义和作用,并初步养成讲道理的习惯.而到了初中阶段,数学课程的逻辑体系变得更加完整,有了经过明确定义的概念,设置了可作为推理起点的"基本事实",还介绍了命题、定理与证明的含义.如此一来,它就要求学生深入理解数学事实或命题的本质,并在实际情境中灵活运用.这需要学生运用数学事实或命题,通过符号或文字系统,构建出严密且合理的逻辑关系和逻辑链.这样的能力不仅有助于解决数学问题,更有助于培养学生的逻辑思维和批判性思维.

运算能力主要是指根据法则和运算律进行正确运算的能力,能明晰运算的对象和意义,理解算法、算理,能基于算法与算理准确运算或合理简便运算,并通过运算策略来解决问题.运算能力有助于促进学生的数学推理能力,并形成规范化思考的品质,养成一丝不苟、严谨求实的科学态度.运算能力发展是具有层次性的,随着运算对象从数到式的发展,学生也从算术思维向代数思维转变,而理解方程不等式、函数中的运算思维,是学生感悟算法思想的重要载体.在复杂的运算问题中,学生需要分析运算对象的特征,灵活合理地运用运算策略,这恰恰需要思维灵活性的支持.在运算对象不断扩充、体现数式通性的一致性时,学生需要用批判性思维对运算律和运算法则进行严密的验证等,这些都说明高级思维能力对于运算能力提升的重要性.

数据观念是指对数据的意义和随机性的深入理解.它强调根据问题背景和研究目标来确定数据收集、整理和分析的方法,并利用定量方法描述随机现象的变化趋势和随机事件发生的可能性.具备数据观念有助于我们理解和表达生活中的随机现象,感知大数据时代数据分析的重要性,并形成科学、客观的态度.通过数据观念的培养,我们可以更好地理解和分析现实世界中的各种数据,为决策和预测提供有力支持.因此,培养数据观念对于适应现代社会的发展和提升个人综合素质具有重要意义.

模型观念是指对运用数学模型解决实际问题的深刻理解.它强调数学与现实世界的联系,认识到数学建模是连接数学与现实世界的桥梁.通过感知数学建模的过程,我们能够从日常生活或具体情境中提炼出数学问题,并使用数学符号、方程、不等式和函数等工具来表达数量关系和变化规律.通过求解和探讨结果的意义,我们可以更深入地理解数学在解决实际问题中的价值.模型观念不仅有助于开展跨学科的主题学习,让我们更全面地认识不同学科之间的联系,而且能让我们深刻感受到数学的普遍应用性,进一步增强对数学学习的兴趣和热情.

应用意识是指有意识地运用数学的概念、原理和方法,去解释和解决现实生活中的问题.它需要我们感知现实生活中与数量、图形等相关的信息,并能够用数学的方式去解决问题.同时,了解数学作为通用科学语言的特性,以及它与其他学科的交叉应用,通过跨学科的学习,我们可以更好地理解不同学科之间的联系.当我们面对实际问题时,应用意识驱使我们主动尝试从数学的角度出发,运用所学的知识和方法去寻找解决方案.我们应该认识到,现实生活中充满了数学信息,数学在解决实际问题中有着广泛的应用.

创新意识主要是指主动从日常生活、自然现象或科学情境中寻找和提出有意义的数学问题.我们需要学会通过归纳和类比的方法,发现数学关系与规律,提出数学命题与猜想,并勇于进行验证与证明.对于一些开放性的、非常规的实际问题和数学问题,我们应勇于探索,不畏艰难.它要求我们改变传统的思维方式,创新地提出问题、思考问题,以激发新的创意和想法.

综上所述,思维在数学核心素养中占据着不可或缺的地位.高阶思维作为一条隐线,贯穿于数学核心素养之中.它要求学生具备深入分析、推理和判断的能力,从而更好地理解和应用数学知识.同时,学生还需要锻炼自己的归纳、总结和反思能力,以便从实际问题中提炼出数学规律和方法.从这个角度看,高阶思维培养是落实数学学科核心素养的必然要求.

(三) 高阶思维培养是推进数学课堂教学革新的重要力量

随着教育理念的转变和课程改革的推进,数学课堂教学也正经历着"从分解认识到整体建构,从解答习题到问题解决"的革新.这场革新不仅关注知识的传递,更重视学生思维能力的发展.数学课堂教学的革新旨在转变传统的教学模式,从"教师中心"转向"学生中心",强调学生的主动学习和深度思考.革新后的数学课堂教学强调"综合育人""实践育人"的原则,更加注重通过解决真实问题培养学生的思维能力、特别是高阶思维能力的培养.这不仅有助于提高学生的学习效果,更能培养其独立思考和解决问题的能力,这也是国际课程与教学改革的重要方向.

高阶思维要求学生深入理解数学概念、原理和方法,挖掘其内在联系和本质.这将促使学生在数学学习中进行深度思考,进而推动数学课堂教学的深度学习.高阶思维强调创造性,要求学生能够运用所学数学知识解决新问题、创造新方法.这将有助于培养学生的创新能力,为数学教学课堂的革新注入新的活力.所以,作为教师应积极探索和实践新的教学方式和方法,加强自身的专业素养和能力培训,提供丰富的学习资源和多元化的学习方式,并制定科学的教学评价标准和方法,进一步推动课堂教学革新向深层次发展.因此,高阶思维培养是推进数学课堂教学革新的重要力量.

二、高阶思维的内涵与结构

(一) 有关高阶思维的研究

数学,作为一门与逻辑、结构和抽象紧密相关的学科,为学生提供了一个绝佳的平台,这个平台对于塑造理性思考、培养科学精神和提升个人素养具有不可替代的作用.但在深入探讨如何有效地培养学生的高阶思维之前,我们首先需要对其相关研究有一个清晰且深入的了解.

所谓高阶思维,至今国内外尚未达成统一的认识.然而随着时间的推移,它也随之不断发展.在最初对思维的论述中,美国教育家杜威(John Dewey)认为思维的发生就是反思——问题生成——探究、批判——解决问题的过程,它是由各种各样的问题所诱发的.1956年,美国教育家布卢姆(Bloom)提出了认知目标分类理论,他将思维过程具体化为六个教学目标,即学习时需要掌握的六个类目的行为表现,由低到高包括记忆、理解、应用、分析、综合、评价.前三类(记忆、理解、应用),通常被称为"低阶思维";后三类(分析、综合、评价),通常被称为"高阶思维".这是"高阶思维"和"低阶思维"两个概念的较早提出,同时也标志着高阶思维进入概念明确和正式研究阶段.2001年,布卢姆的学生安德森(Andersen)等人认为创造的复杂度更高,所以将原来的分析、综合和评价三个高阶思维修订为分析、评价和创造.

国内对于高阶思维的研究相对较晚,较早的是黎加厚教授于2003年提出的培养高阶思维能力的问题设计方法.同年,香港的一所中学获香港教育统筹局优质教育基金资助,开始在人文学科推行"发展学生的高阶思维能力"教学.其后香港城市大学陈浩文博士指出:高阶思维是一种跨学科、跨知识领域、能对思维予以评价的思维.

钟志贤教授在2004年《促进学习者高阶思维发展的教学设计假设》一文中提出了高阶思维的说法,2006年在《信息化教学模式》一书中对高阶思维做出了较完整的阐述.他提出:"高阶思维是一种以高层次认知水平为主的综合性能力,它是超越既定信息的能力、问题求解的能力、元认知能力和评价能力,是批判性的态度,是作为自主学习者的能力,也是对事物或现象作出合理判断的能力."

2014年上海市教育科学研究院普教所的夏雪梅博士界定高阶思维应包含如下这些维度:(1)"迷思概念"的转化;(2)能应用于实践的深层知识;(3)主动的学习意愿;(4)外显化的表达与知识共同体中的反省.2017年姜玉莲博士从课堂情境视角进行了界定:高阶思维是指在课堂教学活动中学习者高水平的认知能力或心智活动.2021年胡军、严丽老师在《核心素养导向下初中生数学高阶思维发展路径》一文中界定了数学高阶思维并且建立了数学高阶思维SCI模型.他们认为数学高阶思维,是指面对教师提供的数学学习任务,学生在数学学习活动中为完成教师在学习任务中所提出的学习要求所表现出来的高水平心智活动,其突出表现为策略型思维、批判型思维、创新型思维.

(二)高阶思维的内涵

尽管学界对于高阶思维的定义众说纷纭,至今尚未形成一致的定论.国内外学者对于高阶思维内涵的研究与分析,从哲学、心理学和教育学、信息理论四个维度形成了自身的话语体系.

因为哲学家对高阶思维能力的关注是在讨论和论证的基础上发展起来的,他们感兴趣的事情是通过逻辑推理和缜密思维来判断什么可以相信、什么可以去做,所以哲学视野下的高阶思维指的是批判性思维.

心理学家对思维的研究起步于对智力的测量,他们从语言记忆、语言推理、数字推理、逻辑顺序和陈述一个人如何解决日常生活问题等方面对智力进行测量.所以心理学视野下的高阶思维是从自然科学的角度出发的,一般包括创造性思维、问题解决、元认知和决策.

在教育学领域中,对高阶思维的研究切入点是从能力的角度,以对学生学习的观察为基础,从思维水平层次展开的研究.主要的代表是布鲁姆教育目标分类及其修订版.

从信息理论视角看高阶思维的内涵,高阶思维能力更多指向的是对信息进行整合分析、推理和有效评价.主要包括四个方面的内容:

第一,高阶思维包含对信息的深入分析.分析,不仅仅是对数据、事实或情境的表层解读,而且是对其内部结构、规律和逻辑的探索和理解.当我们在数学课堂上面对充满挑战性的问题时,单纯地应用公式或套路往往难以找到答案.学习者需要去识别问题中的核心元素,探索它们之间的内在联系,从而构建出一个完整、系统的解决路径.这不仅要求学习者深刻地理解数学知识,更要求他们有较强的逻辑思维和分析能力.

第二,高阶思维包含对各类信息的综合.在对信息进行深入分析之后,信息在脑海中还处于离散状态,为了得到一个系统性观点,此时需要将不同类别的信息加以整合.分析是对其内部结构、规律和逻辑的探索和理解,将各类信息"打包捆绑",通过识别各个组成部分之间的关联,以形成完整性认知,最终形成的观点或方案并非各类信息的简单堆叠,而是对不同维度的信息进行整合、归纳、总结而得到的一般化结论.

第三,高阶思维包含对各类信息的批判性思考.信息时代,我们每天接触的大量信息并非都是准确的、有价值的.因此,学生不能仅仅接受和理解知识,还要有对其进行独立的评估和判断的意识和能力.例如,在数学课堂上,我们可以鼓励学生对各种解题方法进行比较和评估,探讨其优劣,或者对某些已有的数学观点进行质疑.

第四,高阶思维包含对各类信息的创造性思考.这不是说每个人都需要成为一名数学家或科学家,而是我们至少应该教会学生如何跳出传统的思维框架,尝试不同的方法和策略,以寻找新的解决方案.也就是说,这需要我们对一个新的问题或者情境形成独特的理解并进行创造性的解答,而不是重复已知的信息.在数学中,这可能表现为探究一个全新的数学模型,或者对一个经典问题提出一个别出心裁的解决思路.

如上所述,分析、评价和创造是三种个体有知觉且主动进行的高阶认知模式,且在具体情境中又有其特定的表现形式,比如通过思辨和反思做出合理判断和评价的能力(批判性思维),为没有确定答案的问题提出解决方案的能力(问题解决),或者是形成一个具有原创性的想法或产品的能力(创造性思维).

上述视角的分析均有一定的道理,但忽视了思维过程的动态性和整合性,把思维看成像知识一样静态的、具象的、分散的技能.在真实的学习情境中,高阶思维的培养目标应当是激励个体主动去建构知识,不断调整和拓展现有的认知图式的过程,而非按照一定的程序训练某种单一的认知技能、形成固定的且只能在特定场合使用的思维或策略.

路易斯(Lewis)和史密斯(Smith)从新旧知识关系建立的角度将上述观点进行了整合,他们指出:"高阶思维是指一个人将新接受的信息和存在记忆里的信息相互联接并且重新整理之后对原来的信息进行延伸,其目的是为了在复杂的环境中找出可以解决问题的方法."[①]这个定义,本质上体现了建构主义理论的观点.

而皮亚杰(Jean Piaget)从"图式迭代"的视角进行了分析,图式包含了先验知识的心理表征以及个体理解世界的知识框架,这种结构化的知识决定了个体如何加工和组织环境中的信息.当个体形成对某个事物或情境的图式时,会倾向于保持这个图式.然而,当个体面对与先验知识冲突的新信息时,会在认知冲突的驱动下调整、修正甚至改变原有的图式,直到新的图式能够和环境中的信息保持协调一致.

在"双新"背景下,我们强调做中学,强调学生在已有学习经验的基础上进行新知的建构,在建构的过程中提升能力,积淀成素养;在项目《高阶思维视角下的本原性问题设计》中,我们把学习的内容镶嵌在情境与问题中,通过问题链驱动教学,任务解决过程包含了对信息和证据的分析、判断和评价(批判性思维),推理的最终目的是形成对问题的创新性认知.我们更倾向于当一个人把新的信息和记忆中储存的信息进行相互关联或重新组合,并拓展这些信息去实现一个目的或找到复杂情境中可能的解决方案的时候,高阶思维能力才会被激发和运用.因此,我们把高阶思维的内涵界定为在面对问题与任务中指向信息的转化以及认知图式的更新与发展的高水平认知过程(图1-1).

第一环节是对问题情境进行解构.解构指的是认识事物的性质以及其内部各要素之间的关系的一种思维方式.通过对问题情境的解构,个体能够从不同的角度审视给定的问题,产生假设和立场,提供说明和解释,发现缺失的信息和可能的错误认知.第二个环节是新旧知识间的关系建立,重点关注的是个体如何通过关联表面特征或结构性特征来建立新旧知识之间的关系.第三个环节是不同维度信息的建构,即将相互关联的新旧知识通过聚集、组织、归纳和整合,进一步形成结构化、系统化的知识.

---

① Lewis A., Smith D. Defining higher order thinking[J]. Theory Into Practice, 2009, 32(3), 131-137.

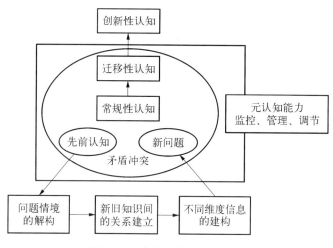

图 1-1　高阶思维的发生进程

在具体的认知情境中,"建构"是"解构"的逆向过程,解构是将大问题分解为多个小问题并剖析其中的每个组成部分,而建构则是将每个小问题所对应的信息聚集在一起,以形成对问题或者情境的系统性看法. 通过建构不同维度的信息,个体能够形成对问题深刻而透彻的了解,总结主要的观点并得出结论.

在问题解决的三个环节中,常规性的认知通常通过变式训练达成,迁移性认知需要新情境的迁移. 而创新性认知产生的标志为认知结构的更新和拓展. 个体将接受到的新信息和存在记忆里的已有认知进行联接、重构,最终得出一个一般性的结论、获得一个解决不确定问题的方法,或者形成一个原创性的产品,是基于有根据的推理和深入的思考而产生的,而非简单的思维发散或者顿悟所得出的结果.

高阶思维过程需要元认知能力来监督、管理和调节认知过程. 当没有一个明确的答案可供直接使用时,个体就需要与直觉对抗,甄别哪些信息是有用的,哪些信息是没有用的,尤其是那些表面上看起来更直观、更容易获得的信息.

综上所述,高阶思维是一个多种认知成分协同作用的复杂认知过程. 高阶思维的目标是对某个开放性问题形成一般性的、抽象的、图式化的理解,而非掌握特定的、具体的、套路化的思维方式. 高阶思维是一个包含了认知以及元认知的过程——在这个过程中个体进行知识的解构、建构、创造,通过识别知识之间的关联性在先验知识和新信息之间建立对应关系,从而处理存在不确定性的情况或者解决没有特定答案的问题,最终形成对该情况或问题的整合性、创新性认知.

(三) 高阶思维的能力结构

根据国内外学者对于高阶思维能力结构的多维度研究与分析,我们从教育学的视角将高阶思维的结构分为四个能力维度：

1. 解构能力

解构能力不仅是解题的关键,更是学生逐步建立数学逻辑思维的基础.当我们谈论解构能力时,指的不仅仅是能够区分一个问题中的已知条件与未知数,或是简单地将问题拆解为几个子问题.它更多地涉及对问题背后隐藏的逻辑结构和信息之间关系的洞察.这种能力的锻炼和培养,将使学生能够更加敏锐地洞察到问题的核心,找到最直接有效的解决路径.传统的数学教学往往过于依赖公式和定理的套用,这容易导致学生对数学的理解停留在表层,缺乏深度.此时,解构能力的重要性就凸显出来了.通过拆解问题,深入理解问题的每一个环节,识别关键信息,并通过逻辑关系将这些信息串联起来,学生可以更有针对性地选择解题方法,而不是机械地套用公式.

2. 建构能力

在解构的基础上,建构能力显得同样至关重要.当我们谈及建构能力,其核心并非仅仅是把所学的知识串联起来.它更多地涉及如何在海量的知识和技能中筛选、整合,从而找到一个问题的最佳解决方案.这不仅考验学生的知识面,还考验他们的思维敏锐度和实际操作能力.在数学的世界里,问题往往不是单一的.一个复杂的问题可能需要学生运用多种方法、策略进行解决.此时,建构能力的重要性便体现无遗.学生需将所学知识融会贯通,形成一个全面、高效的解题过程.

3. 评价与判断能力

在现代数学教学中,单纯的问题解决能力已不足以应对多变的实际问题.还需要对自己的答案进行评价与判断,这是高阶思维的核心所在,也是未来数学教育中不可或缺的部分.在数学学科中,评价与判断不仅仅局限于对结果的获得.更重要的是,对结果和获得结果的过程进行反思优化,能够从中发现自己的不足,进而改进方法、策略.这意味着学生需要具备批判性思维,能够从多个维度评估自己的答案,包括其准确性、有效性和可靠性.

4. 创新思维能力

创新思维能力并不仅仅是发散性思考或者找到新的解决方法.更为本质的,它代表了一种超越传统边界、敢于提问和挑战既定观念的思考方式.这要求学生能够自主地跳出传统的思维框架,勇于尝试未知的方法或策略,甚至是对已有知识提出全新的问题或观点.为了让学生在数学课堂上体验到真正的创新,我们需要不断地更新教学策略,确保学生不仅仅是在模仿或重复既有的知识.鼓励创新,意味着鼓励学生自主地探索、挑战和创造.例如,当面对一个复杂的几何问题时,教师可以鼓励学生通过实物模型、软件模拟等多种方式来探究问题,而不仅仅是固守传统的解题方法.

随着科技的快速发展,未来的数学问题将更加复杂和跨学科.为此,创新思维能力的培养将在数学教育中占据越来越重要的位置.学生不仅需要掌握数学知识,还需要具备跨学科的思维能力,能够在多学科背景下提出和解决问题.因此,创新思维能力的培养将帮助他们更好地适应这种变化,为未来的社会创新贡献力量.

综上所述,我们对高阶思维的能力结构界定是指人在面对复杂问题或情境时,所展现出来的一系列高水平的思维能力和思维倾向,即解构与建构能力、评价与判断能力以及创新思维能力.

三、高阶思维的表现与评价

为了观察和评价一个人的高阶思维能力和思维倾向,我们结合日常教学中常规性认知、迁移性认知、创新性认知的三种水平,优化胡军等人[①]的研究成果,将高级思维能力在基于情境与问题的认知过程中的外在表现分为策略型思维、批判型思维、创新型思维,并做了三级评价细分,设计了《高阶思维能力水平表现性评价》量表,如表1-1所示.

表1-1 《高阶思维能力水平表现性评价》量表

观 察 指 标		思 维 表 现
策略型思维	抽象概括	概括与表达,分析与比较,归纳、类比或演绎推理,抽象形成数学模型
	灵活多样	多角度、多层次、多方式理解,形成观点、获得解决问题的方法
	完善优化	比较、分析,做出判断,形成结论,循环完善,获得优法
	迁移运用	将结论、经验应用到新情境,解决新问题
批判型思维	反思质疑	运用事实和经验对问题、解法、观点、思考角度等进行反思,质疑与评价,或形成元认知
	收敛解构	主动将复杂、综合问题进行分析,化归为简单、基本的要素、结构和关系
	辩证思考	有多角度思考问题的习惯,通过对问题、方法、观点、思考角度等侧面的转换与评价,形成对立统一又相互转化的认识
	整合重构	对已有的观点或方法进行综合、分析、比较、联系、整合、重构、补充等,形成建设性的观点或解决办法

---

① 胡军,严丽.核心素养导向下初中生数学高阶思维发展路径[J].中小学教师培训,2020(10):67-70.

观　察　指　标		思　维　表　现
创新型思维	拓展延伸	在事实和经验的基础上,有意识的拓宽或延伸已有的结论、意义或观点
	发散关联	在事实和经验的基础上,有意识地进行想象、跳跃式联想、发散、类比和关联,形成新的观点和认识
	求异创造	通过猜想、直觉、顿悟、推理等提出具有新颖性、独创性的见解

　　策略型思维主要表现在对问题的解构与建构,其间的关键在于对事实的抽象概括,即能否将复杂的问题或现象转化为可分析、可推论的模型.观察者可以注意被观察者在面对问题时,是否能够进行有效的概括和表达,以及他们解决问题的方法是否灵活多样.

　　我们将批判型思维分为思维意识和思维能力两个维度.一个有批判型思维的人,表现出来是有好奇心,见多识广,乐于思考,思维开放灵活,能合理公正地评估,面对别人见解审慎判断,对问题有清晰的认识,有条理地处理复杂问题,专注于探究,坚持寻求学科和探究环境所允许的精确结果.而从批判型思维能力来说,它是有目的的、自我调节的判断.它导致的结果是诠释、分析、评估和推论,以及该判断所基于的证据的、概念上的、方法的、标准的解释或语境考虑.评价与判断的核心在于对问题、解法、观点等进行反思和质疑,并在此基础上进行评估和判断.观察者可以注意被观察者在面对问题时,是否能够进行深入的反思,对解法和观点提出质疑,并能够将复杂问题分解为基本要素和结构.

　　创新型思维也分创新意识和创新能力两部分,它聚焦于能否在已有的结论、经验或观点的基础上进行拓展和延伸,或者通过联想、类比等方式提出新的观点和认识.观察者可以注意被观察者在面对问题时,是否能够进行有效的想象和联想,提出新颖、独创的见解.

　　我们还要注意被观察者的行为表现和态度倾向.例如,可以通过观察他们在解决问题时的表现,看他们是否能够灵活运用已有的知识和经验,或者他们是否能够对问题进行深入的反思和创新性的思考.此外,还可以通过观察他们在面对困难或挑战时的态度,来评估他们的思维倾向.

　　通过观察和分析这些指标和表现,可以帮助我们了解一个人的思维习惯、思维特点和思维能力的水平.

四、高阶思维能力的培养

　　关于高阶思维能力的培养,恩尼斯(Ennis)归纳了三种方式:(1)"过程"模式:将思维的培养作为独立的课程,从正规学科课程中分离出来,进行专门系统而又直接的训练;(2)"内容"模式:他认为认知与技能是依附于具体学科的,需要结合具体学科教学进行教授;(3)"注入"模式:也就是课程融合,将思维能力与学科课程教学融合在一起.比如将批判性思维和创新性思维的教学注入到科学学科,在教学中重点培养发展学生进行"表述观点"—"创造观点"—"评估观点"等思维习惯与行为等,"使得所有学生即便将来成为科学家,也能够通过在自己的生活实践中运用高阶思维,成为仔细、娴熟的科学思想家".

钟志贤教授提出高阶的学习任务挑战和高阶思维能力的高度关联性,他认为要促进高阶思维能力的发展,就要用相应的技术支持"自主学习、探究学习和反思学习的原理和方法",为此教师就要精心设计高阶思维学习的问题和任务.其中的问题设计,要以学科中的基本概念为中心进行,以"问题"为课堂组织中心重组课程内容,从而给学生"创设一种真实的、复杂的、具有挑战性和吸引力的学习任务".

综合国内外学者对于高阶思维能力培养的研究与分析,我们发现影响高阶思维发生的因素要从"条件""基础""过程""核心"这些维度去建构(图1-2).

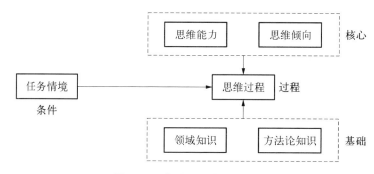

图1-2 高阶思维的发生机制

首先,高阶思维的成分中不仅包括能力要素,还包括了情意倾向的成分;高阶思维倾向主要指的是思维的情感态度维度,包括好奇心、寻求真相、坚持、思想开放等.有提出问题的勇气,即使发现证据或事实并未支持个人兴趣或先前意见,仍能诚实、客观地面对.具有强烈的求知欲、渴望了解问题解决的过程与步骤,喜欢接触与探索广泛议题,在付出努力却得不到回报时仍能持之以恒等,这反映的是思考者的态度和品格.

因为高阶思维的发生过程是一个运用知识的过程,所以领域知识和方法论知识是高阶思维发生的基础;知识分为两种类型,一是学科领域知识,另一个是方法论知识,当知识变成"默会知识"时,才能成为高阶思维的构成要素.

最后,任务情境是高阶思维发生的场域.问题(任务)情境是区分高阶思维和低阶思维的一个重要依据,它是高阶思维发生的重要条件.

结合上述梳理和认识,基于课堂教学的实操经验,我们将初中数学常态的课堂教学中高阶思维能力的培养总结为以下三点:

1. 真实情境中的任务和问题是高阶思维能力的重要载体

高阶思维的发生条件依赖于一个贴近真实生活经验的学习情境或者基于项目的学习任务来激活其中的认知成分,学生在解决问题或者完成项目的过程中有针对性地获取信息和知识.

事实上,许多学生常常会对抽象的数学知识产生迷茫,感觉它们与日常生活相距甚远.但是,当我们让这些数学知识"活"起来,将它们与真实世界相结合时,学生的学习兴趣和热情往往会得到显著提升.这不仅因为他们可以看到数学在实际中的应用,更重要的是,他们在解决实际问题的过程中,可以自然而然地培养和锻炼高阶思维能力.举例来说,当我们进入统计学的章节时,简单地让学生背诵一些统计公式或概念,可能会显得单调乏味.但是,如果我们转变教学思路,让学生对学校的一些实际数据进行分析,比如分析学生的体测数据,以探讨不同年龄段、性别或班级之间的体能差异,或者研究学校的用电量,探索其中的周期性和规律性.这样的实际应用问题不仅能够帮助学生深入掌握统计学的基本概念和方法,而且还可以锻炼他们从大量数据中提取有用信息,进行逻辑推理和批判性分析的能力.与我们熟悉的传统教学方式形成鲜明对比的是,情境任务深入到模拟真实世界的复杂性,它模仿真实世界中的各种问题和挑战,允许学生身临其境地感受和体验知识如何在现实中得以应用.这种直接、实际的学习体验不仅可以更加深入地触动学生的学习兴趣和动机,更重要的是,它为学生提供了一个平台,使他们能够更加流畅地将抽象的理论知识与具体的实际应用相结合.当学生在这样的环境中学习时,他们更容易看到知识的价值,也更容易理解和掌握复杂的概念.

2. "提出问题与问题解决"是高阶思维能力培养的有效途径

问题解决是认知科学领域中的重要研究内容.要深入理解"问题解决"的内涵,首先需要明确"问题"的定义."问题"可以视为一种障碍或挑战,它阻止个体达到其预期目标.为了克服这个问题,个体需要运用一系列的思考和行动过程,这便是问题解决.因此,问题解决能力是人们日常生活中的一项重要技能,它帮助我们应对各种复杂情境,寻找解决问题的方法,从而实现我们的目标.

传统的数学教学模式在某种程度上限制了学生的思维.它过分强调结果的得到,学生如同在走一条固定的道路,只需按部就班、照葫芦画瓢就能得到正确答案.但这种方式并没有让学生真正地"思考",而真正的高阶思维恰恰发生在对问题的提出、探究和解决的全过程中.这是一个动态、主动和深入的过程,远非单纯地得到一个结果那么简单.这意味着我们应当鼓励学生提出问题,而不是仅仅给予他们答案.我们可以从日常生活中寻找启示,将身边的事物与现象转化为数学问题,引导学生去思考、去挖掘. 例如,当我们谈及环境问题时,我们不只是简单地告诉学生环境正在发生怎样的变化,而是可以让学生思考:如何通过数学模型来预测未来的环境变化? 这需要学生对已知信息进行分析,找出关键数据,然后利用数学知识构建模型,进行预测. 这样的教学方法,不仅能够锻炼学生从现象中提炼问题、并尝试解决问题的能力,更能够让学生深刻地认识到数学的实用价值. 他们会明白,数学并非是与生活脱节的、枯燥的学科,而是一种能够用于解决实际问题的强大工具. 此外,这种方法也更容易激发学生的兴趣. 面对真实、贴近生活的问题,学生更容易产生共鸣,他们会更有动力去探求答案,而在这一过程中,高阶思维能力也会得到锻炼和提高. 与其说我们是在教授数学,不如说我们是在通过数学,培养学生的探索精神和解决问题的能力.

3. 互动与合作、协作思考是高阶思维能力培养的催化剂

人们常说,一个人的智慧可能有限,但多个人聚在一起,智慧就会放大. 在合作中,学生不仅要学会表达自己的观点,这需要他们具备清晰的逻辑思维和良好的表达能力;还要学会倾听他人的观点,这涉及开放的心态和尊重的态度. 在与他人交互的过程中,学生会暴露自己的思维盲点,也会接触不同的思维模式和解题策略,这无疑有助于培养他们的批判性思维和综合性思维.

例如,在课堂上,当我们面对一个复杂的几何问题时,如果让每个学生单独去思考,他们可能会陷入僵局,或者走进思维的死胡同. 但当我们鼓励学生组成小组,分工合作,各自从不同的角度进行深入分析时,他们会发现,原来这个问题可以有这么多不同的切入点和解决策略. 随后,当他们将各自的分析结果拿到小组中进行整合时,他们需要对比、讨论、甚至进行激烈的辩论,以求找到一个最佳的、能够共同接受的解决方案. 学生在与他人互动、合作的过程中进行知识建构,形成对复杂问题的多角度的看法. 这种合作模式不仅能够加深学生对数学知识的理解,更能让他们体验到合作的乐趣和力量. 它培养了学生的沟通能力、团队协作精神,以及面对问题时的综合、批判和创新能力.

综上所述,教师要精心设计基于真实情景的任务和情境,精心设计驱动性问题,以合作式、体验式、建构式为主的学习活动是培养学生高阶思维能力的关键. 在这一阶段,学生需要真正地将知识和技能应用到具体的任务中,完成实际的挑战. 这是一个需要学生综合运用所学的知识和技能,真正地解决实际问题和完成具体任务的过程. 为了支持学生的学习,教育者在这一阶段的作用尤为重要. 他们不仅需要为学生提供丰富的实践机会,确保他们有足够的机会将所学的知识和技能付诸实践,还需要为学生提供各种必要的资源,如教材、工具、场地等. 更重要的是,教育者还需要为学生提供及时的反馈和指导,确保他们在实践中不断地完善自己,从而成功地完成任务.

第二节　大观念与本原性问题设计

　　问题是学习的起点,是思维发展的工具,是教学的助推器,是课堂有序推进的关键与核心.高质量教学的变革需要高质量教学过程的优化,而高质量教学过程的优化则需要高质量问题的设计.借助问题的设计,教师可以立足大单元视角,构建以核心素养为导向的课堂教学,促进深度学习.

　　新课程提出在大单元视角下提出大问题、大观念、大任务为统领的大单元学习理念.在常态教学中大单元视角下的问题链应该如何设计呢? 本节将在梳理前人研究的基础上,和大家探讨如何根据数学内容本质和研究视角提炼出一般观念,进而设计"本原性问题",以本原性问题为统帅,设计课时核心问题、课堂驱动性问题、由学生困惑与问题引发的启发性问题组成的问题链,驱动课堂教学中学生思维的有序发展.

一、问题设计与思维发展

(一) 问题设计

　　早在两千多年前,古希腊著名哲学家、思想家苏格拉底提出了名为"产婆术"的教学方法.此种方法的关键是通过启发、反诘式的提问,引导学生自行探索和发现真理,而不是直接为学生传授答案.它强调学生思维过程的重要性和自我思考的价值,其核心在于通过反问和质疑,激发学生的思考欲望,帮助他们从已有的知识和经验出发,逐步深入问题的本质.苏格拉底常常以日常生活中的例子为起点,通过一系列精心设计的问题,引导学生逐步剥离表象、触及事物的核心.通过不断地质疑和反思,学生学会了不盲从权威,不轻易接受现成的答案,而是习惯于深入思考、独立判断.在问答过程中,学生需要清晰地表达自己的观点,有条理地论证自己的结论,这有助于他们形成严谨的思维习惯和严密的思维体系.在探索未知领域和解决问题时,学生需要运用想象力和创造力,不断尝试新的思路和方法,这有助于他们形成创新意识和探索精神.

　　美国教育家杜威提倡的"问题教学法",是一种以问题为核心,引导学生在解决问题的过程中主动学习和思考的教学方法.此种方法强调学生在实际情境中自主发现问题、分析问题并寻求解决方案.问题教学法的实施过程通常包括情境设置、问题提出、假设构建、实验验证和结论归纳等环节.首先,教师创设一个真实或模拟的情境,引导学生发现并提出问题.而后,学生根据已有知识和经验,提出解决问题的假设,并通过实验或实践来验证假设的正确性.最后,学生归纳总结经验,形成新的认知结构.杜威认为,通过以问题为中介的教学方式,可以促进学生的思维能力发展,并将问题视为连接知识和思维的桥梁.

WebQuest是一种基于互联网资源的探究式学习活动模式,在这种教学模式中,学生被要求利用网络资源来完成特定的学习任务,实现知识的自我建构.首先教师需要设定一个明确的问题或主题,这是整个探究活动的起点.问题或主题应该具有挑战性和吸引力,能激发学生的好奇心和探究欲望;其次是收集信息,学生需要根据教师提供的问题或主题,利用网络资源进行信息收集.学生需要学会如何有效地在网络上搜索、筛选和整理信息;然后是分析和综合信息,学生需要对这些信息进行分析和综合,以形成对问题或主题的深入理解.这一过程中,学生需要运用批判性思维,对信息的真实性、可靠性和相关性进行评估;接下来是提出解决方案,学生需要在分析和综合信息的基础上提出解决问题的方案或关于主题的观点.在这一过程中,学生需要发挥创造性思维,提出新颖、独特的想法;最后是评价和反思,学生对自己的解决方案或观点进行评价和反思.他们可以通过与同伴讨论、接受教师的反馈或进行自我反思等方式,来评估自己的解决方案或观点的优缺点,以及在整个探究过程中的表现.在整个 WebQuest 的思维过程中,学生始终处于主体地位,他们在教师的引导下自主地进行探究和学习.而教师则扮演着辅助者和引导者的角色,他们需要为学生提供必要的资源和指导,以帮助学生顺利地完成探究活动.

华东师范大学祝智庭教授提出的"五何"问题分类法,是一种基于问题逻辑的分类方法,主要包括五个部分:由何、是何、为何、如何、若何.通过运用这种分类法,我们可以将教学内容转化为一系列的问题,这些问题可以有效地引导学生进行思考和探究,帮助他们建立自主学习的支架,自主构建知识,并提升数学素养."由何"是用来描述问题产生的背景和情境,它追溯和呈现与事物对象相关的各种情境要素."是何"则用来陈述事实性知识,它通常指向一些表示事实性内容的问题."为何"则用来了解事物之间的关系,它对公式、定理、原理等进行运用,并作解释和推理."如何"通常指向一些表示方法、途径与状态的问题."若何"则是用来描述条件发生变化时可能出现的新结果.通过运用"五何"问题分类法,我们可以系统性地设计问题,这些问题可以形成递进相扣的问题链,引导学生逐步经历思考、探究的过程,从而帮助他们搭建自主学习支架,自主构建知识.

钟志贤教授曾经提到过,问题设计的核心在于用具有真实性、复杂性、挑战性的问题来展示和引导教学内容.一个完整的问题应该包含四个要素,这些要素在问题的表述和解决过程中起着至关重要的作用.这四个要素分别是:(1)已知条件:这是问题中明确给出的信息或情境,为解决问题提供了必要的起点和基础.已知条件可能包括事实、数据、背景信息、相关理论等,它们共同构成了问题的初始状态.(2)目标:目标是问题中需要达到或实现的特定状态或结果.它通常表现为一个或多个具体的、可衡量的标准或指标.在解决问题的过程中,目标起着导向作用,指引着问题解决者的方向和努力.(3)障碍:障碍是问题中阻止从初始状态达到目标状态的因素或难点.这些障碍可能表现为信息缺失、资源不足、时间限制、规则约束等.要成功解决问题,就需要克服这些障碍,找到绕过或解决它们的方法.(4)方法:方法是用来解决问题的具体途径、策略或手段.它可能包括一系列步骤、技巧、算法或工具等.选择合适的方法对于有效解决问题至关重要,因为它直接影响着问题解决的效率和效果.这四个要素相互关联、相互作用,共同构成了一个完整的问题.在解决问题的过程中,需要充分理解和分析这些要素,以便找到最佳的解决方案.这些要素为问题的设计、分析和评价提供了重要的依据和框架.所以问题设计时需要思考以下几个条件:(1)要明确问题的目标.所提出的问题应当紧密围绕教学目标,有助于引发学生的思考和探索,推动他们掌握核心概念和知识.(2)问题的难度要适中.问题的难度应当适应学生的认知水平和能力,既不能过于简单也不能过于复杂,要能够激发学生的思考和探究欲望.(3)问题应当基于真实或模拟的情境.这样能让学生感受到问题的实际意义和价值,从而更好地理解和应用知识.(4)问题应当能够引发学生的思考和探究.这样能鼓励学生从不同的角度思考问题,培养他们的创新思维和解决问题的能力.(5)问题应当伴随相应的评价机制.这样可以及时反馈学生的回答和表现,让学生了解自己的学习情况和不足之处,从而更好地调整学习策略.

综上所述,问题设计是教师在教学过程中,根据学生的认知发展阶段、课程内容的组织架构以及知识间的内在联系,有针对性地对课堂提问进行预先筹划和安排的过程.其核心目的在于通过精心构思的问题,有效达成教学目标和完成教学任务.通过深入挖掘学生认知结构中的矛盾点,教师能够巧妙激发学生的求知欲望和学习动力,进而促使其内在学习潜能的释放和发挥.这种有针对性的问题设计,不仅有助于提升教学质量,还能更好地引导学生的思维发展,培养其独立思考和解决问题的能力.

围绕"问题"为中心的教学应该关注以下几点:

(1)引发思考:问题应该能够引发学生的思考和探究,鼓励学生从不同角度思考问题,培养学生的创新思维和解决问题的能力.

(2)评价及时:问题应该伴随相应的评价机制,及时反馈学生的回答和表现,让学生了解自己的学习情况和不足之处,从而更好地调整学习策略.

(3)分层设计:问题应该具有不同的层次以适应不同能力水平的学生,通过针对性地设计问题,形成逐步深入的问题链,同时为学生提供多样化的学习支持.在结构化问题框架的引导下,帮助学生建立有序的问题思考方式.

(4)实践性强:问题应该与实际生活或生产实践相关,通过解决实际问题来提高学生的实际操作能力和解决问题的能力.

（5）注重思维过程：问题应该注重学生的思维过程，鼓励学生进行反思和自我评估，培养学生的元认知能力.

（二）基于高阶思维的问题设计

基于高阶思维的问题设计，其核心在于通过精心构思的问题，引导学生运用分析、评价、创造等高阶思维技能进行深层次的思考和探究.首先，问题应具有开放性和思辨性，能够激发学生的好奇心和探索欲.其次，问题的难度和复杂度应适中，既要挑战学生的思维极限，又要确保他们在努力后能够获得成功的体验.最后，问题的设计应与学生的实际生活和已有知识经验相联系，以增强问题的情境性和实用性.

美国教育家杜威提出的"反省思维"概念，为基于高阶思维的问题设计提供了重要的理论支撑.反省思维强调对问题进行深入、反复的思考和探究，以寻找更为合理、有效的解决方案.在问题设计中融入反省思维的理念，有助于学生养成批判性思考的习惯，提升他们的创新思维和问题解决能力.雷斯尼克的观点也为我们设计高阶思维问题提供了启示.他认为高阶思维具有很强的不确定性，但这种不确定性正是思维发展的动力和源泉.因此，在问题设计中，教师应适当引入不确定性和复杂性，鼓励学生面对挑战、勇于探索未知领域.总之，基于高阶思维的问题设计是一种有效的教学策略，它能够激发学生的思维活力、提升他们的认知水平和综合素养.在实施过程中，教师应结合学生的实际情况和教学目标，灵活运用各种设计原则和策略，以创造出更具针对性、实效性的问题解决方案.

将高阶思维融入数学问题设计中，是实现基于问题的教学并有效培养高阶思维的重要手段.高阶思维涵盖了分析、评价、创造、批判等多个层面，具有显著的抽象性特征，思维的形成是教学实施后需要达成目的.而问题设计则是以问题为核心，展开具体且可操作的教学活动，问题设计是教学实施过程中的手段.二者的有效结合呈现出一个双向互动的过程：一方面，将高阶思维的抽象概念转化为具体、可实施的问题设计，有助于学生更深入地理解数学知识并学会应用；另一方面，通过精心设计的数学问题，引导学生进行深入思考和探索，进而锻炼和培养他们的高阶思维能力.因此，基于高阶思维的数学问题设计既是一个将抽象概念具体化的过程，也是一个将具体问题抽象化的过程.

（三）基于高阶思维的问题设计的原则

1. 主体性原则

在数学课堂中，问题是核心，学生不仅是解答问题的主体，也是发展高阶思维的重点对象.教育的最终目标之一是培养全面发展的新时代建设者，并实现学生个体的高阶思维发展.因此，数学教师需要主动摒弃传统满堂灌式的教学方式，充分考虑学生的实际情况，将学生置于教学的中心位置.首先,教师应尊重并承认学生的主体地位,鼓励学生在课堂教学过程中主动参与学习,并内化知识.其次,问题的呈现应在考虑学生身心发展特点的基础上,激发他们的内在学习动机.设计的问题应使学生能够在解决问题的过程中实现知识的内化、顺应和迁移,从而促进高阶思维的拓展.通过这种方式,可以更好地培养学生的主动性和独立性,鼓励他们积极思考并解决问题.当然,更重要的是引导学生能自己提出问题,这将有助于他们在未来的学习和生活中更好地应用所学知识,实现个人全面发展.

2. 层次性原则

层次性是指在课堂教学过程中,问题设计应考虑问题群或问题链之间的逻辑架构关系.首先,学生思维的发展遵循从具体到抽象、从低阶到高阶的客观规律.其次,数学是一门具有高度抽象性和逻辑严谨性的学科,数学概念、命题、定理之间存在复杂的逻辑延展关系.最后,学生的认知发展和身心发展也表现出阶段性和顺序性的特征.因此,优秀的问题设计应具备层次结构,按照由浅及深、由表及里、由低级到高级、由具体到抽象的方式设计问题.问题群或问题串之间应保持层级递进、相互联系、互为基础和延伸的关系.例如,可以先设计理解、应用和记忆类问题,再设计解决分析、综合、创造类问题.这样的问题设计能适应学生思维发展的规律,实现从低阶思维到高阶思维的过渡.

3. 启发性原则

知识的掌握和思维的发展需要经历一个渐进的过程,高阶思维的培养需要适当的引导,学生只有经历解决问题的过程,才能真正实现高阶思维的发展.为了达到这一目标,教师在进行问题设计时需要调整好封闭性问题和开放性问题之间的平衡.在教学过程中,教师应避免直接灌输知识,而是尽量采用引导和启发的方式,让学生的思维经历联想、综合、推理和分析等过程.通过启发的方式,教师可以帮助学生实现思维梯度的升华和转变,以优化学生的思维发展.启发性问题可以帮助学生加速对知识结构的内化,并促进他们最近发展区的发展.启发性原则不仅是问题设计的核心,还是其他原则的基础.启发性问题的设计是实现高阶思维发展的关键步骤,同时也是教学活动的出发点和延伸点.为了达到良好的启发效果,教师需要深入了解学生的认知特点和思维发展水平,以此为依据来设计问题.同时,教师还需要关注问题的连贯性和逻辑性,确保问题能够逐步引导学生深入思考,并最终实现知识的掌握和思维的发展.

4. 情境性原则

在新知建构阶段,通过精心设计情境性问题,教师可以帮助学生发展分析问题、抽象概念.对于一些高度抽象化的数学公式和定理,教师需要将其与生活情境相结合,使知识在学生的思维中经历从未知抽象化到具体化,再到已知抽象化的过程.此时的情境与问题起到了一个"脚手架"的作用. 而在知识的迁移应用阶段,情境与问题起到一个"绊脚石"的作用.

学生要在复杂的陌生的情境中辨析出模型并创造性地解决问题,体验用知识解决现实问题的成就感,通过引导学生解决问题,让他们感受到成功的喜悦,从而激发他们的学习兴趣和动力. 总之,将抽象的数学公式和定理与生活熟悉的情境相结合,教师可以帮助学生更好地理解和应用这些知识. 同时,复杂的情境性问题的创设还可以引导学生主动探究和思考,培养他们的自主学习能力和创造性解决问题的能力. 这样的教学方法有助于提高学生的学习效果和思维能力,实现全面发展.

5. 开放性原则

开放性原则主要强调问题设计要合理设置恰当的留白,也可以称之为可持续性原则. 开放性问题对应教育家斯皮罗(R. J. Sprio)提出的结构不良问题,能最大程度激活学生整体的认知结构网络,同时需要学生经历反复分析、推理、鉴别等过程,有利于锻炼思维的灵活性、严谨性. 在问题设计过程中,应强调质疑数学答案的唯一性,并在封闭性问题和开放性问题之间偏向后者. 开放性问题可以充分培养学生多角度思考、创新和发散性思维能力. 设计开放性问题的根本目的不是为了规定知识的边界性和真理性,而是把关注点投射在学生思维本身. 学生结合本身知识经验思考的过程就是开放性问题最根本的价值体现. 开放性原则可以延展学生思维的广度,不是着眼于具体的知识点,而是最终促进学生思维可持续性发展的一种问题设计方式理念. 通过合理设置恰当的留白,可以引导学生从多个角度思考问题,培养他们的创新能力和发散性思维能力. 同时,开放性问题也可以帮助学生更好地理解和应用所学知识,提高他们的学习效果和思维能力.[①]

(四)基于高阶思维的问题设计的意义

1. 培养学生有序思考的能力

为了有效推动学生的高阶思维发展,教师可以精心地设计一系列分层问题,这些问题层层递进,形成具有连贯性、深度和广度的学习路径. 同时,为了更好地支撑学生的学习过程,教师应提供多种不同的学习支架,如引导性问题或思维导图等. 通过这些结构化问题模式的细致引导,教师可以帮助学生逐步建立有序的问题解决思路,从而在日常学习中潜移默化地提升学生的问题解决能力.

2. 激发思维的深度发展

基于高阶思维设计的问题情境,可以构建一系列具有开放性的数学问题,鼓励学生运用数学的视角去审视和洞察现实世界,同时运用数学的思维方式去深入剖析和理解现实世界

---

① 窦茂月.基于高阶思维的高中数学问题设计的研究[D].山东师范大学,2021.

的本质.这样的问题设计方式不仅能够有效激发学生的学习兴趣和求知欲,更能引领他们在解决问题的过程中亲身经历观察、分析、比较、猜想、推理等一系列深入探究的数学活动,从而积累宝贵的数学实践经验和思维方法.此外,这种问题设计还着重引导学生学会使用准确、精炼的数学语言来表达和描述现实世界的各种现象和规律.通过这样的训练,学生的高阶思维能力将得到显著的提升,他们解决问题的能力也将得到实质性的增强.这不仅能够真正落实和提升学生的数学核心素养,更有助于他们在未来的学习和生活中更加自信、灵活地运用数学知识和思维方法去解决各种实际问题.

3. 构建能力的迁移拓展

针对学生高阶思维发展所设计的问题,不仅能深刻反映出学习目标的层次性要求,还能通过富有意义的情境导入或知识间的有机关联,使学生能更合理、更深入地解释和推理相关概念与命题.这类问题的设计旨在引导学生探索数学规律,进而起到知识的拓展与推广作用.通过精心的问题设计,教师能引领学生在不同的情境中从数学的视角敏锐地发现并提出问题,综合运用数学及其他学科的知识,多角度、多层次地寻求分析问题和解决问题的有效途径.这样的过程不仅能实现对知识的灵活迁移和应用,更能有效培养学生举一反三、触类旁通的能力,为他们的全面发展奠定坚实的基础.

(五) 基于高阶思维的问题设计的类型

1. 联系型问题

学生所学习的数学知识并非孤立存在,而是彼此之间具有横向和纵向的关联.同样地,思维之间也存在着复杂的联系."联系型"问题设计能够帮助学生构建起低阶思维和高阶思维之间的桥梁,并促进高阶思维内部各项思维的紧密联结.奥苏贝尔(David Pawl Ausubel)曾强调有意义学习的实质是建立新旧知识之间的非人为、实质性的联系,而这种联系需要"联系型"问题的帮助才能实现.通过"联系旧知、联系其他学科、联系生活"等问题设计,可以帮助学生提高思维的发散度,为培养创造性、发散性等高阶思维奠定基础.

2. 启发型问题

数学具有抽象性和逻辑性的特点,其概念、命题和原理需要进行抽象处理和再加工.然而,这种高度的抽象性知识容易导致学生陷入思维发展的误区.因此,在教学过程中,"启发型"问题设计是必不可少的.这类问题主要帮助学生深入理解基本概念、原理和学科基本结构,并通过思维加工将其内化为自己的认知结构,从而实现对客观世界的内心表征.通过理解概念及特征可以促进综合概括思维的发展.

3. 延展型问题

为了进一步深化思维的发展,"延展型"问题设计起到了拓展思维的延展度和广度的作用."延展型"问题主要包括三个方面的内涵:解决这个问题的过程中蕴含的思想方法是什么? 除此之外有无其他新颖的解法? 能否改变题目完成变式? 传统类型的问题设计虽然能够促进思维的觉醒,但"延展型"问题可以帮助学生在拓展中抽象出问题和方法的本质特征,促使高阶思维在激活的状态下进一步发展.

4. 归纳型问题

思维的深化发展需要经历归纳的过程,在归纳的过程中引发个体积极的自我反思、监控.归纳的过程包括概括和分类两个阶段,"归纳型"问题引导学生对知识进行有意识的分析、综合和概括.通过"归纳型"问题的引导,可以促进学生将现有的知识与原来的旧知识相联系,对比异同,从而建立起知识关联网络,发展自己的高阶思维能力.[①]

二、本原性问题的特点与本原性问题设计

(一) 学科思维和大观念的提取

学科思维是对于学科的总括性认识,是基于学科知识升华出来的认识世界与改造世界的价值观和方法论,能够让学生自觉基于学科视角思考问题与解决问题,具有超越事实的持久价值和迁移价值.学科思维的形成是不断从具体到抽象的形成过程,需要长期的学习积淀.俗话说,"数学的终点是哲学".我们的学习总是关注事实性的知识与技能,到关注核心概念及其背后的思想和方法,再到数学的大概念和一般观念.随着"双新"的推进,我们强调跨学科融合,把综合与实践作为撬动课改的一个"支点",跨学科的共同概念和哲学视角下的观念也成为了素养目标导向下的新的追求(图1-3).

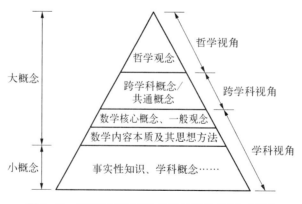

图 1-3 围绕"大概念"的学科知识结构"金字塔"

---

① 窦茂月.基于高阶思维的高中数学问题设计的研究[D].山东师范大学,2021.

大概念(Big ideas)也被翻译为"大观念""大想法"或"大思想". 威金斯(Grant Wiggins)与麦克泰格(Jay McTighe)在其著作《追求理解的教学设计》中首次系统地介绍了大概念. 他们强调,为了使教学设计更加完善和有效,必须关注那些条理清晰、具有明确价值和有价值的智力因素,这些因素就是所谓的"大概念"和"核心任务". 关于大概念的重要性,书中指出了以下几点:通过确定需要重点学习的内容,大概念帮助学生将各个知识点联系起来,形成完整的知识体系. 大概念在教师的教学中起到了得力助手的作用,就像"概念魔术贴"一样,有助于将知识和技能整合在一起,并在大脑中得以巩固. 大概念具有类似"车辖"的主干固定作用,将各个部分的知识点联系在一起,形成一个稳固的知识结构. 大概念中的"大"并不意味着"庞大"或"基础",而是指"核心". 这个"核心"价值需要被揭示才能显化其重要性. 通过理解大概念,学生可以更加深入地理解学科知识,将零散的知识点联系在一起,形成完整的知识体系. 同时,大概念也可以帮助教师更好地进行教学设计,提高教学效果.

林恩·埃里克森(Lynn Evikson)提出,以概念为基础的课程与教学是以探究为驱动的,以观念为中心的,它超越了对事实和技能的记忆,并将概念和深刻的"概念性理解"作为第三个维度添加到聚焦于事实性知识和技能的"二维模式". 这些概念性理解可以跨越时间、文化和情境的界限,培养和发展学生在相似的观点、事件或问题上发现规律与联系的能力. 埃里克森等人将概念划分为五个层级(图 1-4),一是主题事实;二是概念(与事实相比,概念具有普遍性,是从实例、事实中抽象出来的);三是概括

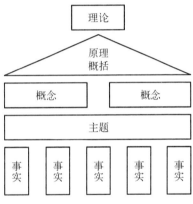

图 1-4 大概念结构图(埃里克森)

(表述两个或两个以上的概念之间关系的句子);四是原理(对概念性关系的表述,如数学公理);五是理论. 埃里克森的概念层级划分事实上描述了大概念,也就是说,按照埃里克森的层级划分观点,大概念不是具体的事实,而是对事实的概括,是关系和意义的表达. 尽管埃里克森的论述中没有明确提及"大概念",但他的关于"概念为本的课程与教学"的理论与威金斯的UBD理论存在很多共通之处.

章建跃博士曾说:"一般观念,是对内容及其反映的数学思想方法的进一步提炼和概括,是对数学的定义方式,几何性质指什么、代数性质指什么、函数性质指什么、概率性质指什么等问题的一般性回答,是研究数学对象的方法论,对学生学会用数学的方式对事物进行观察、思考、分析及发现和提出问题具有指路明灯的作用."[①]由此可见,数学的大概念主要表现

① 章建跃. 学会提问(之五)[J]. 中小学数学(高中版),2022(3):封四,64.

为概念和观念.概念是指在概念系统中可以覆盖许多概念和现实的"高位概念".

基于国内外专家学者关于大概念教学理念的论述,可以概括为以下几点:

其一,将目标放在首位或改变教学目标是大概念教学理念与以往教学理念最大的区别.因此,以终点为起点、追求理解的逆向教学设计(即 UBD 教学设计)成为大概念教学的重要理念.其二,以大概念为核心,实施单元整体教学,采用适当的方法和策略并选择合适的实施载体是大概念教学的主要形式.其三,无论是以素养为导向的教学、面向未来的教学、关注学生终身发展的教学还是真实性教学,这些与大概念教学理念相配套的教学理念都强调关注学生.这意味着需要关注学生的素养、学生的未来、学生的认知规律以及学生的终身发展.提取数学学科(包括学科层面、课程层面、章节层面等)大概念的路径分为"自上而下""自下而上"两种方式.

"自上而下"的提取方式,由于存在带有顶层设计特点的"课程标准""学科核心素养""专家思维""概念派生"等成果作为参照,给出了研究的范围与框架,提取大概念相对而言较为程序化或者可控.例如,数学课程标准给出了数学课程的课程性质与基本理念,凝聚了众多数学家、数学教育专家等众多学者的思考与集体智慧,是比较抽象的概括性语言,是大概念集中的地方.再如,数学家与数学教育专家学者的论著凝聚了专家们对数学与数学教学的深刻的思考,也是容易发现大概念的地方.

"自下而上"方式更多的是一线教学需要面对的问题,反而成为大概念提取的难点,主要可以从以下几个角度来思考:

其一,通过比较新旧教材,我们可以从专家的思维中提取大概念.专家思维通常以大概念的方式组织,这种思维也会在新教材的编写中体现出来.

其二,我们可以从教学误区中寻找大概念.当教师对教学内容的理解出现偏差时,就可能陷入教学误区.通过深入思考或咨询相关领域的专家,我们可以发现并纠正这种偏差,从而提取出大概念.

其三,从教学难点中挖掘大概念.在实际教学中,不同的教师可能对相同的知识点有不同的教学难点.我们需要进一步分析论证来确定真正的难点,以及哪些观点对培养学生的素养和发展更有价值.在这个过程中,我们可能会发现隐藏在大概念中的重要价值.

其四,通过解决教学困惑,我们也可以找到大概念.当教师在教学中遇到困惑时,他们可能会对某些教学内容或知识点进行深度思考,但尚未厘清真正的重点或最有价值的知识.当教师之间出现不同的解读时,就会产生教学困惑.此时,正是大概念发挥作用的时候,因此,通过思考教学问题的症结所在,隐藏在其背后的大概念往往会逐渐显化.

总之,"自下而上"类型的数学大概念提取方式或路径包括:从"教学难点""教学困惑""新旧教材对比""概念理解偏差或教学误区""生活价值""知能目标""学习难点""评价标准"

等多种途径挖掘大概念.①

下面将以"不等式及不等式组"这一教学内容为例,探讨并例举数学大概念在实际教学中的应用(图1-5).根据数学大概念的定义和提取路径,本章所强调的核心大概念便是"基本数量关系",具体细分为"相等关系与不等关系".数学,作为研究数量关系和空间形式的科学,其数量关系的基础便是相等与不等.而空间形式,则涵盖了事物的大小、形状及其位置关系,特别是空间点、线、面的相对位置,初中阶段我们主要聚焦于平行与垂直这两种基本关系.这些基本数量关系和位置关系都体现了确定性,而与之相对的不确定性关系则将在概率与统计的学习中加以探讨.进一步抽象来看,"关系"这一概念便显得尤为关键.现代汉语词典将其解释为事物之间相互作用、相互影响的状态,这不仅是数学学科的核心观念,也是众多学科的大概念,它在自然科学和人文科学中都扮演着重要的连接角色.

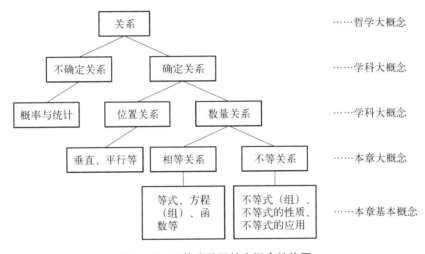

图1-5 不等式单元的大概念结构图

此外,本章的教学内容也着重于发展学生的核心素养,这些素养同样是大概念的具体体现.主要涵盖以下三大数学核心素养:首先是数学运算,通过解一元一次不等式及一元一次不等式组来锻炼学生的运算能力;其次是逻辑推理,采用类比的研究方法,借鉴等式的性质来探究不等式的性质,从而培养学生的逻辑思维能力;最后是数学抽象,这一素养要求学生能从实际背景中抽象出不等式与不等式组,这是他们用数学的眼光从现实世界中捕捉数量关系的关键步骤.学生需要运用数学语言,选择适当的数学模型来表示这些数量关系,这是他们运用所学知识解决现实问题的初步尝试,也充分展现了数学在实际应用中的价值.

---

① 李杰民.数学学科大概念及其教学研究[D].广州大学,2021.

（二）本原性问题统领的"问题驱动"的教学模型

1. 本原性问题的概念界定

哲学上对"本原"的思考凸显为一种刨根问底的探寻精神，始终把认识世界、理解世界、改造世界的"基石"或"构成基本要素"作为第一问题. 华东师范大学的张奠宙与复旦大学的张荫楠教授提倡，以问题驱动的数学教学就是用本原性的、触及数学本质的、具有启发性的、在教学中起统领作用的问题驱动数学教学.

南京师范大学的徐文彬提出"本原性问题"是指教师在备课活动中精心设计的反映该数学主题实质的问题，以及课堂教学活动中由学生提出的涉及该数学主题实质的关键性问题. 杨玉东在博士论文《本原性数学问题驱动课堂教学的比较研究》中的基本理念是：超越对于技巧性问题的过度追求，深入到情境性问题所涉及到的学科实质，用反映学科本质的一系列问题来驱动课堂里教与学的活动，让学生获得关于该学科的本质认识. 从概念课要揭示数学概念的本质含义、命题法则课要让体验学科命题背后的数学思想方法提炼过程、复习课要构建命题间相互联系而形成结构体系、习题课要还原复杂情境下的问题解决为挑战认知的系列从课型维度进行了界定和案例解析，且对教师怎样发掘学科本质问题并用以驱动课堂教学进行了深刻揭示.[1]

对于"立足于学生高阶思维的发展，用本原性问题驱动"认识的形成，我们经历了三个递进阶段.

（1）第一阶段：萌芽阶段

就是以问题为中心的教学，研究"如何采用问题去有效驱动课堂教学". 这些问题我们主要关注问题的目标导向性、问题的继发性和问题的探究性. ① 问题的目标导向性：围绕问题和问题的解决，学生可以达成教学目标中的要求，问题是围绕教学内容进行组织和设置的；② 问题的激发性：能激发学生兴趣和认知欲望，能够激发学生主动学习；③ 问题的探究性：应该具有思考的价值，有一定的认知挑战，促进学生思维品质的提升.

（2）第二阶段：形成阶段

2017 年版高中数学课程标准颁布后，我们意识到问题的设计不仅仅是为了教学目标的组织和结构化，更应关注围绕问题的解决促进学生主动对知识的理解与建构. 如何设计促进学生深刻理解学科内容本质的"本原性问题"，即哪些问题能够反映该学习主题中最为基本、朴素、本质的观念、方法和思想，着力探讨把某个教学内容主题的"根源""要素"或"基本构成"作为"本原性问题设计"的教学组织中心的出发点，根据学生的认知特点教师通过引导性

---

[1] 杨玉东,徐文彬. 本原性问题驱动课堂教学：理念、实践与反思[J]. 教育发展研究，2009(20)：68 - 72.

问题、推进性问题和延展性问题形成课堂问题链,揭开数学知识形成过程,促进学生对课程内容的本质的理解.本原性问题具有"统帅性作用",而学生的困惑和问题作为课堂问题设计的落脚点.

我们对"本原性问题"的内涵在目标导向性、驱动性和探究性的属性基础上进行了新的延展:① 能真正引起学生对核心与思想的相关探究;② 能促进学生权衡各方观点的基础上,理性思考寻找证据来支撑自己的想法;③ 能激发学生对更多问题的热烈讨论、深度思考、持续探究及新的理解;④ 能激发学生建立新经验和先前所学知识及个人经历间的有意义的关联;⑤ 能激励学生在新经验、假设及过往的经验教训之间进行必要的和持续的比对与反思;⑥ 能促进学生自然重现,并为迁移到其他学科和情境创造机会.

(3)第三阶段:明晰阶段

随着义务阶段新课标热议和研究过程的推进,我们明确了"本原性问题"是凸显学科本质、关注认知规律的问题,处于学生认知基础与学科观念的联结点上的问题,具有启发性、探究性、统领性,它能激发思考与探究、促进知识联系与迁移、导向深度学习与理解.

学生如果能理解数学知识背后的逻辑结构、思想方法、研究视角形成学科思维和观念,那么理解就从事实走向结构、原理和方法论的层面,进而外显为知识的应用、迁移和创造;本原性问题不仅涵盖从学科的角度揭示知识的本质问题,同时涵盖从认知和教学的角度来激发学生探究的兴趣,启发学生对所学知识的理解,从而帮助学生去主动建构对知识的理解和认知.

例如,我们可以用"一组数据的多少与大小如何影响这组数据的平均值?"这样一个朴素的"本原性问题"来引导学生探究并思考"加权平均数""平均数""算术平均数"这些平均水平统计量的本质内涵,"加权平均数"是这些相近概念的"高位概念"覆盖了这些概念和现象;再如我们对于"平面直角坐标系",通过现实世界的概念原型进行抽象,进而通过问题"平面中如何唯一确定点的位置并用数学的语言进行表达"来驱动学生思考确定点的位置的方法揭示概念引入的必要性以及如此定义的合理性.同时通过这个问题统领笛卡尔的斜坐标系和高中数学的极坐标,它们的共同性就是用两个维度来唯一刻画点的位置,进而做一些规定后,就能使得"点"和"序数对"一一对应了,所以点的唯一确定性和表达的唯一性就成为了"一般观念",揭示出这些概念的联系.

"本原性问题"的设计,对教师提出了较高的要求,要求教师能够在学科视野的角度,整体把握整个课程知识的结构体系,把握这些结构体系背后的思想、方法和数学观念,以及具有将这些教会给学生的教学法知识以及评价的意识和能力.教师在整体把握学科内涵和单元核心问题的基础上研究如何根据教学目标与学生特点,设计和开展本原性问题驱动课堂教学.

2. 本原性问题统领的问题驱动教学模型

如何实现思维的教学呢？需要创设解决问题的教与学的环境,在单元教学中通过问题系统的设计建构认知活动和高水平数学思维的教学路径.课堂教学如果能以学科大概念或一般观念为核心,"本原性问题"为统帅,进行设计问题与情境,引发学生的问题,围绕学生的困惑和问题设计引导性问题,围绕教学目标设计推进性问题和延展性问题,系列问题环环相扣,把学生的学习引向高阶学习和思维,那么就可有效地激发学生理解和体验到学习内容的本质,真正提升学生的数学素养.

在本原性问题统领的问题驱动教学中,"本原性问题"是课堂组织的中心,具有统帅作用.以体现单元或模块内容本质的大概念或学科一般观念的"本原性问题"为中心的,在课堂教学中,"根据目标预设的驱动性情境和问题""学生问题解决中产生的问题""教师的引导性问题",以及"解决问题的学习环境"成了高阶思维视角下本原性问题驱动学习的基本要素.

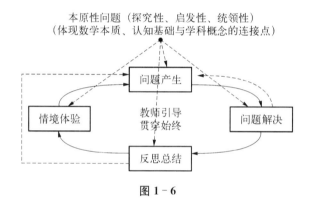

图 1 - 6

本原性问题,可以分为"课前"预设的"本原性(学科)问题"和"课中"生成的"本原性(学生)问题",而课中"生成的本原性学科问题"又可分为三种情况:基于情境体验,师生共同提出相互呼应并互动;基于情境体验,教师提出学生做出响应并互动;基于情境体验,学生提出、教师做出响应并互动.

近些年,"问题提出"开始作为一种教学方法被提出,它由情境体验、产生问题、解决问题和反思总结阶段形成一个循环的闭环.师生基于问题情境衍生出新问题、表达新问题的活动和任务.在教学活动中,通过对问题情境中的数学对象基本构成要素的分析与思考,挖掘关系和矛盾进行质疑与猜想,提出新问题.因而,围绕情境的问题提出便是把一个问题情境变成一个新的问题情境从而形成问题链的过程.学习过程就是围绕情境提出的"问题链"进行新知建构、内容的巩固理解和新情境中的迁移应用的活动历程,而好的情境则能激发学生能自主进行问题的提出,促使学生成为更好的问题解决者.所以说"问题与情境"不仅仅是解决问题的过程,同时是一个发现和产生数学问题的过程.如果教师营造的氛围好,不仅是在问题情境中会产生问题,而且在问题解决、反思总结的过程中均可能产生新的问题,整个教学过程就是学生在情境中不断思考形成问题链,围绕问题链进行活动实践与合作交流的学习过程.

3. 本原性问题的设计路径

本原性问题的设计,需要课程视野下的教学内容深度前端分析,教师要基于课程标准进行深度前端分析,要从教材的特点及学科的性质出发,又要从学生的认知及需要出发,同时具有一定的课程视野和学科视野,才能设计出体现学习的认知逻辑和学科的思维逻辑的框架性问题,而这些问题往往指向可迁移的路径和方法,所以问题设计也是提升教师专业发展的抓手之一.

(1)基于课标确立本原性目标

问题的层级、问题链"设计"是围绕目标行动,是有意图的计划和执行.它的核心是"基于标准设定目标,基于目标设定评价,评价先于设计".目标是预期的学习结果,对教学过程具有导向作用,并为教学评价提供标准和依据.评价伴随学习的整个过程,贯穿教学的始终.

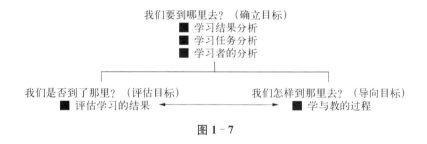

图 1 - 7

在我们的教学设计过程中,首先要明确有关知识的本原性目标,具体来说本章、本单元及本节课所涉的相关知识的本质是什么? 单元大概念和一般观念是什么? 希望学生通过学习,需要理解和掌握相应的内容本质的要素.只有当教师自己理解和明晰教学目标,其教学设计和课堂教学才有可能有序地开展.教师对教学内容的理解深度决定了教学所能达到的高度.当然,课程目标的准确与否是这个环节的关键.教师还需要立足本单元,梳理各个单元之间的关系,去帮助学生构建整体的知识结构,我们需要关注知识技能背后的数学思想方法和数学观念,做好深度的前端教学任务分析,处理好课程目标、单元目标、课时目标的关联,立足素养导向建立目标体系与问题系统的关联.对相关知识的本原性问题教学目标的分析,可以通过以下三个环节实施: ① 学习课程教学标准,理解相关知识的教学目标;② 通过讨论,明确本单元的大概念或一般观念;③ 确定本原性目标通过教学实践及效果分析不断进行调整.

(2)基于学科内容本质确定"本原性问题"

本原性问题的统帅作用主要体现在方法论层面,比较上位.所以我们要站在课程的视角,深度分析数学内容的本质确定"大概念"与学科观念,根据教学目标、课程内容设置的"本原性问题"为统领在课时中以"核心问题"为引领,通过"驱动性问题""生成性问题"和"引导性问题"组成课堂教学的基本问题链,架构认知过程和高阶思维的路径.

例如在沪教版初中数学教材中,对图形与几何的内容安排是从简单到复杂,从一般到特殊,对几何图形的研究主要从图形的定义、性质、判定几个角度进行,研究性质的路径是从整体角度研究图形的对称性,局部都是从图形的基本组成要素(即边、角)和重要要素(如中线、高、对角线)等角度进行研究. 主要采用属加种差(即邻近的属+种差=被定义项)的方式对几何图形进行定义,性质都是由定义演绎得到,而判定一般是由性质进行逆向思考而来.

深度分析初中数学"几何与图形"内容本质、学科思想方法和一般观念后,我们确定了"在研究一个几何图形时一般从哪些角度思考"为本原性问题,以它为中心,对"19.8(1)直角三角形的性质"课时设计了五个问题架构整节课的学习过程和思维路径,学生围绕着五个问题的解决,所经历的学习过程是先概括研究图形与几何的学科方法、进行类比迁移和合情推理,经历分析辩证自主建构得到直角三角形的性质,并在深度体会和感悟的基础上延展创造性地使用到四边形的学习中.

[宏观层面——统领内容模块的本原性问题]

在研究一个几何图形时一般从哪些角度思考?

[中观层面——架构课时思维路径的预设的推进性问题和延展性问题]

课时核心问题:

直角三角形除了具有一般三角形的性质以外,还有哪些特有的性质?

问题1:我们学习了一般三角形的哪些知识?

问题2:我们学习了等腰三角形的哪些知识?是从哪些角度研究和思考的?

问题3:你能类比等腰三角形的学习过程探究直角三角形可能的性质吗?

问题4:你觉得哪些结论作为直角三角形特有的性质比较合适?为什么?

问题5:本节课的学习对你将来学习四边形或特殊的四边形有什么启发吗?

[微观层面——基于学生困惑和问题生成的启发引导性问题]

引导性问题1:探讨等腰三角形的性质,探讨了底边上的高、底边上的中线、顶角的平分线,对于直角三角形,你会研究哪条边上的高,哪条边上的中线呢?

引导性问题2:证明一条线段等于另一条线段的一半是个比较陌生的问题,回顾一下我们以往有没有这方面的经验?如果想不起来,我们如何将它转化为我们熟悉的问题和经验呢?

(三) 高阶思维视角下"三阶段四环节"的问题驱动教学样态

问题驱动的"三阶段四环节"是指引导学生在问题解决过程中从以记忆、判断等为特征的低阶思维水平进阶发展到更具有思维的灵活性、思维的深刻性、思维的综合性的高阶思维水平,激发和释放潜能,促进学生高水平认知的教学样态。"三阶段"指的是第一阶的课前学习"问题前置,了解目标"(简单阅读、初步了解、认知准备);第二阶的课中学习"问题驱动,建构目标";第三阶的课后学习"延伸拓展,自我提升"(提炼、总结、反思)。"三阶段"由浅入深,环环相扣,是任务驱动、发展思维的学习进阶.

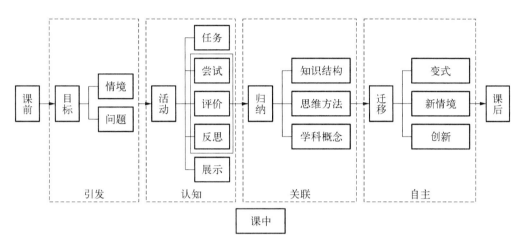

图1-8 高阶思维视角导向下"三阶段四环节"教学样态

"四环节"是指"问题驱动,建构目标"的四个主要环节。一是引发阶段,即预设问题与情境,引发学生强烈的认知动机;二是认知阶段,给足时间空间让学生自主尝试,在完成任务中进行思考、评价、交流、反思、展示等活动体验;三是结构关联,即逐步抽象概括学科内容背后蕴含的学科思想方法和数学观念;四是自主迁移,即从学科思维角度提出更具有挑战性和延展性的问题,挖掘学生深度学习的能力。这种"引发—认知—关联—自主"的四阶段的过程设计,形成知识问题化,将问题情境化,让基本经验活动化,把目标任务结构化的策略,以情境建立数学对象—学习者的关联,以问题驱动思考,以任务与活动促成能力提升,以知识结构关联与迁移运用促成素养形成,并形成具体的操作要点.

问题驱动的"三阶段四环节"高阶思维教学的操作主要在于围绕学科核心问题的问题链的设计。教师根据单元教学内容和主题,在"本原性问题"的统帅下寻找生活原型创设情境体验、预设问题任务,驱动学生探求新知的欲望和认知需求,设计的问题要具备发展性、启发性、实践性以及一定的开放性,将难度设定在学生的最近发展区,关注情境对学习的"脚手架"支持功能。问题的提出与开展、分析与解决、深化与反思、引申与串联的过程中,揭示蕴含的学科思想方法,充分暴露思维障碍,展示学生的思维过程,在完成"学习任务"过程中发展高阶思维能力.

面对教师精心设计的情境与问题,学生动机系统启动,高质量完成学习任务。学生有可能在解决问题过程中生成新的问题进行提问. 也有可能在问题解决之后,学生会反思与拓展生成新问题,此时元认知系统、认知系统综合发生作用. 在这个过程中基于教学目标的设定,教师的问题主要表现为教师的驱动性问题、基于学生问题与困惑的引导性问题,推进教学进程的问题,以及体现学科思维与观念的引申性的问题. 教师的设问不只是进行管理性的推进预设的教学进度,更重要的是引出学生的想法和问题,点拨学生思考困惑点辅助学生解决问题. 其中最关键的点是要触摸到学生的朴实的本原性的真问题,并把在学生的问题与学科的问题之间作对接与转化. 只有这样,问题的功能才能追求"知识的"问题链通过追问逐步进阶为导向"思维发展"的问题链,形成学生、教师、教材三者之间围绕核心的"本原性问题"的对话和交流,通过"协同思考合作解决问题",在表达与交流中从促进问题的发现与提出、组织与聚焦、解决与分享、反思与拓展,从无序走向有序的自组织路径,学生的学习从优化知识结构逐步走向促进能力形成.

三、基于高阶思维的本原性问题设计策略

高阶思维导向下的课堂教学,倡导学生为主体,以教师为主导,以问题为中心,以活动为载体,以学生的能力培养、思维品质提升为目标的教学.

目前常态课的基本结构是以旧引新,创设情境衔接新知—活动感知—建构新知—学生练习—新知巩固—课堂小结—感受收获几个环节,根据教学的基本环节特点,都可以改变一些习惯性的做法,着力提升问题水平,驱动学生思维水平、思维层级的提升. 我们以沪教版八年级图形与几何模块的"19.8 直角三角形的性质"为例加以说明.

(一) 基于认知起点,从事实性问题走向策略性问题夯实思维的着力点

问题设计时,要把握准逻辑起点和学生的认知特点,追根溯源,不仅仅是以旧引新进行知识回顾,而是回顾挖掘知识背后的思想方法以及研究知识的视角和路径,设计成策略性问题,引发学科逻辑和认知逻辑的和谐共振.

【教学片段 1:温故知新】

1. 我们是如何定义一般三角形的? 一般三角形有什么性质?

2. 等腰三角形是如何定义的? 你能运用它的性质解决下列问题吗? 理由是?

已知等腰三角形 ABC 中,$AB = AC$,$BC = 6$,$\angle B = 50°$.

(1) $\angle C =$ _____ °;

(2) 若 $AH \perp BC$,垂足为点 H,则 $BC =$ _____,$\angle BAH =$ _____ °.

3. 由知识回顾能否归纳概括,我们研究一个几何图形一般从哪些角度进行研究?

"我们是如何定义等腰三角形的"和"什么是等腰三角形"两个问题的比较,前者直接指向数学概念下定义的方式(属加种差)的策略性知识,再通过等腰三角形性质的回顾,凸显研究几何图形的学科思维和方法,最后通过问题3促进学生对知识进行反思、提炼和概括,激发学生深度反思知识背后的学科思维方法,为迁移到直角三角形的情境创造思维方法和策略基础.

(二)基于新知自主建构,适度增加问题的开放性和思辨性激活思维的生长点

在新知建构时,通过问题群设疑、解疑、质疑,自我浅探、合作深究,驱动学生自主建构,在问题设计上适度增加开放性和思辨性,让学生的思维自由流淌.

【教学片段2:新知建构】

(1)你会如何定义直角三角形?

(2)借助表格类比等腰三角形,你觉得直角三角形可能或有什么性质?

表 1 - 2

研究视角	等腰三角形的性质	直角三角形可能的性质
定义	有两边相等的三角形	
边	两边相等(定义)	
角	两个底角相等(性质1)	
特殊线段	底边上的高、底边上的中线、顶角平分线三线合一	

师:在一般的三角形中添加一个特殊条件来定义直角三角形,很好.你觉得直角三角形在边、角或特殊线段上会存在什么样的性质?

生1:除了直角之外的两个角是互余关系.

师:你能口述一下证明吗?

生1:因为三角形内角和为180°,又因为三角形是直角三角形,所以∠C = 90°,所以∠A + ∠B = 90°.

师:我们分别用文字语言、图形语言和符号语言来表达(板书),这个性质是由于三角形内角和为180°,再加上一个特殊的直角而衍生出来的性质.

师:边的性质如何呢?请你们大胆猜想,小心求证.

生2:任意两边之和大于第三边.

师:除此外,直角三角形还可能会有什么结论?

生3：两直角边的和大于斜边.

生4：最长的那条边肯定是斜边.

生5：两条直角边的平方和等于斜边的平方.

师：众所周知这就是什么？（所有学生齐答：勾股定理）

师：这是我们中国数学史上的一朵奇葩，这个定理的证明有几百种方法，很值得我们专门花一节课的时间去研究它，今天我们且放一下，下节课研究.

本节课的重点是类比等腰三角形的研究方法进行直角三角形性质的新知探索，所以问题设计主要是驱动学生能够在已有认知基础上进行自我建构，随着问题的开放程度增大，课堂实践中学生从相等关系和不等关系两个维度得到不在预期内的却又在情理之中的创新成果.

（三）基于探究过程中的思维障碍，设计启发性问题构建思维的"最近发展区"

本节课中有两个思维障碍：一是学生对于中线性质的猜想依赖于图形的直观，在没有添加中线之前他们没有猜想的载体；二是中线性质定理的证明. 教师要基于学生认知基础分析设计问题搭设脚手架，让难度处于学生的最近发展区，而不是简单直接讲授给学生听，剥夺学生思考的权利.

【教学片段3：探究困惑中的引导性问题】

类比等腰三角形，你觉得直角三角形可能会有什么性质？

（1）如果你要研究直角三角形的特殊线段，你觉得要先研究哪一边上的特殊线段？为什么？

（2）证明一条线段是另一条线段的一半是很少碰到的，但是证明两条线段相等是我们熟悉的，所以，你会怎么做？

（3）两个三角形全等，它一般能提供什么几何条件？

在问题群中，通过延续第一个子问题适当的追问，学生很快分别画出了斜边上的高、中线和直角的平分线. 从图形的整体直观观察，发现了等腰三角形和直角三角形，进一步从边、角关系挖掘得到了猜想并突破了证明的思维困难，分析问题、解决问题的能力得到提升.

（四）基于新知提炼，从接受新知走向甄别评价提升思维的思辨性

思辨型问题通常是教师或学生呈现某一问题的解释，要求学生能进行合理的评价，并做出自己观点的陈述，这不仅实现了学生角色从知识的接收者向评价者的转变，还激发了学生质疑意识形成. 在解决和讨论思辨型问题过程中，学生思维的深刻性和批判性会得到

有效的提升.

【教学片段4：新知形成后的提炼与概括】

1. 直角的平分线得到两个角为45°能作为直角三角形的性质吗？为什么？

2. 斜边上的高线得到的两组锐角相等能作为直角三角形的性质吗？为什么？

3. 斜边上的中线等于斜边的一半能作为直角三角形的性质吗？为什么？

师：由角平分线你联想到了什么？

生6：两个角相等,都等于45°.

师：你觉得它能不能作为直角三角形的性质？

生6：不能,因为和直角三角形没关系,只要是90°角的平分就可以,所以不能作为性质.

【教学片段5：新知形成后的质疑和反思】

生7：因为∠A和∠ACH互余,∠A和∠B互余,所以∠B = ∠ACH(老师边听边重复学生的话).

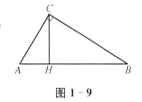

图1-9

师：这位同学通过斜边上的高,发现了两对相等的角,而他用到的方法非常棒,就是从我们刚得到的两角互余的性质定理.那么这个结论能作为直角三角形的性质吗？

生8：因为这是被高分割成的两个直角三角形,其中两个角和原来的直角三角形无关,所以不能作为它的性质.

师：你讲得真好,因为相等的两个角中有一个角不是原来三角形的构成基本要素.

一个几何图形在边角等元素的关系中有许多正确的结论,是否都把它作为性质呢？为什么？学生的回答很朴实却又本原,性质应该是某个几何图形所特有的.如果老师能经常设计思辨性的问题,那么学生习惯于接受知识、缺乏批判和质疑的现状一定会得以改善.

(五) 基于新知迁移,从标准训练走向变式问题提升理解的深广度

在知识巩固与迁移阶段设计如下三个问题,第一个问题化静为动,从轨迹的角度认识定理的本质,同时考察学生思维的严密性.第二个和第三个问题从边和角的两个变式维度、从两个三角形在同侧和异侧的图形变式视角帮助学生从根本上理解性质.

【教学片段6：直角三角形的应用】

1. 以AB为斜边画Rt△ABC,可以画几个？这些直角三角形的直角顶点的轨迹是什么？

2. 若两个直角顶点在斜边的同侧,取C_1C_2的中点D,联结C_1C_2、OD,请问OD和C_1C_2

是什么位置关系？

3. 如图两个直角顶点在斜边的异侧，若 $\angle C_1BC_2 = \angle 45°$，请问 C_1O 和 C_2O 又是什么样的位置关系？为什么？

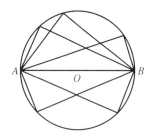 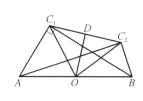 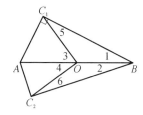

图 1 - 10

师：所有的直角顶点的轨迹是什么？为什么？

生9：构成了一个以 AB 中点为圆心，以一半 AB 为半径的圆.

生10：因为是直角三角形，所以我联结 D_1O、D_2O 都是 AB 的一半，也就是它到定点 O 的距离等于了定长. 其他同学有什么补充吗？

生11：去掉线段 AB 的两个端点 A、B，因为构不成三角形.

教学中教师习惯于通过一些题目来巩固所学的知识. 在高阶思维视角下，我们要设法给已知条件，把结论藏起来变为探索性问题；藏起部分已知条件给出结论，提出开放性问题；把问题变式化得到讨论性问题；引导解题后反思，提出引申性问题等手段激活思维，让学生的思维更具有灵活性、开放性、严密性和创造性.

（六）基于结构化图式，设计比较型问题和延展性问题，提升思维的贯通度

许多数学教师宁愿多讲一道题，而对于课堂小结匆匆带过，思想上没有足够重视. 为了把知识理解以比较完整的图式建立，我们要遵循知识要点化、知识结构化、过程方法化这几个策略. 因此在小结中要通过对数学知识的获得过程的回顾进一步帮助学生体会其中的思想方法，则学生获得的不仅是知识，更重要的是发展抽象概括的思维和归纳整理的能力，并将知识结构形成稳定的心理图式.

【教学问题设计：课后小结】

1. 你学到了直角三角形的哪些性质？是怎样探索出这些性质的？在整个证明过程中，我们是怎么样去获得猜想和证明思路的？

2. 你能谈谈直角三角形和等腰三角形的学习内容和学法方法过程的异同吗？

3. 本节课的学习对你将来学习四边形或特殊的四边形有什么启发吗？你觉得可能从哪些角度研究四边形？

初中数学内容是相互联系的,将新旧学习内容进行类比和对比,学生可以更好地区分相关事物之间的异同点,以达到揭示其本质的目的.同时站在分析辩证的角度尽可能地将问题进行推广和延展,是提高创新能力的良好抓手.[①]

---

① 徐晓燕.高阶思维导向下的数学问题设计——以"19.8 直角三角形的性质"为例[J].上海中学数学,2019 (10):4 - 7.

第二章

内容解读与教学实践

《义务教育数学课程标准(2022 年版)》的课程内容由数与代数、图形与几何、统计与概率、综合与实践四个学习领域组成.沪教版初中数学课程的内容结构如图 2-1 所示,本书结合新旧教材交替的实际情况,将初中数学课程内容重构,分成数与运算、代数与方程、函数与分析、图形与几何、统计与概率五个模块进行分析,综合与实践部分则放到本书第三章第四节作为拓展课内容进行探讨.

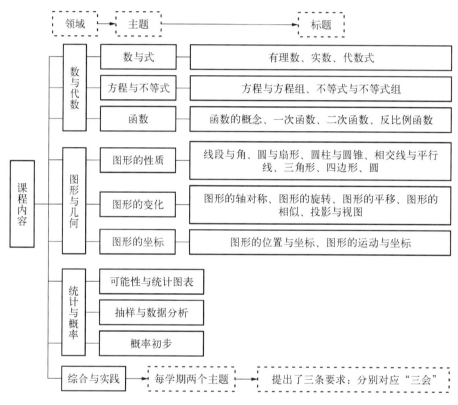

图 2-1   沪教版初中数学课程内容结构

在本章中,首先基于课标要求进行内容分析,形成结构化的认识;其次基于素养导向与课标学习要求进行目标分析与解构;再基于高阶思维视角提出我们的本原性问题设计建议;最后通过实践案例诠释从课标到课堂落地的实践与理解.

第一节　分析与解构——"数与运算"

　　《义务教育数学课程标准(2022年版)》的课程内容由数与代数、图形与几何、统计与概率、综合与实践四个学习领域组成.其中"数与代数"是义务教育阶段数学知识体系的基础.新课标以数学核心内容和基本思想为主线循序渐进,对"数与代数"领域的内容做了结构化整合,进一步优化和完善了内容设置,将小学部分的"数的认识""数的运算"整合为"数与运算",强调数与运算不可分离;而初中阶段分为"数与运算""数与式""方程与不等式""函数"四个主题."数与运算"衔接了小学与初中代数学习,是学生认知数量关系、探索数学规律、建立数学模型(式与方程)的基石,更是帮助学生从数量的角度认识、理解、表达现实世界的起始模块.①

　　根据课标,本模块聚焦"数系是如何扩充的? 我们是如何学习研究数的?"这一核心问题,落实课标中"经历有理数、实数的形成过程,初步理解数域扩充;掌握数的运算,能够理解运算结果的意义;形成合适的运算思路解决问题,形成抽象能力,进一步发展运算能力"②的学习要求.

　　数系的扩充源于实际生活的需要或数的运算过程中产生的矛盾与冲突,建立新数的概念主要过程包含了新数的定义、新数的符号表示、新数的分类及其相关概念,在数的大小比较过程中规定了新数的性质,将其应用到数的运算,同时构建了新的运算法则和运算律,从而形成了研究数系的路径和一般方法.

　　本节,我们将从内容、目标两个方面对"数与运算"进行分析与解构,并附以课例说明如何在"本原性问题"统领下,通过问题系统驱动课堂教学进程,提升学生的学习力与抽象能力、运算能力.

一、主题模块的内容分析与解构

(一) 基于课标的主题内容分析

　　上海采用的是"五四学制",本模块所属初中部分在新课标中处在第三学段和第四学段(表2-1).

---

　　①　中华人民共和国教育部.义务教育数学课程标准(2022年版)[M].北京:北京师范大学出版社,2022:53.
　　②　中华人民共和国教育部.义务教育数学课程标准(2022年版)[M].北京:北京师范大学出版社,2022:61-62.

表 2 - 1

领域	学 段				主题	内容
	第一学段 (1～2年级)	第二学段 (3～4年级)	第三学段 (5～6年级)	第四学段 (7～9年级)	数与运算	分数
数与 代数	1. 数与运算 2. 数量关系	1. 数与运算 2. 数量关系	1. 数与运算 2. 数量关系	1. 数与式 2. 方程与不 等式 3. 函数		有理数
						比和比例
						实数

新课标中"数与运算"的主题内容要求按照学段层层递进：数的范围从整数到分数、有理数再到无理数、实数；运算对象也随之从整数运算、分数运算，到有理数、无理数、实数运算，而运算的类型则从加、减、乘、除、乘方、开方的单一运算扩充到四则混合运算(图 2 - 2).

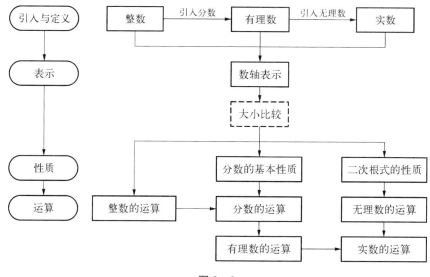

图 2 - 2

第三学段(5～6年级)中的 6 年级部分我们着重掌握分数、有理数的概念、性质和运算. 由于整数运算中的除不尽问题，我们从整数扩充到了分数；在接触负整数之后理解负数的意义，会用正数和负数表示具体情境中具有相反意义的量；进而理解有理数的意义，能用数轴上的点表示有理数，能借助数轴体会相反数和绝对值的意义，初步体会数形结合的思想方法. 并且通过整数、小数、分数的运算，进一步感悟计数单位在运算中的作用.[①]例如，比的化简类比分数的约分；在分数加减运算的过程中，引导学生理解通分的目的是得到同样计数单位，进一步理解计数单位对分数表达的重要性，理解分数、小数、百分数的加减运算都要在相

---

① 中华人民共和国教育部. 义务教育数学课程标准(2022 年版)[M].北京：北京师范大学出版社,2022：25.

同计数单位下进行,会进行分数、百分数、小数的转化,感悟加减运算的一致性.

第四学段(7~9 年级)中的 7 年级部分完成初中阶段数的扩充,通过有理数的乘方运算引入开方运算,出现开不尽的问题后数系进一步扩展到了无理数. 在了解无理数和实数的意义后知道实数是由有理数和无理数组成;能用数轴上的点表示实数,认识到实数与数轴上的点具有一一对应关系,会求实数的相反数、绝对值;知道平方根、算术平方根、立方根的概念. 会用根号表示平方根、算术平方根、立方根等. 完善数系的构建,要整体把握概念之间的联系. 对于数系发展进行整体分析,帮助学生建立能体现数学学科本质、对未来学习有支撑意义的结构化的数学知识体系. 通过数系的扩充,帮助学生一方面了解数学知识的产生与来源、结构与关联、意义与价值;另一方面强化学生对数学本质的理解,关注数学概念的现实背景,引导学生从数学概念、原理及法则之间的联系出发,建立起有意义的知识结构. 进一步加深从小学到初中,从正有理数到负有理数(有理数),从有理数到无理数(实数)中数的概念及运算的一致性. 数的运算上还需要知道乘方与开方互为逆运算,会用乘方运算求百以内完全平方数的平方根和千以内完全立方数的立方根(及对应的负整数),会用计算器计算平方根和立方根;能用有理数估计一个无理数的大致范围;初步认识近似数,在解决实际问题中,能用计算器进行近似计算,会按问题的要求进行简单的近似计算,会对结果取近似值.[①]对数的运算类型了解,除了知道加法与减法、乘法与除法、乘方与开方互为逆运算,完善实数范围内的加、减、乘、除、乘方、开方及简单的混合运算、能合理运用运算法则、运算律简化运算,更要认识到数的运算的封闭性,从正有理数到负有理数(有理数),从有理数到无理数(实数),数系在不断扩充,数的运算对象在不断扩充,但数的研究路径和研究方法是具有连贯性和一致性的,之后还将经历用字母表示数的进一步的抽象过程,数与运算的学习为之后方程、不等式等内容的学习奠定了基础.

(二) 主题内容的结构化认识

"数与运算"内容解构与分析的核心思想就是数的扩充,基本思路是:

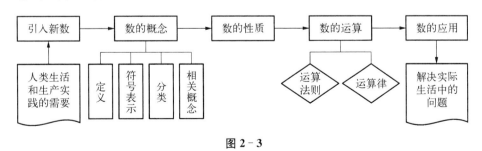

图 2 - 3

---

① 中华人民共和国教育部. 义务教育数学课程标准(2022 年版)[M].北京:北京师范大学出版社,2022:54 - 55.

人类根据已有的生活背景,从解决生活中的实际问题开始,引入了新数,建立了数的概念,其中包含了对数的定义、数的符号表示、对数的内涵分析中引申出子概念(数的分类)及其相关概念,判断和辨析众多概念的区别与联系.在一个数系大小比较过程中规定了数的性质,将其应用到数的运算,构建了运算法则和运算律,完善了一个数域构建.接着在数的应用过程中,通过解决实际生活中的问题,发现数的运算结果在原有数域中得不到满足,则需要引入新的数,数系又得到进一步的扩充.在初中阶段,数域的扩充顺序为整数域——分数域——有理数域——实数域.

1. "分数"内容解构与大概念分析

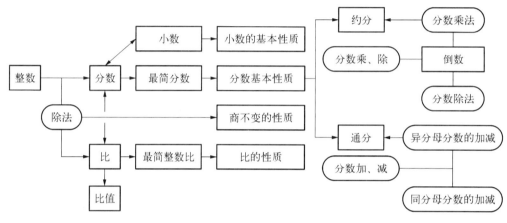

图 2-4

（1）分数的概念与意义

从生活的需要引入分数可从两个方面理解：等分(把一个物体或一个计量单位平均分成若干份,这样的一份或几份可以用分数来表示)和分数(在实际生产和生活中,人们在进行测量和计算的时候,往往不能得到整数的结果.剩下的不够1米时就不能用整数来表示,则需要引入分数).从整数除法的结果引入分数,用除法解决"求一个数是另一个数几倍"的问题时求得的"倍数"不一定是整数时,把除数看作整体"1",得出这两个数之间的"倍数"关系,这里的"倍数"概念也就扩展到了分数.分数可以用来表示两个数之间的关系.问题也转化为了"求一个数是另一个数的几分之几".

（2）分数的运算

分数运算是一种基本知识和基本技能,属于初中代数的核心内容.其基础是分数的基本性质.而分数的性质是由分数与除法的关系以及除法的商不变性质迁移而得.在分数大小比较中,遵循了分数的运算法则,运用分数的基本性质将分数转化为同分母或同分子分数,同分母的两个分数,分子大的分数较大;同分子的两个分数,分母小的分数较大.转化目标的不同选择分数的约分、通分.分数运算法则分为加减、乘除两类,其中区别于整数的乘除法则,分数的除法通过倒数概念转化为分数的乘法进行.

（3）分数、小数、比的联系与区别

小学阶段对于整数的除法中不能整除的商可以用小数来表示.小数的记数法、四则运算法则与整数相一致.不能整除的商也可以用分数表示,因此小数与分数存在着互化关系,作为商的两种表示形式.但在小数的分类上产生了问题:有限小数和无限小数,无限小数中循环小数可转化为分数,那么无限不循环小数不属于整数和分数域,归属于什么数域呢?由此又需要出现新数的扩充.

比的引入源于在日常的工作和生活中,常常要对两个量进行比较,如用除法求出一个量是另一个量的几倍,或一个量是另一个量的几分之几.为了简便,有时也把这两个量之间的关系说成几比几,于是有了比的概念.它的出现建立在比较两个数之间的关系:一种是比较两个数的大小,一种是比较两个数的倍分关系,两个数或两个同类量相除就是这两个数的比.因此可以说比产生于除法,分数也产生于除法,因此比和分数与除法有密切的联系.三者之间在相关概念、基本性质上有高度的一致性,但仍要注意之间的区别,对应名称只是"相当于"的关系,并不是完全等同.三者的区别是:"比"表示两个数之间的倍比关系,比号是一种"关系符号";除法是一种运算,除号是一种"运算符号";分数是一个数,分数的分子、分母是整数,而比的前项、后项不一定是整数,可以是分数或小数.

表 2 - 2

除法	被除数	÷（除号）	除数（不为零）	商
分数	分子	—（分数线）	分母（不为零）	分数值
比	前项	:（比号）	后项（不为零）	比值

在分数的实际生活应用中,分数概念进一步普遍化与特殊化,除了引入比的概念,统计、工农业生产的需要又引入了百分数（百分比）,分数得到另一种推广.

2."有理数"内容解构与大概念分析

（1）有理数的概念与意义

有理数是整数的扩充.整数、分数统称为有理数;或将分数 $\frac{b}{a}$ 称为有理数,其中 a、b 为整数,$a \neq 0$;或将整数、有限小数、无限循环小数统称为有理数.本模块是在整数和分数的知识基础上的归纳总结.在接触过整数之后引入了负分数,内容涉及数的扩张,对于数的认识由原来的正数和零扩展到负数.关键是建立负数概念,难点是突破符号（主要是符号）,导

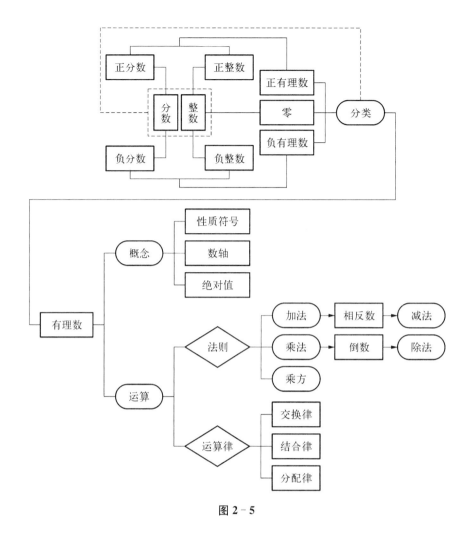

图 2 - 5

入了"相反数"概念. 结合概念理解,引入了数轴这一数形结合的产物,进行了第一次数与形结合尝试. 整数和分数的绝对值及有理数可以用数轴上的点来表示,从而得到有理数的"绝对值"概念. 有理数用数轴上的点表示后,可以看到其有序性,这是比较有理数大小的依据.

（2）有理数的运算

在整数、分数四则运算法则基础上,"有理数的运算"的重点是转化思想的巩固：有理数减法转化为加法、有理数除法转化为乘法进行计算. 难点是解决有理数运算中的符号问题. 引入了三级运算有理数的"乘方",在正数的平方、立方基础上完善了负数的平方、立方以及四次方以上的乘方运算. 系统地归纳了有理数加、减、乘、除的运算法则以及有理数乘方的概念和运算法则及运算律. 相较于整数和分数系,有理数系及其运算更加完整,为之后其他数系的研究提供了框架. 引出了两个思考：有理数的运算律在其他数系中是否同样适用？加减、乘除运算成对出现,那么乘方是否也有逆运算？为数的进一步扩充埋下了伏笔.

3. "实数"内容解构与大概念分析

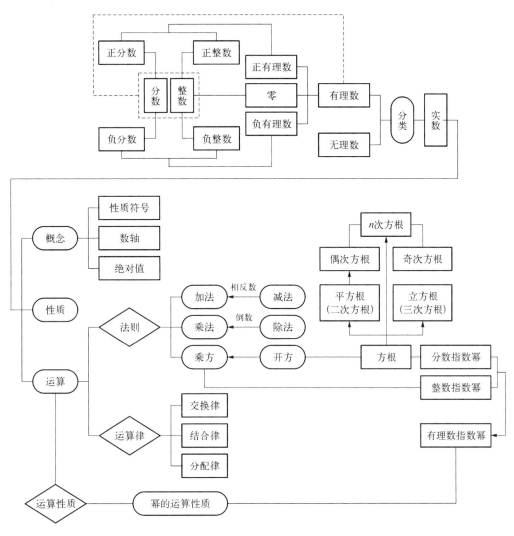

图 2-6

（1）实数的概念与意义

在数扩充到实数之前,首先引入无理数的概念.从概念角度的引入:已知任何一个有理数不是整数,就是分数.任何一个分数都可以用除法化为有限小数或者无限循环小数.但是,在小数中,还存在一种无限不循环小数,例如,圆周率 π.同样我们还能构造出许多无限不循环小数,例如,0.101 001 000 1…(相邻两个 1 之间 0 的个数依次增加 1 个,直至无限位)等,显然,这是一种新的数.从生活实例的运算角度引入:面积为 2 的正方形确实存在,它的边长并不是两整数之比,从中需要引入新数.即"无理数".无理数并非不可捉摸,它广泛而真实地存在于我们的日常生活中.它同样也可以用数轴上的点来表示,直观展现了"每一个实数都可以用数轴上的一个点来表示,而且这样的点是唯一的.反过来,数轴上的每一个点也都可以用唯一的一个实数来表示".通过数形结合引入了"无理数",更是结合有理数将数的范围扩充到了实数,绝对值、相反数等概念也相应扩充到实数,完成了初中阶段对数的概念构建.

(2)实数的运算

无理数区别于有理数,但和有理数一样,无理数也有正、负之分,也可以进行加、减、乘、除等四则运算.扩展到实数以后,实数之间同样可以进行加、减、乘、除、乘方(整数指数幂)运算,同时引入了乘方的逆运算——开方(第六种代数运算).定义了开平方和平方根、开立方和立方根的概念,并归纳出 n 次方根的概念和性质.又根据开方和乘方的逆运算关系规定了分数指数幂的意义,把方根和幂统一起来,把幂的指数范围从整数扩展到有理数,归纳出有理数指数幂的运算性质.有理数、无理数运算律、运算法则的统一扩展到了实数的运算律、运算法则,完善了初中阶段数的运算体系.

二、目标分析与解构

(一)主题内容学习要求

数的发展源于丰富的现实背景,从解决生活中的实际问题开始.通过数学史的探究,认识到数的引入和扩充的必要性.自然数产生于计数;分数的形成和发展源于测量和分割;进入半文明时代,遭遇了相反意义的量,山洞里猎物的记录有进有出,粮仓存米有进有出…负数的引入将数扩展到有理数,解决了正数领域内被减数比减数小,差不能用正数表示的问题;用正方形的边去度量同一个正方形的对角线,无法完成,因此需要引进无理数.无理数的引入,解决了数学运算中开方开不尽的问题.实际的需求是数系扩充的动力之一,保持运算的合理性是"新"数获得承认的主要原因.

通过实际操作,从实例中、图形中抽离出数,感受数的意义.理解分数、百分数能表示部分与整体的关系;会根据已知正方形面积求它的边长,理解无理数的存在;会画数轴,会用数轴上的点表示一个实数,能在数轴上说出一个实数的绝对值和相反数,感悟其中的几何意义;并会在数轴上比较两个实数的大小,从而归纳出比较两个或几个实数的大小的方法.学生在观察、操作等数学活动中发展了数的抽象能力,最后回到解决实际问题中去深化理解.

在数系扩充的过程中感悟数与数之间的关联性、运算与运算间的相互转化.会判断一个实数是有理数还是无理数,是正实数还是负实数,并会将给出的实数按要求进行分类.数概念上存在区别,但在运算法则和运算律上又存在着一致性.运算顺序有括号先算括号内,无括号从三级到二级到一级运算,同级从左到右依次进行.实数的减法通过相反数转化为加法、乘法通过倒数转化为除法、会利用平方运算求一个数的平方根和算术平方根、会利用立方运算求一个数的立方根.学生通过观察、比较、判断、分析、概括、推理等数学活动中理解数学概念的形成过程,逐步判断和辨析众多概念的区别与联系,提升了运算能力,并在实际应用中进一步清晰、深化.

(二) 核心素养培养要求

核心素养具有整体性、一致性和阶段性,"数与运算"主题在第一学段、第二学段主要指向数感、符号意识、运算能力的培养;第三学段、第四学段主要指向运算能力、抽象能力、推理能力的培养.

1. 借助数系的扩充,发展数学抽象素养

抽象是数学的基本思想,也是用数学眼光观察现实世界的基本方式.初中阶段的抽象能力,一方面,是小学阶段数感、量感与符号意识的进一步发展;另一方面,为高中阶段更为严谨、形式化的数学抽象打下基础.《义务教育数学课程标准(2022 年版)》对初中阶段抽象能力的内涵与要求表述如下:

"抽象能力主要是指通过对现实世界中数量关系与空间形式的抽象,得到数学的研究对象,形成数学概念、性质、法则和方法的能力.能够从实际情境或跨学科的问题中抽象出核心变量、变量的规律及变量之间的关系,并能够用数学符号予以表达;能够从具体的问题解决中概括出一般结论,形成数学的方法与策略.感悟数学抽象对于数学产生与发展的作用,感悟用数学的眼光观察现实世界的意义,形成数学想象力,提高学习数学的兴趣."[①]

初中阶段的抽象能力主要表现在数学概念与数学方法的抽象上:

(1)重视在数学问题情境中抽象出数的概念

数系的扩充是认识客观世界的现实需要和数学发展的内在需要相互推动的结果,是一种典型的数学抽象过程.初中阶段学生将经历两次数系的扩充:

一是引入负数,将正有理数集扩张到有理数集.例如,我们在用数表示温度的时候,"0"并不表示没有温度,而表示常态下水结冰时的温度.那么如果用1、2、3、…这些数表示零上温度,那么怎样表示零下温度呢? 同样在显示净胜球数时净输球又如何表示? 由此从"具有相反意义的量"抽象出负数概念:在1、2、3、…的前面添上"一"号得到负整数一1、一2、一3、…用这些数来表示零下温度、净输球.

二是引入无理数,将有理数集扩张到实数集.已知任何一个有理数不是整数,就是分数.任

---

① 中华人民共和国教育部.义务教育数学课程标准(2022 年版)[M].北京:北京师范大学出版社,2022:8.

何一个分数都可以用除法化为有限小数或者无限循环小数.但是,在小数中,还存在一种无限不循环小数,例如,圆周率 π. 同样我们还能构造出许多无限不循环小数,例如,0.101 001 000 1⋯(相邻两个 1 之间 0 的个数依次增加 1 个,直至无限位)等,显然,这是一种新的数.从生活实例中发现:面积为 2 的正方形确实存在,它的边长并不是两整数之比,由此更体现出新数的存在性和引入新数的必要性.无理数并非不可捉摸,它广泛而真实地存在于我们的日常生活中.

（2）重视在概念学习中提炼和归纳出数学思想方法

在两次数的扩充过程中更具挑战的是对学生数学思想方法的提炼与归纳的抽象能力培养.例如,负数概念的引入需要学生构建出互为相反数的两个数的特征与意义.正数与负数的对称性体现的对称化思想是数学抽象的一种常见方式.又例如,"无理数"概念的引入、无理数到实数的扩张也可以借助"数形结合"的思想."数"和"形"是数学研究的两个基本对象,研究数及其性质往往要借助于"形".数与运算中的"数形结合"的载体是数轴,抽象的数被直观地表示成数轴上的点.反之,运用实数与数轴上的点的对应关系引入相反数、绝对值的概念,将图形数量化,结合有理数将数的范围扩充到了实数,绝对值、相反数等概念也相应扩充到实数.在概念学习中数的本质和特征、数系内部各部分之间的关系更明晰化,数学思想方法也在提炼过程中逐步内化,学生的抽象能力得到了培养.

2. 围绕运算的准确性和合理性进行思辨,发展数学运算素养

数与代数的核心是运算,该领域的课程内容围绕运算对象、运算法则、运算应用等展开.第三学段的运算对象主要是数,包括分数、小数、有理数;第四学段将运算对象的范围扩展到实数,而且从数扩展到代数式.《义务教育数学课程标准（2022 年版）》将"运算能力"作为义务教育阶段数学核心素养的行为表现,并提出了统一的要求:

"运算能力主要是指根据法则和运算律进行正确运算的能力.能够明晰运算的对象和意义,理解算法与算理之间的关系;能够理解运算的问题,选择合理简洁的运算策略解决问题;能够通过运算促进数学推理能力的发展.运算能力有助于形成规范化思考问题的品质,养成一丝不苟、严谨求实的科学态度."[①]

初中阶段的运算对象相较于小学更为复杂和抽象,运算种类也更为丰富.培养运算能力主要表现在理解运算对象、规则和意义,通过优化解决数学问题.初中阶段,数学运算的发展源于运算对象的拓展,概念的性质与运算律之间是相互联系的.例如,把有理数的性质、运算法则和运算律推广到实数范围加以运用;把整数指数幂运算性质推广到有理数指数幂中运用等.数学问题的解决过程是一系列优化的过程,化繁为简,化难为易.运算对象的概念间存

① 中华人民共和国教育部. 义务教育数学课程标准（2022 年版）[M].北京:北京师范大学出版社,2022:8.

在区别,但在运算法则和运算律上又存在着一致性.数域在不断扩充,但数的运算是封闭的.实数的减法通过相反数转化为加法,把加、减运算统一为加法;实数的乘法通过倒数转化为除法,把乘、除运算统一为乘法;实数的开方与乘方之间存在逆运算的关系,无理数的运算也可以通过取近似值转化为有理数的运算,求分数指数幂的值一般把它先转化为方根形式再求值;方根的乘、除、乘方、开方运算一般也转化为幂的运算,等等.小学阶段归纳的运算法则(结合律、交换律、分配律),运算顺序(有括号先算括号内,无括号从三级到二级到一级运算,同级从左到右依次进行)在新的数域中仍然成立.学生运算能力的发展首先要理解运算对象、各种运算间的关系,面对具体问题知道如何运算,保证运算的正确性;同时要知道为什么可以这样运算,理解运算的合理性;在具体情境下先观察,再围绕运算的准确性、合理性进行思辨,实现运算的优化.从而在理解和优化的过程中发展了运算素养.

三、基于高阶思维视角下的"本原性问题设计"教学建议

(一) 指向高阶思维发展的本原性问题设计的实施路径

1. 主题内容的大概念提取

数学大概念(大概念)既包含显性知识(核心概念、法则),又包含隐性知识(数学思想)."数与运算"这一领域的大概念从研究内容上和研究方法上分别可以提取为:数系扩充思想和运算类型的化归两个阶段.

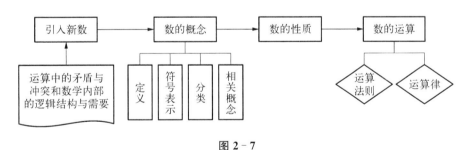

图 2 - 7

(1) 数系扩充思想

由于运算中的矛盾与冲突、数学内部的逻辑结构与需要,我们引入了新数,而在之后的学习中我们需要明确第一:运算对象是什么? 第二:运算对象的内涵.第三:运算对象的外延.例如由开方运算中开不尽这一矛盾与冲突引入了无理数,之后建立定义、符号表示、分类、相关概念.它的内涵即本质是一个无限不循环小数,但它的外延即它的表示形式可以是根号形式、可以是 π,也可以是构造的无限不循环小数形式.第四:明确运算对象意义、关系和价值.例如通过数学史,了解无理数的产生过程感悟无理数的文化价值,同时理解乘方运

算与开方运算的关系.

（2）运算类型的化归

围绕数与运算的核心路径与方法,我们一般采取的是化未知为已知.随着运算对象的扩充,运算类型也在扩充.我们需要明确之前学习的数的运算律和运算法则是否仍适用?例如分数的运算法则、运算律在有理数范围内是否适用?有理数的运算法则、运算律在实数范围内是否适用?我们发现仍然适用,运算对象在发展,但数系的运算具有封闭性,减法转化为加法、除法转化为乘法,开方转化为乘方,运算类型具有高度的一致性和连贯性.其背后的数学思想就是类比与化归.

2. 基于高阶思维的本原性问题分析与设计

在主题概念的大概念提取的基础上,基于高阶思维能力培养视角下的本原性问题的设计确定了"从哪些角度研究一个新数?"为"数与运算"的本原性问题,以它为中心,在学生认知的最近区域,设计了从中观到微观的问题结构,从而架构起整节课的学习过程和思维路径.

中观层面问题设计,例如:一个"新数"的引入学习时,从"为什么要引入新数?（为什么学）"——"从哪些方面学习新数?（怎么学）"——"新数与已学过的数的关系?（怎么完善数系）"——"新数还会进一步扩充吗?（怎样建立数的大概念）"四个层次层层递进,既帮助学生梳理了之前所学的数的基本框架,通过实际情境的问题解决,与已有数的类比感受到新数引入的必要性,同时通过数系的不断完善,学生对"数与运算"学习过程的归纳和反思,促进学生在数的领域的高阶思维,也为之后代数的教学建立模版.

而从微观层面,解构中观层面问题,在大框架下设计针对性引导性问题串."为什么要引入新数?（为什么学）"层面下的微观问题可以设计.例如:实数的引入并不是直接一蹴而就的,首先要引入无理数,而无理数又是从实例中来.引入时的提问可以为"目前所学的数都是有理数吗?""实例中的数是否能用有理数来表示吗?"等.而"从哪些方面学习新数?（怎么学）"层面下的微观问题带有一定的指向性.例如:"我们是如何表示分数的?""有理数是如何表示的?""实数都可以用 $\frac{q}{p}$（p、q 为整数,p、q 互素,且 p、q 不为 0）的形式吗?"三个问题形成问题串,既从学生的认知领域入手复习归纳了有理数的定义、表示形式,又为之后无理数的引入的必然性埋下伏笔,学生可以感受到有理数的局限性,通过实例问题串引出乘方运算的逆运算,无理数的根号表示形式、无理数的定义.微观层面问题设计重在揭示新概念的内涵和外延以及与已有数的概念的联系;运用新概念解决问题,到最后回顾新概念的形成过程.在此过程中发展学生的策略型思维、从新知探究与定理甄别中发展批判性思维,从方法迁移到新知创造中发展创新型思维.

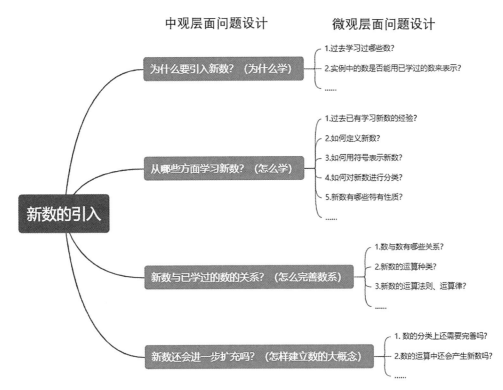

中观层面问题设计　　　　　　微观层面问题设计

新数的引入

为什么要引入新数？（为什么学）
1.过去学习过哪些数？
2.实例中的数是否能用已学过的数来表示？
……

从哪些方面学习新数？（怎么学）
1.过去已有学习新数的经验？
2.如何定义新数？
3.如何用符号表示新数？
4.如何对新数进行分类？
5.新数有哪些待有性质？
……

新数与已学过的数的关系？（怎么完善数系）
1.数与数有哪些关系？
2.新数的运算种类？
3.新数的运算法则、运算律？
……

新数还会进一步扩充吗？（怎样建立数的大概念）
1.数的分类上还需要完善吗？
2.数的运算中还会产生新数吗？
……

图 2-8　问题结构模型：研究数与运算的课堂教学

（二）高阶思维视角下"本原性问题设计"的课堂教学实践

案例分享　《分数与除法》①

（一）《分数与除法》的内容分析

1. 学习意义与价值的高观点分析

数学的发展和数的发展是密不可分的,数的不断发展促进了数学的发展,反而数学的发展又进一步加深了对数的认知. 在初中的数学学科体系中,数系分别经历了自然数系、有理数系和实数系. 在数的学习过程中,利用数系的相关概念、运算法则、运算律等知识,迁移到"用字母表示数"的学习过程中. 数与运算也是数学学科中研究代数问题的基础.

学习过程的基本思路是从生活实践和数学发展的需要引入新数,即数的概念,在定义、符号表示和分类以及相关概念后,归纳数的性质,到明确数的运算法则和运算率,最后数的应用,明确数系的研究方法和明确数系发展的必然性.

---

①　徐晓燕. 概念性理解与数学概念教学——基于数学任务设计的视角[M].上海：上海教育出版社,2020：138-145.

2. 基于高阶思维培养的尝试

本案例在学生学习了整数和加减乘除四则混合运算的基础上,从整数到有理数是数系的第一次扩充,是后期学习实数的基础.数系的每一次扩充,都基于生活发展需要和数学本身发展的需要,因而引导学生感悟分数产生的两种需要,可以为今后学习数系的不断扩充奠定基础.案例设计过程中通过实际背景"分月饼",提出数学新概念"分数";揭示新概念的内涵和外延以及与旧概念的联系;运用新概念解决问题,到最后反思新概念的形成过程.

简而言之,从旧知回顾到方法梳理中发展学生的策略型思维、从新知探究与定理甄别中发展批判性思维,从方法迁移到新知创造中发展创新型思维.

3. 目标与分析

(1)理解分数的意义,由结绳计数和平均分蛋糕引入,引导学生体会学习分数的必要性;通过动手平均分圆形纸片,探求分数与除法的关系,归纳得出用分数表示除法的商;初步体会数形结合思想,能读出数轴上的点表示的分数,能用数轴上的点表示分数.

(2)掌握分数与除法的关系,知道如何用分数来表示除法算式的商,以及将一个分数表示成除法运算.

(3)从具体到抽象,通过操作与思考、交流与表达的过程形成分数概念,并由学生归纳出分数概念的双重含义;体会数学来源于生活,服务于生活,数学是随着社会的发展不断发展进步的.

4. 教学重点

探究分数是整数除法里不能整除时结果的表示.

5. 教学难点

理解分数产生的双重意义,从数学内部初步感受数系扩充的必要性.

(二)《分数与除法》的整体设计思路

本节主要是了解分数与除法的关系以及分数的读法,基于引导学生体会分数产生的"双重需要",其过程设计为:设计探究数学概念与法则产生的实际背景"分月饼";提出数学新概念"分数";揭示新概念的内涵与外延(分数与除法的关系,分数与整数的关系)以及与旧概念的联系(分数的引入解决了两个整数相除除不尽的问题);运用新概念解决问题(用分数表示除法的商);小结反思新概念形成过程(感悟数系第一次扩充的双重必要性).

教学任务与分解:

任务 1:由实际问题出发,体会数系扩充的需要;

任务 2:温顾分数知识点,明确部分到整体的意义;

任务 3:平均分配的操作,归纳分数与除法的关系.

分析初中数学"数与运算"内容本质、学科思想方法和数学观念后,我们确定"在研究数与运算过程中是从哪些方面的需要扩充数系?"为"本原性问题"进行统领,设计了"分数因为

哪些需要而产生的呢?"为课时核心问题,围绕整节课的推进预设了如下五个问题架构整节课的学习过程:

问题 1: 不足单位 1 如何计数?

问题 2: 把一个蛋糕平均分给 3 个人,每人分得多少? 怎样表示?

问题 3: 如果 5 个月饼平均分给 4 个人呢? 如果 11 个月饼平均分给 3 个人呢?

问题 4: 怎样用数学语言描述结果? 可以用字母表示吗?

问题 5: 本节课的学习你明确了产生分数的哪些原因呢?

通过这样的过程经历有利于培养学生善于发现问题、积极探求真理的心理取向以及独立探究、探求真知的欲望.

数学的发展始终与数的发展分不开,数的发展推动着整个数学的发展,数学的发展又加深了对数的认识.自然数产生于计数(数数),如中国古代的"结绳"计数、"堆石子"计数、"划痕"计数等.分数的形成,标志着数学研究的数扩展到了算术.实际的需求是数系扩充的动力之一,而保持运算的封闭性是"新数"产生并获得承认的主要原因.

(三)《分数与除法》的教学过程与实践

1. 情境引入

【教学片段 1:创设情境,引入概念】

问题 1: 不足单位 1 如何计数?

问题 2: 把一个蛋糕平均分给 3 个人,每人分得多少? 怎样表示?

师生活动: 教师提出问题,学生通过观察与回顾获得问题答案——不足单位.

活动: 用小数或者分数表示.

设计意图: 人类对数的认识是在生产、生活的实践中不断地加深与发展的.分数是因度量的需要而产生的.因此,本节从实际问题引入,从扩充运算的角度引入分数,引导学生体会数学来源于生活,服务于生活,数学的发展是随着社会的发展不断进步的.

2. 温故知新

【教学片段 2:复习旧知,概念理解】

(1) 如图(图 2-9),把一块饼平均分成 2 份,每份是它的(　　).

(2) 如图(图 2-10),把一条线段平均分成 5 份,每份是它的(　　),4 份是它的(　　).

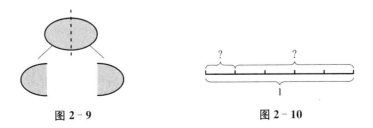

图 2-9　　　　　　　　　　　　　图 2-10

教师提出问题,学生在完成填空的基础上概括出分数的意义:把总体"1"平均分成若干份,表示这样的一份或者几份的数,叫做分数;表示这样的一份的数叫做分数单位.其中,"总体1"可以是一个物体、一个图形、一个整体.

设计意图:由于小学里学生接触过分数,因而这一知识点定位在温故知新,由学生重拾记忆,即分数的概念由学生描述,而不是教师讲授.

3. 活动探究

【教学片段3:创设矛盾冲突】

活动1:操作与尝试小组活动

问题1:把8个月饼平均分给4个人,每人分得几块? 你是如何计算呢?

问题2:把3个月饼平均分给4个人,可以怎样分? 四人小组为单位,动手分分看. 人均分得多少?

活动2:展示与交流

教师组织学生操作演示.

在学生演示了具体的分法后,教师追问:每个人平均分得多少月饼?

分法一:将3个月饼看做1个整体平均分成4份,每人得到3个月饼的 $\frac{1}{4}$.

分法二:将每个月饼都平均分成4份,共12份,每人得到3个 $\frac{1}{4}$ 月饼.

分法三:将每个月饼都切下其中的 $\frac{1}{4}$,3个 $\frac{1}{4}$ 月饼拼在一起.

三者比较,都是一个月饼 $\frac{3}{4}$.

描述多种分法后,教师口头给出新问题.

问题3:如果5个月饼平均分给4个人呢?

问题4:如果11个月饼平均分给3个人呢?

活动3:归纳与梳理

问题5:怎样用数学语言描述结果呢? 可以用字母表示吗?

两个正整数 p、q 相除,可以用÷表示.

设计意图:首先提出学生已有认知的问题1,再通过问题2的提出,创设矛盾冲突,在旧知的内容里无法用整除解释平均分配问题,需要引出新的"数",同时活动中提出问题2,在这里将"平均分每人分得多少月饼"设计成"如何分",不仅让学生参与动手操作和小组讨论的兴趣会更加浓厚,还体会到数系扩充的必然性. 最后通过变式练习,由特殊到一般,引导学生在探究归纳的基础上,用自己的语言描述分数与除法的关系,并尝试用字母表示分数与除法的关系.

4. 课堂总结

【教学片段 4：课堂小结】

问题 1：本节课的研究你明确了学习分数的原因吗？

分数的产生原因：计数或者运算时，结果无法用整数表示．

从部分与整体的关系理解分数的意义：把总体"1"平均分成若干份，表示这样的一份或者几份的数，叫做分数．

从分数与除法的关系理解分数的意义：$p \div q = \dfrac{p}{q}$（p、q 为正整数）．

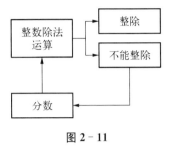

图 2 - 11

设计意图：从数学内部介绍整数的加、减、乘三种运算的结果还是整数，而除法运算的结果可能是整数，也可能不是整数，从而推动了数系的扩充．这种情况随着运算的发展我们还会碰到．引导学生归纳本节课的知识要点和思想方法，使学生对分数的概念有一个整体全面的认识，也使学生养成良好的学习习惯．

(四)《分数与除法》的课堂教学反思

1. 从温故旧知到探究新知—基于学生原有知识基础生成的本原性问题

数与运算，学生已经在小学学过很多的知识点，如分数的基本概念以及分子分母的名称，也接触了相应的运算．但是，学生只是大概了解了分数的意义，没有理解分数形成的原因，也没有行程数系的理念．本节课，通过温故旧知进行问题设计，让学生从更高的角度去思考，从而生成本源性问题．问题中摄入实际生活背景，"一个蛋糕平均分给 3 个人，每人分得多少？""3 个月饼平均分给 4 个人，可以如何分？"不仅提出分数的概念形成问题，还凸显了分数概念形成的需要，让学生在思考的过程中体会数系扩充的必要性．

2. 从"无效活动"走向"有效操作"—基于高阶思维的动手操作和思考方式

课堂中为了让学生体会分数中"平均"两字并自主探究"分数与除法"的关系，设计操作观察环节．

操作："将 3 个月饼平均分给 4 个人，人均分得多少？"请大家用手中的圆片代替月饼．以小组为单位动手分分看．

问题刚刚抛出，立即有过半数的学生回答："人均分得 $\dfrac{3}{4}$ 个月饼！"

教师追问："为什么？"

学生答："将 3 个同样大小的月饼平均分给 4 个人，就是 $3 \div 4 = \dfrac{3}{4}$．

教师又问："$3 \div 4$ 为什么等于 $\dfrac{3}{4}$ 呢？"显然学生一时答不出来．

教师又进一步引导:"是否可以借助手中的工具,通过操作得到合理的解释呢?"

学生操作后,答:"老师,确实是 $\frac{3}{4}$ 个,你看我把这三个圆片都剪下它们的 $\frac{1}{4}$.3 个 $\frac{1}{4}$ 组成了 1 个 $\frac{3}{4}$."

在操作中,由于多数学生已经知道答案,因此操作变成了"无效活动".那么,多数学生已经知道这里分数与除法的关系,是否还有必要设计操作探究过程? 怎样设计操作才有效? 如何设计才能真正达到探究的目的? 如何使无效活动变成操作探索呢?

面对"3÷4 为什么等于 $\frac{3}{4}$"时,显然,学生只知道这里的法则,而不明确为什么.因而,引导探究自主获得这一法则是很有必要的.

如何设计这样的操作才有效? 对于低年级的学生,操作探究的目的:一是提高学生课堂活动参与的兴趣和积极性;二是通过操作探究自主获得新知,培养思维能力;三是在描述操作过程和概括操作结论时,培养数学表达能力;四是通过小组合作培养合作能力.这是理想化的操作,并不是每个操作能达到这四个目的,有效操作的设计,要根据学生的年龄点和已有知识与经验.因此,我们对以上的操作设计进行了如下的调整,使学生知道怎样分,并且学生会根据刚刚学习的分数的意义给出解释.

操作中"将 3 个同样大小的月饼平均分给 4 个人,人均分得多少"改为"将 3 个同样大小的月饼平均分给 4 个人,你会怎样分".请大家用手中的圆片代替月饼,以小组为单位动手分分看.问题侧重怎样分而不是分多少,指向分的方法而不是结果.学生刚接到任务就开始想办法分起来,有的小组分好后开始讨论第二种分法.

在学生演示了具体的分法后,教师追问:每个人平均分得多少月饼?

分法一:将 3 个月饼看做 1 个整体平均分成 4 份,每人得到 3 个月饼的 $\frac{1}{4}$.

分法二:将每个月饼都平均分成 4 份,共 12 份,每人得到 3 个 $\frac{1}{4}$ 月饼.

分法三:将每个月饼都剪下其中的 $\frac{1}{4}$,3 个 $\frac{1}{4}$ 月饼拼在一起.

三者比较,都是一个月饼 $\frac{3}{4}$.

小小的改动,让学生有了操作的兴趣.

在此基础上,让学生尝试:"将 5 个同样大小的月饼平均分给 4 个人,你会怎样分?"再进一步思考:"将 6 个同样大小的月饼平均分给 4 个人,你会怎样分?"……"将 n 个同样大小的月饼平均分给 4 个人,你会怎样分?"

通过引导学生从小学里学习的除法意义,思考:平均分用除法算式怎样表示? 当除法的结果无法用整数表示,那么是否可以用分数表示呢? 学生自然得出结论,并理解了"为什么可以用分数表示除法的商".

有效的操作不仅能引起学生的学习兴趣,更能让学生深入思考,在动手操作的过程体验知识的形成过程,提高学生的探究、合作、以及表达能力,提升学生的高阶思维.

案例分享 《实数的概念》①

(一) 课例研究背景分析

1. 学习意义和价值的高观点分析

实数的概念是一个构造性的定义,涉及的理论深,比较抽象. 有理数在我们日常生活中很常见,计数、分配等都会用到,相对而言,无理数更为抽象,学生没有具体的生活经验,也缺乏必要的知识储备,很难感受到现实生活中无理数的存在,加上无理数抽象复杂的数学符号"$\sqrt{}$",更加深了学生的理解难度. 而通过生活实例中发现:面积为 2 的正方形确实存在,它的边长并不是两整数之比,由此更体现出无理数的存在性和引入无理数的必要性. 无理数并非不可捉摸,它广泛而真实地存在于我们的日常生活中.

2. 基于高阶思维方面想做的尝试

本案例是在带领学生对原有认知的复习过程中,回顾整数、分数、有理数引入的脉络,提出面积为 2 的正方形边长是否是有理数这一思维着力点开展了本案例教学. 通过对"无理数就是无限小数"的定义进行"三步走"的分段处理,强化实数概念的形成过程. 首先从门槛较低的动手操作开始,对面积为 2 的正方形边长到底是多少进行研究. 通过剪纸操作,结合数轴截取正方形对角线的方法,让学生清晰明了地感受 $\sqrt{2}$ 在数轴上对应的点确实存在,感知有 $\sqrt{2}$ 这类既不是整数也不是分数的"非有理数"的存在. 其次通过计算器对 $\sqrt{2}$ 的大小无限逼近进行估算,进一步感知 $\sqrt{2}$ 是一个无限小数,且可能是无限不循环的,进而引发猜想. 再对 $\sqrt{2}$ 不是有理数,无法表示成分数形式运用"反证法"进行严格说明. 在这个过程中,学生从感知到猜想,再到证明,逐步认识这类"无限不循环小数". 在辨识 $\sqrt{2}$ 是否是有理数的过程中,锻炼了学生的分析、表达能力,让其深刻体会无理数的"客观存在性"和"数系扩充"的必要性,学生经历了数学抽象概括及符号表示的"数学化"过程,是对简捷、严谨、有序地表达思想的历练,提高了数学抽象概括能力和逻辑推理素养. 为了探讨 $\sqrt{2}$ 到底有多大,设计了从两分法的估算到

---

① 本课例由上海市徐汇区教育学院徐晓燕指导,上海市位育初级中学李佳琦执教.

借助计算器探索数学规律的活动,这里的估算方法可以适度开放,培养学生全面把握问题情境、洞察事物本质的能力,以及对数据特点的准确理解、对算法的合理选择、对结果合理性的正确判断等能力.将有理数和无理数合在一起构成实数,可以发展分类意识,让学生了解人类对数的认识是不断发展的.通过活动让学生感受到实数和数轴上的点是一一对应的关系,同时,发展学生数形结合的能力.

3. 目标与分析

经历发现无理数的过程,通过动手操作、计算器估值以及反证法证明的发现过程,了解无理数的客观存在,理解无理数的概念,能够辨析一个数是不是无理数.

了解从整数到有理数,再到实数的扩充过程,理解实数系统的构成结构,感受数学中严谨的分类思想与数形结合思想.

通过古希腊的毕达哥拉斯学派和"无理数的发现",激发学生兴趣,感受概念文化,启迪科学求真的态度.

4. 教学重点

经历操作感知、猜想、论证的过程,理解无理数和实数的概念.

5. 教学难点

理解无理数是无限不循环小数,以及实数与数轴上的点一一对应的关系.

(二)课例的整体设计思路

【任务设计与分解】 如何学习实数的概念?

任务1:目前所学的数,都是有理数吗? 都能表示成 $\frac{q}{p}$(p、q 为整数,p、q 互素,且 p 不为 0)的形式吗?

任务2:面积为 9 的正方形,边长为 3;面积为 $\frac{25}{16}$ 的正方形,边长为 $\frac{5}{4}$.那么面积为 2 的正方形,边长是多少? 是我们学过的有理数吗?

任务3:无理数存在吗? 大小如何确定? 如何表示?

本原性问题:"研究一个新数的基本路径和方法是什么?"

设计意图:在本原性问题:"研究一个新数的基本路径和方法是什么?"的提领下,从学生已学过的有理数的概念、表示形式入手,帮助学生意识到数的概念扩充是认识客观世界的现实需要和数学发展的内在需要相互推动的结果.引导学生通过操作感知、猜想、论证等活动感受到无理数的存在性和引入新数的必要性.无理数并非不可捉摸,它广泛而真实地存在于我们的日常生活中.它与有理数间有密切的关联,概念不同但在分类等方面有类似之处.它们共同构成了实数这一新的数域.

【基本问题设计】

问题 1： 有理数如何进行数学表示？比较任意两个有理数的大小，一般采用什么方法？

问题 2： 目前所学的数，都是有理数吗？都能表示成 $\frac{q}{p}$（p、q 为整数，p、q 互素，且 p 不为 0）的形式吗？

问题 3： 面积为 9 的正方形，边长为 3；面积为 $\frac{25}{16}$ 的正方形，边长为 $\frac{5}{4}$.那么面积为 2 的正方形，边长是多少？是我们学过的有理数么？

问题 4： $\sqrt{2}$ 究竟有多大？它到底是不是有理数？

问题 5： 无理数有哪些表现形式，你能举几个例子吗？

问题 6： 回顾今天这节课，通过追寻先贤的足迹，认识了什么是无理数，并且对我们现有的数域进行了扩充，如何辨析有理数与无理数？

（三）教学过程设计与实践

1. 归纳概括，复习引入

【复习与梳理】

学生对数的认识经历了一个漫长的过程，小时候自然数解决了数数的问题，学习了数轴知道了与正整数相对的还有负整数，它们与 0 统称为整数，至此学生学习的数的范围得到了扩展.随着学习的深入，还发现在实际运算中：例如 $6 \div 3 = 2$ 能整除，$5 \div 3$ 不能整除，只能表示成 1…2 的形式，因此又对整数范围进行了扩展，引入了分数的概念，从而数的范围扩展到了有理数.

问题 1： 如何表示分数？

问题 2： 有理数如何进行数学符号表达？

问题 3： 比较任意两个有理数的大小，一般采用什么方法？

【教学片段 1】

师：我们对数的研究经历了一个漫长的过程，接触过很多种类型的数，那么我们最先开始接触的是什么样的数呢？

生：自然数.

师：当我们还没有进小学的时候，我们就学过了自然数，从 0、1、2、3、4…这样数数开始.那么进了小学之后，我们学习了一样研究数的工具，它是什么？

生：数轴.

师：非常好，我们知道在数轴上有对应于自然数中正整数的部分，那么在数轴上也有相对应的负整数的部分，而负整数、零和正整数统称为整数，这就是我们小学时候学习的整数的概念.但是我们后来发现了一个问题,6÷3是可以整除的,结果是2;而5÷3如果用整数表示,只能表示成1余2.那么我们就知道了,当不能整除的时候,结果不能用一个整数表示,所以我们要对数进行扩展,那么这个时候我们引入了哪个数啊?

生:分数.

师:非常好,我们引入了分数的概念,表示成$\frac{5}{3}$.那么任意一个分数都可以用字母表示成什么样的形式呢?

生:分数可统一用两个字母,写成$\frac{q}{p}$(p、q为整数,p、q互素,且p不为0).

师:整数能不能表示成分数的形式?

生:可以的.比如说当p等于1的时候,3可以表示成$\frac{3}{1}$.

师:很好,那么当p等于1的时候$\frac{q}{p}$就等于q,它就能够表示任意的一个整数.至此,我们知道了整数和分数可以统称为有理数.有理数都可以用$\frac{q}{p}$(p、q为整数,p、q互素,且p不为0)来表示.接下来,如果要比较任意两个有理数的大小,一般采用什么方法?

生1:数轴法.

生2:化小数(可化成有限小数和无限循环小数).

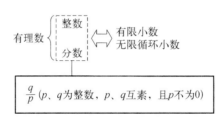

图 2 - 12

设计意图:通过回顾过去对数的学习,感受从自然数到整数,再到有理数的扩充过程,体会每一次对数的扩充学习,都源于数学自身发展的必要,是不断建构起来的.系统复习有理数的有关知识,并在有理数、分数、有限小数和无限循环小数之间架起了一座桥梁,如图2-12所示.这是后面说明$\sqrt{2}$不是有理数的逻辑基础.

2. 基于问题,触发矛盾

【矛盾与问题】

问题1:目前所学的数,都是有理数吗?都能表示成$\frac{q}{p}$(p、q为整数,p、q互素,且p不为 0)的形式吗?

问题 2:面积为 9 的正方形,边长为 3;面积为 $\frac{25}{16}$ 的正方形,边长为 $\frac{5}{4}$.那么面积为 2 的正方形,边长是多少?

【教学片段 2】

师:根据我们之前学习过的内容,那么是不是生活中的所有数都可以表示成 $\frac{q}{p}$ 的形式,是不是所有数都是有理数呢?

生:不是所有的数都能用这个形式表示,例如我们学的圆周率 π 即是一个无限不循环小数.

师:面积为 9 的正方形,边长为 3;面积为 $\frac{25}{16}$ 的正方形,边长为 $\frac{5}{4}$.那么面积为 2 的正方形,边长是多少? 这样的边长存在吗?

设计意图:以连续的两个问题,形成问题串,引发对现有有理数不足以解决所有数的问题的思考.使学生能够强烈地感受到,迄今为止学习的有理数是有局限性的、不足以解决所有数的问题.而除了 π 之外,还存在我们现在不了解、不知道的一类数.

3. 数学实验活动:引出 $\sqrt{2}$,并探究其大小、属性

【活动与问题】

探究活动一:正方形剪拼,引出 $\sqrt{2}$,探究其大小、属性

活动 1:正方形剪拼,引出 $\sqrt{2}$.

我们将桌面上的两个边长为 1 的正方形,分别沿着它的一条对角线剪开,得到四个形状大小相同的直角三角形,他们的面积都是 $\frac{1}{2}$,再把这四个直角三角形拼成一个正方形.

问题:这个正方形的边长是我们学过的有理数么?

【教学片段 3】

师:新的这个正方形的面积是多少?

生:$S_{正}=4 \times \frac{1}{2}=2$.

师:我们知道这样的面积是存在的,那么它的边长就一定是存在的.虽然我们不知道它等于什么,我们可以设边长为 x,那么我们可以得到怎样的数量关系?

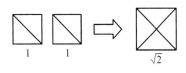

图 2-13

生:可以得到 $x^2=2$.

师:数学语言翻译成文字语言,有一个数的平方等于 2,我们暂且称这个数为 $\sqrt{2}$ "根号2".将正方形还原,$\sqrt{2}$ 是小正方形中的哪条线段?

生：是原来面积为1的小正方形的对角线长.

设计意图：通过活动1剪拼正方形的实验,引出了今天要研究的载体$\sqrt{2}$,感知有这样一类数的存在.

活动2：探究$\sqrt{2}$的大小.

问题：$\sqrt{2}$究竟有多大呢？它到底是不是有理数呢？

【教学片段4】

师：$\sqrt{2}$究竟有多大呢？

生：$\sqrt{2}$在2和1之间.

师：你是怎么想到$\sqrt{2}$在2和1之间的？

生：1的平方是1,2的平方是4,所以$\sqrt{2}$的平方一定介于1与2之间.

活动3：在数轴上探究$\sqrt{2}$的大小.

师：$\sqrt{2}$可以表示在数轴上吗？

利用数形结合的方法,将小正方形放置在数轴上,以正方形边长1为单位长度,将对角线长$\sqrt{2}$用圆规截取在数轴上(发现这个数真实存在并可在数轴上找到对应点).

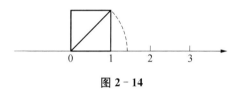

图 2 - 14

师：利用数轴来猜想$\sqrt{2}$大小为多少？取什么值与它比较？

生1：1.5的平方是2.25大于2,所以$\sqrt{2}$小于1.5.

师：接下来我们取什么值与它比较？

生2：1.4的平方是1.96小于2,所以$\sqrt{2}$大于1.4.

……

师：不断取有理数"两边夹"去无限逼近这个$\sqrt{2}$.

活动4：用计算器进行估算$\sqrt{2}$的大小.

用Excel表格取出之后"两边夹"的有理数,进行观察.

师：如此往复下去我们知道,我们是在取有理数去无限逼近这个$\sqrt{2}$,我们能体会到它一定也是个无限小数,随着不断取有理数去逼近$\sqrt{2}$,小数位上的数字呈无规律出现,并且小数位越多,就与$\sqrt{2}$越贴近.因此它是一个无限且不循环的小数.

设计意图：活动1之后紧接着对$\sqrt{2}$的大小以及属性展开研究,先利用数形结合的方法,以正方形边长为单位长度建立数轴,让学生直观地看见对角线所表示的$\sqrt{2}$能够清晰明了地截取在数轴上,表明这样一类数在数轴上的存在性.再利用无限逼近的思想,用有理数"两边夹"来估算$\sqrt{2}$的大小,引导学生感受它不是有限小数,并且小数位上的数字呈无规律出现,可能是一个无限不循环的小数,它有可能不是已学过的有理数.再通过计算器估值让学生更加感受到$\sqrt{2}$是无限的并且不循环的小数,从多角度逼近概念的本质内涵.

探究活动二:验证希帕斯的发现对$\sqrt{2}$不是有理数加以数学论证.

填空:假设$\sqrt{2}$是一个有理数,则它符合$\dfrac{q}{p}$形式,其中(p,q为整数,互素,且p不为0).

即:$\sqrt{2}=\dfrac{q}{p}$,则$\underline{\sqrt{2}\,p=q}$(等式性质),$2p^2=q^2$①(等式两边同时平方).

由于$q^2=2p^2$,如果把q^2、p^2看做两个整体,则q^2是一个偶数,又根据偶数的平方是个偶数,所以q为偶数.令$q=2n$,将其代入①中,可得$2p^2=4n^2$,即$p^2=2n^2$,则p^2为偶数,p为偶数.又因为p、q都为偶数,则它们必有公因数2,所以违反了p、q互素的条件,所以假设不成立,即$\sqrt{2}$不是有理数.

设计意图:通过介绍古人对这一类数的发现,激发学生学习数学的兴趣.反证法的验证环节对初次接触这类证明方法的初一学生有一定的难度,设计成填空形式,再以问题串层层递进,符合学生认知规律.最后明确得出$\sqrt{2}$不是有理数的结论.

4. 实数概念形成

【新知提炼与问题】

在数学中,这类无限不循环小数有一个名称——无理数.无理数可在数轴上进行表示.

问题:无理数有哪些表现形式,你能举几个例子吗?

【教学片段5】

师:我们已经举过π的例子,$\sqrt{2}$的例子,还能不能举出其他的例子?

生1:$\sqrt{3}$、$\sqrt{5}$.

师:那么为什么你跳开$\sqrt{4}$不说呢?

生1:因为$\sqrt{4}=2$.

师:我们知道第二种无理数的表现形式是一个带根号的,并且根号下的数是开不出来的类型.还有其他类型的例子吗?

生2:3.141 141 114……(每两个4中间1的个数逐渐加1)

师:无理数有三种表现形式.再看一下它的性质无理数也有正、负之分.只有符号不同的两个无理数,它们互为相反数($-\pi$,π;$\sqrt{2}$,$-\sqrt{2}$).这些概念都是可以与有理数进行类比的.那么有理数除了按属性分类外,按符号分类如何分类?

生：分为正有理数、0、负有理数.

师：那么无理数按符号如何分类？

生：分为正无理数、0、负无理数.

师：今天我们把数的范围进一步进行了扩展. 有理数和无理数统称为实数.

活动：实数概念的辨析：例题 1、例题 2.

设计意图：经历感知、猜想、验证环节之后，进入概念形成和梳理. 形成无理数的概念以及其正负性对学生而言不是难点，难点在于得出实数的结论之后，学生容易混淆实数、无理数、有理数的概念. 因此这里设计了两套分类标准，按属性分（先梳理有理数、无理数、实数的概念及其本质）、按符号分（梳理有理数、无理数、实数的正负性）. 对混合数的分类，是检验学生概念清晰程度的一种手段.

5. 实数系的结构化扩充

【课堂小结】

问题 1：回顾今天这节课，我们通过追寻先贤的足迹，认识了什么是无理数，并且对我们现有的数域进行了扩充，还学习了什么？

问题 2：如何辨析有理数与无理数？

问题 3：3 和 4 之间有多少无理数？

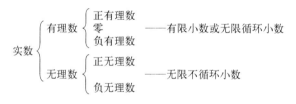

图 2 - 15

设计意图：通过对新知概念、表现形式、研究历程的回顾，可以帮助学生对于数系的扩充形成结构化的认识，有助于他们联系新旧知识，提升思维的严密性和思辨性.

（四）问题探讨与反思

1. 借助问题链设计引导学生完成数系的扩充

概念是抽象的、普遍的想法和观念. 在教学中，让学生顺利进行概念转换的前提是了解学生已有的知识和经验. 数的扩展基础是学生原有数的认知体系. 理顺若干概念的联系，讲清楚有理数、分数与整数以及有限小数、无限循环小数之间的等价关系是本节课的逻辑基础. 并以其中小数部分的缺失，生活中所有的数是否都可以用有理数来表示，构建认知冲突，从而促进了概念的转换. 在本原性问题驱动下的问题链的设计逐步引出概念、解决认知冲突、形成和深化概念，从而完成了无理数的引入. 同时通过归纳概念间的区别和联系，理解了无理数概念的本质特征. 而实数是有理数知识的进一步归纳和概括, 在抽象程度和概括水平上, 高于有理数, 属于"上位学习". 教学中的无理数类比有理数的分类设计也为之后实数的相反数、绝对值等概念、运算律和运算法则通过类比有理数获得埋下伏笔. 通过新旧知识的互相作用, 实现知识的同化. 区别于对数的概念直接获知, 从学生认知思维出发设计概念认知"问题链"有助于培养学生思维的准确性和深刻性, 启发学生分析问题、解决问题、理解概念的本质.

2. 多种活动设计促进学生概念本质思维理解

本案例中有两个大篇幅的活动操作问题链设计, 第一个是确定 $\sqrt{2}$ 的存在性. 首先采取的是动手操作, 运用剪纸操作结合数轴截取正方形对角线的方法, 让学生清晰、明了地感受 $\sqrt{2}$ 在数轴上对应的点确实存在, 感知有 $\sqrt{2}$ 这类既不是整数也不是分数的"非有理数"的存在. 第二个活动操作是通过手动和计算器对 $\sqrt{2}$ 的大小无限逼近进行估算, 其直观性进一步加深了学生对 $\sqrt{2}$ 是一个无限小数, 且可能是无限不循环的感知, 然而从估值中并不能得到它就是无限不循环小数, 而通过表格中有限的估值数据, 只能肯定在当前精确度下的值不能被确定, 而猜测其是无限不循环小数, 则缺乏一定依据. 因此通过数学史的介绍、运用"反证法"进行 $\sqrt{2}$ 不是有理数的数学论证, 以探究推理式的概念教学设计了多角度、多层次的"问题链", 在问题的解决过程中促进了学生理解概念的本质内涵, 培养学生思维的深刻性和批判性. 在实数概念的形成中, 学生完成由感觉、自觉到表象, 由感性认识到理性认识的数学抽象过程, 在活动操作中提升了学生高阶思维.

第二节　分析与解构——"代数与方程"

根据《义务教育数学课程标准(2022 年版)》的课程内容设置, "数与代数"作为四个学习领域之一, 主要研究的是"数与式""方程与不等式""函数"三个主题. 本章主要探讨"代数与方程", 即结合上海实际通过主题整合的方式对内容进行结构化整合, 体现在内容结构与研究方法的一致性和内容之间的关联性, 探索发展学生核心素养的路径.

根据课标, 本模块聚焦"如何在具体情境中抽象出数学问题并用数学符号表达数量关系?"及"研究数学运算的一般路径和方法是什么?"这两个核心问题, 落实课标中"经历对现实问题中量的分析, 借助用字母表达的未知数, 建立两个量之间关系的过程, 知道方程或不等式是现实问题中含有未知数的等量关系或不等关系的数学表达"及"进一步理解字母表示数的意义, 通过基于符号的运算和推理, 建立符号意识, 感悟数学结论的一般性, 理解运算方法与运算律的关系,提升运算能力"的学习要求.

数与代数是数学知识体系的基础之一,是学生认识数量关系、探索数学规律、建立数学模型的基石,可以帮助学生从数量的角度清晰准确地认识、理解和表达现实世界.围绕本原性问题,结合学生的认知起点、单元的核心问题,设计从中观到微观的问题结构,旨在架构起课时教学的学习过程和思维路径,促进学生领会本领域蕴涵的核心思想和方法,用整体视角建立起本领域有序、多级的知识体系,实现"代数与方程"领域发展学生的抽象能力、推理能力、运算能力等核心素养的育人价值.

一、主题模块的内容分析与解构

(一) 基于课标的主题内容分析

依据《义务教育数学课程标准(2022 年版)》提出的"对内容进行结构化整合,探索发展学生核心素养的路径"的理念,"代数与方程"模块通过主题整合的方式实现内容的结构化.

从课标的主题内容分析,上海采用的是"五四学制",六年级属于课标中划分的第三学段,主要研究的是数量关系和实际应用,包括一元一次方程、一次方程组、一元一次不等式及不等式组等.尝试在真实的情境中发现和提出问题,探索运用基本的数量关系,关注学生在运算过程中的代数推理,通过追问"为什么"以及设计相应的活动保证学生在运算过程中有充足的依据,提高推理能力与运算能力,形成模型观念和初步的应用意识、创新意识.比如:以等式和不等式的性质为基础建构数与式的运算算理体系;在使用性质、定理等时,关注条件与结论的关系;对发现问题和提出问题、探究和表述论证过程,有逻辑地进行交流与表达等.这些活动的设计,必然会进一步强化学生在运算中的推理能力.

第四学段(7—9 年级)"数与代数"包括"数与式""方程与不等式"和"函数"三个主题.主要研究的是会用代数式、方程、不等式、函数等描述现实问题中的数量关系和变化规律,形成合适的运算思路解决问题;形成抽象能力、模型观念,进一步发展运算能力.

表 2 - 3

领域	学段			
	第一学段 (1~2 年级)	第二学段 (3~4 年级)	第三学段 (5~6 年级)	第四学段 (7~9 年级)
数与代数	1. 数与运算 2. 数量关系	1. 数与运算 2. 数量关系	1. 数与运算 2. 数量关系	1. 数与式 2. 方程与不等式 3. 函数

本节将"数与式"中的"式"与"方程与不等式"整合,把"代数与方程"分为三个主题:"代数式""方程与方程组""不等式与不等式组",进一步从认识数量关系、探索数学规律、建立数学模型三个方面理解数学符号,以及感悟用数学符号表达事物的性质、关系和规律.

"代数式"主题要求通过代数式和代数式的运算,进一步理解字母表示数的意义,基于符号的运算和推理,建立符号意识,感悟数学结论的一般性,理解运算方法与运算律的关系,提升运算能力.[①]

"方程与方程组"主题要求根据具体问题中的数量关系列出方程,理解方程的意义;认识方程解的意义,经历估计方程解的过程;掌握等式的基本性质,能运用等式的基本性质进行等式的变形;能根据等式的基本性质解一元一次方程和可化为一元一次方程的分式方程;能根据二元一次方程组的特征,选择代入消元法或加减消元法解二元一次方程组;* 能解简单

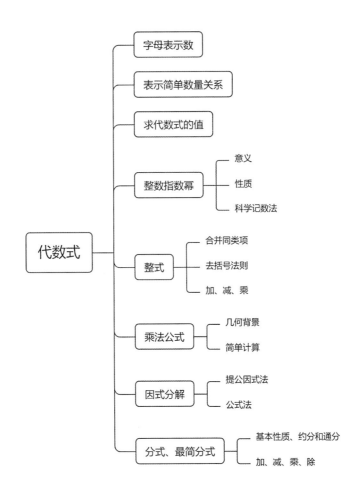

———————————

① 中华人民共和国教育部. 义务教育数学课程标准(2022 年版)[M].北京:北京师范大学出版社,2022:61 - 62.

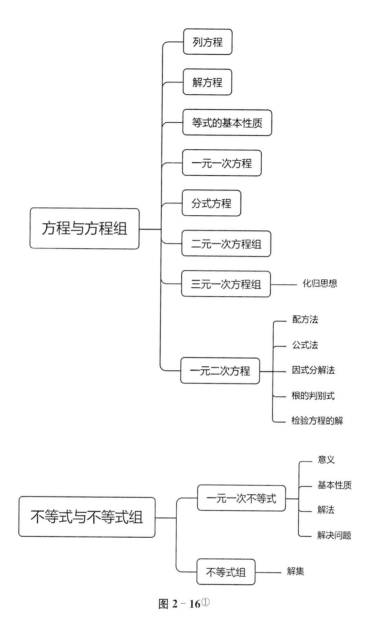

图 2 - 16①

的三元一次方程组;能根据一元二次方程的特征,选择配方法、公式法、因式分解法解数字系
数的一元二次方程;会用一元二次方程根的判别式判别方程是否有实根及两个实根是否相
等;会将一元二次方程根的情况与一元二次方程根的判别式相联系;知道利用一元二次方程
的根与系数的关系可以解决一些简单的问题;能根据具体问题的实际意义,检验方程的解是
否合理,建立模型观念.②

---

① 曹一鸣. 新版课程标准解析与教学指导(2022 年版)初中数学[M].北京:北京师范大学出版社,2022:74.
② 中华人民共和国教育部. 义务教育数学课程标准(2022 年版)[M].北京:北京师范大学出版社,2022:59.

"不等式与不等式组"主题要求结合具体问题,了解不等式的意义,探索不等式的基本性质;能用不等式的基本性质对不等式进行变形;能解数字系数的一元一次不等式,并能在数轴上表示出解集;会用数轴确定两个一元一次不等式组成的不等式组的解集;能根据具体问题中的数量关系,列出一元一次不等式,解决简单的实际问题,建立模型观念.[①]

(二) 主题内容的结构化认识

数学是研究数量关系和空间形式的科学.在研究数量关系的过程中,其实是以函数内容为核心,架构了整个代数体系.

图2-17揭示了代数体系结构,从数到式、从算术走向了代数.在初中"数与代数"领域研究用更抽象的符号——字母来表示一般的数.一个字母可以表示任何数,也可以表示式,数可以看作是式的特殊情况,这样更具有一般性.由于"用字母表示数"的引入,数学的学习从"算术"走向了"代数",从"实数"的学习走向了"代数式"的学习.

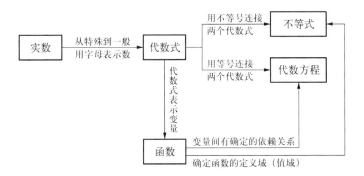

图 2-17　代数体系结构

数式通性使数的运算法则和运算律对代数式进行变形和化简成为可能,而字母的取值使代数式的值不再唯一,二者的依存关系,使得方程、不等式与函数的产生顺其自然.例如通过字母表示数、列代数式表示数量与数量之间的关系,在此基础上研究两个代数式之间的关系,这是从代数式到方程、不等式发展的数学内在逻辑,方程可以看作是用等号连接两个相等关系的代数式,不等式相当于两个不等关系的代数式的连接.方程和不等式的学习既是数与代数式学习的发展,也是函数学习的基础.

图2-18揭示了代数与方程和代数方程的结构与关联.其发展主线按照代数式→整式与分式→方程与方程组→不等式与不等式组这一发展脉络,知识内容按照螺旋上升方式,从简单到复杂发展.而代数方程的知识结构体系与实数、代数式的知识结构体系非常类似,

① 中华人民共和国教育部.义务教育数学课程标准(2022年版)[M].北京:北京师范大学出版社,2022:60.

这是因为在从"算术"走向"代数"的学习过程中,建立了紧密的联系,蕴含着丰富的数学思想和方法.

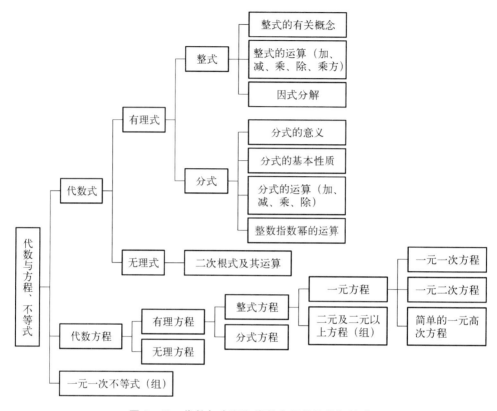

图2‑18 代数与方程和代数方程的结构与关联

例如:代数式的运算根据"数式通性"的原则,可以类比数的运算法则和运算律进行学习和思考.在各类代数方程的解法中,处处体现着化归的数学思想.通过降次,将高次方程转化为一次方程或二次方程;通过消元,将多元方程组转化为一元方程;通过去分母或换元法,将分式方程转化为整式方程;通过去根号或换元法,将无理方程转化为有理方程.

图2‑19揭示了代数方程的结构体系.方程与不等式是从大量的生活实际中抽象出来的数学模型,在真实的背景下经历用数学知识解决实际生活问题的过程,促进学生对数学知识的理解,体会数学来源于生活并为生活服务,增强数学应用的意识."方程思想"是这一模块中解决问题的基本思想方法,通过列方程解应用题把实际问题转化为数学问题,从而培养学生的模型观念.在方程建模过程中,关键在于引导学生寻找问题中的"量"及它们之间的数量关系;引导学生合理有序地利用数量关系或其中某个等量关系,将未知量符号化,再利用另一个等量关系将等量关系方程化,列出方程.也可以利用某两个等量关系,分别列出方程再

联立方程组解决问题. 其实质就是用字母表示数, 用含有字母的式子表示数量关系, 并在此基础上用运算和推理解决问题, 其核心是符号抽象、推理和运算.

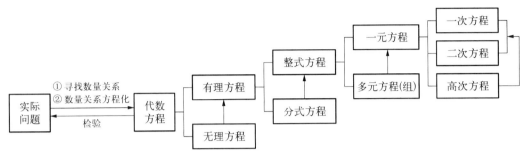

图 2‑19　代数方程的结构体系

二、目标分析与解构

(一) 主题内容学习要求

通过对现实情境中的简单问题抽象概括, 形成代数式的概念, 理解字母表示数的意义, 在理解整式、分式等一系列概念、整式和分式的加、减、乘、除、乘方的运算律和运算法则的过程中, 由算术运算走向代数运算, 随着抽象程度越来越高, 在这样的学习过程中建立符号意识, 发展抽象能力.

在一次方程 (组) 与不等式 (组) 的解法中, 避免机械操作, 可通过 "尝试解法—质疑解法—固化解法" 的层次递进从本质上理解解法, 掌握等式的基本性质, 能解一元一次方程和可化为一元一次方程的分式方程, 掌握消元法, 能解二元和三元一次方程组, 能用三种方法解一元二次方程; 通过将方程和不等式进行类比, 理解不等式的概念和基本性质, 会解一元一次不等式 (组), 感悟方程与不等式两者在知识与方法上的内在联系, 体会类比思想, 发展运算能力和推理能力.

在丰富素材和大量的实际情境中分析、探索、研究和讨论, 将问题数学化, 对数量关系进行梳理, 建立刻画实际情境的数学模型, 设定未知数、列出相应的方程 (组)、不等式 (组), 有条理地、逐步深入地寻求解决问题的方法和途径, 积累 "发现问题—分析问题—解决问题" 的数学活动经验, 发展学生的抽象能力、模型观念, 提高学生的应用意识.

(二) 核心素养培养要求

数学核心素养是数学课程目标的集中体现. 从核心素养培养要求来看, "代数与方程" 模块的学习要注重以下方面:

1. 发展运算能力、抽象能力、推理能力素养

运算能力主要指根据法则和运算律进行正确运算的能力,能够明晰运算的对象和意义,理解算法与算理之间的关系,通过运算能力促进数学推理能力的发展.初中阶段的运算除了数的运算外,还要理解和掌握代数式的运算和意义,能利用运算法则和公式进行化简与变形并理解代数式具有一般性,在理解方程、不等式的概念和掌握解法中感悟算法思想,能根据方程和不等式的特征灵活运用解法.随着计算机的普及,算法思想显得越来越重要,数学运算中的符号运算,如多项式的乘法、解方程、解不等式等运算过程中处处渗透着算法思想,而问题解决过程中的数学运算还有助于培养数学模型观念和应用意识.

抽象能力是指从现实世界中的数量关系抽象得到数学概念、性质、法则和方法,在实际情境问题中抽象出变量并能用数学符号表达,能从具体的问题解决中概括出一般结论,形成数学的方法策略.数学概念的形成是一个从具体到抽象的过程,无论是从客观事物的数量关系反映而得,还是从数学理论基础上抽象而得,概念是逻辑思维的基本形式之一,因此代数式、方程、不等式的概念学习是培养学生抽象能力的重要载体.另外,数学思想方法在内涵与形式上也是抽象的,因此学生在具体问题解决过程中,如整式、分式运算的法则、方程与不等式的解法等,感悟数学的通性通法,培养抽象能力.

推理能力是指在形成概念、法则、定理和解决问题中理解结构与联系,探索并表述论证过程.发现提出形成概念、法则、关系都用到了从特殊到一般的思维方式,这是归纳推理和类比推理,而通过演绎推理进行论证是从一般到特殊的思维方式,代数推理是理解数学和解决问题的主要方式.同时,能够将语言文字、符号表达式、图表进行转换,理解、解释、评价自己或他人的推理过程,建立代数和方程知识的逻辑联系,形成初步的认知结构,代数推理比几何推理更抽象但又更纯粹,也有更多的应用.

2. 发展模型观念、应用意识素养

模型观念主要是指对运用数学模型解决实际问题有清晰的认识.知道数学建模是数学与现实联系的基本途径;初步感知数学建模的基本过程,从现实生活或具体情境中抽象出数学问题,用数学符号建立方程、不等式、函数等表示数学问题中的数量关系和变化规律,求出结果并讨论结果的意义.模型观念有助于开展跨学科主题学习,感悟数学应用的普遍性.[1]

应用意识主要是指有意识地利用数学的概念、原理和方法解释现实世界中的现象与规律,解决现实世界中的问题.[2]在代数式、方程、不等式的大量实际生活情境问题的发现、提

---

① 中华人民共和国教育部. 义务教育数学课程标准(2022 年版)[M]. 北京:北京师范大学出版社,2022:10.
② 中华人民共和国教育部. 义务教育数学课程标准(2022 年版)[M]. 北京:北京师范大学出版社,2022:10.

出、分析和解决过程中感悟数学思想方法的简约型、条理性与严谨性,意识到数学是认识、理解与表达现实世界的一种基本方式,数学与现实世界有着密切的联系.另外,数学内部知识的应用,即用所学的数学知识与思想方法解决数学本身的问题,如消元法解二元一次方程组、类比一元一次不等式与方程的解法等,这种对数学知识的理解、技能的巩固、思想方法的感悟都是数学应用的体现,学习代数与方程知识,经历这些过程可以激发学生学习兴趣与热情,培养学生的应用意识.应用意识有助于用学过的知识和方法解决简单的实际问题,养成理论联系实际的习惯,发展实践能力.

三、基于高阶思维视角下的"本原性问题设计"教学建议

《义务教育数学课程标准(2022 年版)》指出,"代数与方程"是学生理解数学符号、感悟用数学符号表达事物的性质、关系和规律的关键内容,使学生初步形成抽象能力和推理能力、感悟用数学的语言表达现实世界的重要载体.重视代数及其运算的一致性,加强代数推理,重新整合代数与方程的内容,注重代数式、方程概念及运算之间的关联,让学生经历概念的形成过程,掌握反映数学学科本质的核心概念而非将概念作为结果传授给学生;加强代数与方程知识学习与学生生活经验、现实生活、社会实践之间的联系,经历发现问题、解决问题、构建知识、运用知识的过程,增强学生认识真实世界、解决真实问题的能力.

(一)主题内容的大概念提取

"代数与方程"这一领域中的大概念既在显性的单元中呈现,也会有隐性的单元也就是对教材的二次开发中发现,按照《义务教育数学课程标准(2022 年版)》提出的"对内容进行结构化整合,探索发展学生核心素养的路径"理念,"代数与方程"的内容结构化主要体现在内容结构与研究方法的一致性和内容之间的关联性.这里,我们针对二次规划后的三个主题内容进行大概念的提取.

"代数式"主题研究的是用字母表示数,抽象出代数式;类比数,研究代数式的基本运算,形成代数式的运算法则、运算性质和运算律.比如:与数的运算一样,要明确运算对象、定义、分类及符号表达,从而体会数式通性,理解字母表示数的意义,体会字母表示数及其运算规律的一般性.

"解方程(组)、解不等式(组)"主题主要研究的是归纳概括方程或不等式的一般形式,探索等式或不等式的基本性质,应用等式或不等式的基本性质,运用化归思想求解方程,并进一步提炼方程的一般解法,理解用字母表示数的意义和数学结论的一般性.

"代数方程的应用"主题主要经历对现实问题中量的分析,借助用字母表达的未知数,建

立两个量之间关系的过程,知道方程或不等式是现实问题中含有未知数的等量关系或不等关系的数学表达.

基于此,我们认为"代数与方程"这一领域中的大概念是通过符号抽象,建立代数式、方程、不等式模型,通过代数运算和代数推理,研究数量关系.

(二)基于高阶思维的本原性问题分析与设计

在深度分析初中数学"代数与方程"的内容本质、学科思想方法和大概念后,我们初步确定了以"在具体情境中抽象出数学问题并用数学符号表达数量关系""研究数学运算的一般路径和方法"的两大核心任务,围绕本原性问题,结合学生的认知起点、单元的核心问题,设计从中观到微观的问题结构,从而架构起课时教学的学习过程和思维路径.

问题结构模型一

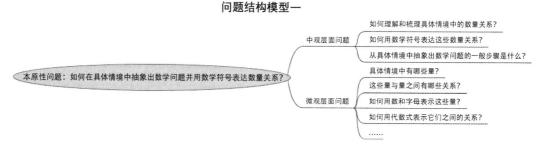

图 2-20 "如何在具体情境中抽象出数学问题并用数学符号表达数量关系?"

问题结构模型一是基于核心任务"如何在具体情境中抽象出数学问题并用数学符号表达数量关系",以代数式为工具,研究两个量之间的相等或不等关系. 这是从具体到抽象再到具体的过程,体会其中的关键是符号抽象、推理和运算,建立代数式、方程、不等式知识之间的关联性和基本思想的一致性.

问题结构模型二

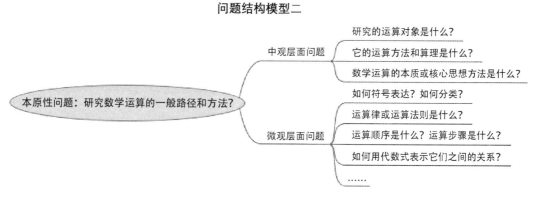

图 2-21 "研究数学运算的一般路径和方法"

问题结构模型二是基于核心任务"研究数学运算的一般路径和方法",循序渐进地把握运算本质,理解各种运算之间的关系.这样,不仅能对运算产生更深刻的认识,还能灵活运用运算之间的关系进行变形和推理,形成对运算整体的一致性认识,把握数与式的整体性,通过问题的逐级架构,逐步让学生理解数与式在运算对象的抽象过程、研究内容与研究路径上的相似性.

简而言之,基于高阶思维的本原性问题分析与设计可以促进学生体会本领域的大概念,领会蕴涵的核心思想和方法,用整体视角建立起本领域有序、多级的知识体系,实现"代数与方程"领域发展学生的符号抽象及其推理和运算等关键能力的育人价值.

案例分享 《代数方程复习课(1)》①

一、课例研究背景分析

(一) 学习意义与价值的高观点分析

初中阶段"数与代数"是学生通过符号运算、代数推理来理解、表达现实世界中事物的本质、关系和规律及提升数学运算能力的重要载体.其中,在"代数与方程"的学习过程中,关注用字母表示代数式以及代数式的运算,字母可以像数一样进行运算和推理,通过字母运算和推理得到的结论具有一般性,"方程与不等式"正是揭示了数学中最基本的数量关系(即相等关系和不等关系).

代数方程学习的核心内容就是探索具体问题中的数量关系和变化规律,能用方程、不等式等进行表达和解决实际问题,经历从实际问题中建立数学模型、求解模型、验证反思的过程,形成模型观念;基于问题解决过程中灵活地将运算技能与逻辑思维等能力进行有机整合,重视数学运算,促进推理能力的发展;在比较复杂的情境中,发展发现问题和提出问题、分析问题和解决问题能力,以及有逻辑地表达与交流的能力.

(二) 基于高阶思维培养的尝试

本案例在学生已经熟练掌握了各种代数方程(组)的相关概念和解法的基础上,引导学生抽象概括出运用数学知识解决生活中实际问题的策略和方法;通过实际问题寻找数量关系以及确定等量关系,得到不同类型的代数方程;通过类比迁移,思考代数方程与实数、代数式之间存在的联系,建立代数方程的知识结构体系;通过对代数方程知识结构体系及其中蕴含的数学思想的全面梳理,体会化归的数学思想.简而言之,初中代数建模过程的核心是符号抽象、推理和运算.

---

① 课例执教者:王卫军.

（三）目标与分析

在列方程的过程中,梳理问题中数量之间的等量关系,并利用相关数量关系将未知量符号化,利用基本数量关系将等量关系方程化.

通过复习各种代数方程的解法,掌握其解法中蕴含的数学思想;通过类比迁移,发现代数方程与实数、代数式的联系,建立代数方程的知识结构体系.

通过确定代数方程与实数、代数式之间的联系,体会事物之间总是互相联系又相互区别的,进一步培养辩证唯物主义观点.

通过引导一题多解的过程中,分析每种解法分别用到了哪些等量关系,用在哪个步骤.培养合理、有序地思考问题及良好的个性思维品质.

教学重点:实际问题中寻找数量关系以及数量关系的方程化.

教学难点:代数方程的知识结构体系的建立

二、课例的整体设计思路

教学任务设计与分解:如何运用方程模型解决实际问题?

任务 1:实际问题中寻找数量关系以及数量关系的方程化;

任务 2:完善代数方程结构体系.

通过分析初中数学"代数与方程"内容本质、学科思想方法和数学观念,我们确定"如何在具体情境中抽象出数学问题并用数学符号表达数量关系?"为"本原性问题"进行统领,设计了"如何运用方程模型解决实际问题?"为课时核心问题,围绕整节课的推进预设了如下四个问题架构整节课的学习过程:

问题 1:这个实际问题中有哪些量?它们之间有哪些数量关系?

问题 2:你能运用这些数量关系解决问题吗?你的方法是什么?

问题 3:结合上述方程求解的过程,你会选择列哪类方程?为什么?

问题 4:本节课的学习对你将来运用数学知识解决生活中的实际问题有什么启发?

学生围绕着这四个问题的解决,所经历的思维过程是通过"赵爽弦图"问题的探索和解决为载体,在问题求解过程中,寻找问题中的数量关系,灵活设元,建立不同的方程多法求解,进一步发展学生的符号抽象、推理和运算能力;对所蕴涵的数学思想方法进行反思总结、及时梳理,实现整体建构,凸显知识系统化和思维结构化.

三、教学过程设计与实践

（一）基于问题创设,由要素分析聚焦符号抽象

【教学片段 1:提出问题,逐步提炼,厘清关系】

图 2-22 是 2002 年在中国北京召开的国际数学家大会的会标,是中国古代著名的"赵爽弦图".四边形 $ABCD$ 是正方形,它由四个全等的直角三角形拼成,中间的四边形 $EFGH$ 也是正

方形. 如果正方形 $ABCD$ 的面积为 13,正方形 $EFGH$ 的面积为 1,求图中直角三角形的两条直角边长.

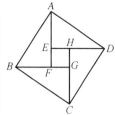

图 2 - 22

（1）这个实际问题中有哪些量？它们之间的数量关系有哪些？

生 1：每个直角三角形的面积等于 3.

生 2：线段长度,比如小正方形的边长等于 1,大正方形的边长等于 $\sqrt{13}$.

生 3：直角三角形的斜边长,就等于大正方形的边长.

（2）根据问题,找到了以上这些已知量,那么这个问题中的未知量有哪些？

生 4：直角三角形的两条直角边.

（3）那这些已知量与未知量之间有哪些关系？

生 5：两条直角边的差为 1.

生 6：利用勾股定理,这两条直角边的平方和为 13.

生 7：由每个直角三角形的面积等于 3,利用面积公式可以得到这两条直角边的积为 6.

通过"赵爽弦图"问题的探索和解决为导向,在问题求解过程中,通过设置带有启发性和思考性的问题串,寻找问题中的"量"并分析它们之间存在的数量关系,进一步确定用哪些运算建立已知量和未知量之间的联系,列出代数式. 这为后续将数量关系方程化建立方程模型做好了准备,也凸显了在现实情境中如何抽象出符号,建立方程或不等式模型的一般方法.

（二）基于方程建模,由多法求解发展创新思维

【教学片段 2：分析问题,建立方程,多法求解】

你能利用这些数量关系解决问题吗？你用到了哪些数量关系？写出尽可能多的方法.

生 8：设短直角边为 x,长直角边为 $(x+1)$,得 $x(x+1)=6$.

生 9：设短直角边为 x,长直角边为 $(x+1)$,得 $x^2+(x+1)^2=13$.

生 10：设短直角边为 x,长直角边为 $\dfrac{6}{x}$,得 $x+1=\dfrac{6}{x}$.

生 11：设短直角边为 x,长直角边为 $\dfrac{6}{x}$,得 $x^2+\left(\dfrac{6}{x}\right)^2=13$.

生 12：设短直角边为 x,长直角边为 $\sqrt{13-x^2}$,得 $x+1=\sqrt{13-x^2}$.

生 13：设短直角边为 x,长直角边为 $\sqrt{13-x^2}$,得 $x\sqrt{13-x^2}=6$.

生 14：设短直角边为 x,长直角边为 y,得 $\begin{cases} x=y-1, \\ xy=6. \end{cases}$

生 15：设短直角边为 x，长直角边为 y，得 $\begin{cases} x=y-1, \\ x^2+y^2=13. \end{cases}$

生 16：设短直角边为 x，长直角边为 y，得 $\begin{cases} x^2+y^2=13, \\ xy=6. \end{cases}$

采取开放式教学模式，鼓励学生根据前面分析得到的数量关系，通过灵活设元，将数量关系方程化，可以利用其中任意一个等量关系将未知量符号化，利用另一个等量关系将等量关系方程化，列出方程；也可以利用其中任意两个等量关系，分别列出方程，再联立得方程组即可，从而建立不同类型的方程多法求解，形成用方程解决问题的一般方法.

此外，对一个问题能从多角度、多层次去思考，对一个问题能想出多种不同的解法，不仅可以发展学生的数学思维能力，也让学生对这一问题的认识更全面、更深刻，有助于创新精神的培养.

（三）基于方程求解，由推理和运算内化知识结构体系

【教学片段 3：分类求解，类比迁移，知识梳理】

（1）引导学生将所列方程归类，建立代数方程结构体系.

代数方程
有理方程
无理方程
整式方程
分式方程
一元方程
多元方程组
一次方程
二次方程
高次方程

图 2－23

（2）引导启发学生寻找代数方程、代数式、实数三者之间的联系.

实数
有理数
无理数
整数
分数
代数式
有理式
无理式
整式
分式
代数方程
有理方程
无理方程
整式方程
分式方程

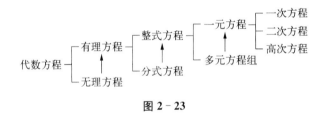

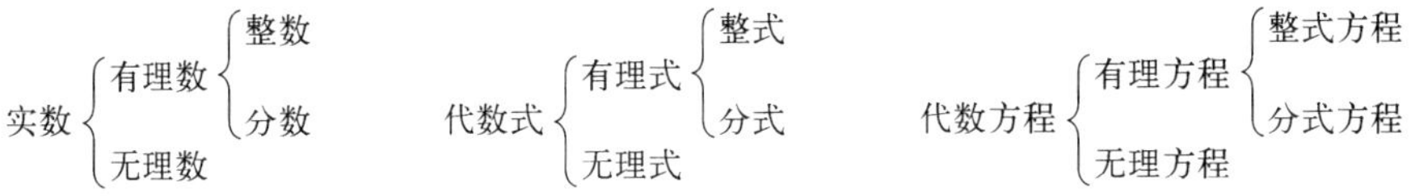

图 2－24

复习、归类所学过的方程（组），建立代数方程知识体系. 探寻代数方程、代数式、实数三者之间的相似之处，探究其中的原因，找出三者之间的内在联系，进一步引导学生在数学学习过程中建立完备的数学知识体系.

（3）选择九个方程中的四个，分小组求解相应的方程（组），完成问题的求解过程.

思考：结合上述求解的过程，如果是你，你会选择哪类方程？为什么？

求解方程（组）、完成问题的解答，复习各种代数方程（组）的解法，以及它们相互之间的联系，体会解方程（组）时，转化的数学思想. 通过对比不同方程的解法，让学生增强优化解题

的意识.

通过不同的方程模型及求解,体会化归的数学思想:通过降次,将高次方程转化为一元一次方程或一元二次方程;通过消元,将多元方程组转化为一元方程;通过去分母或换元法,将分式方程转化为整式方程;通过去根号或换元法,将无理方程转化为有理方程.进一步内化代数方程知识结构体系,体会到类比、化归的思想.

(四)基于代数方程,由解决问题增强应用数学的意识应用

【教学片段 4:归纳小结,反思提高,提炼方法】

引导学生自主小结,归纳本节课学习要点,梳理本章(代数方程)的知识体系.

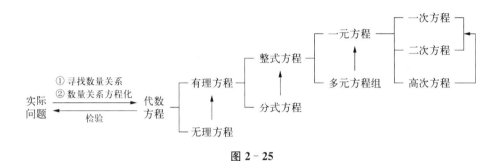

图 2 - 25

通过对"赵爽弦图"问题的分析和解决,复习用方程解决问题的一般方法,提炼运用数学知识解决实际问题的一般策略,即从实际问题中建立数学模型、求解模型、验证反思的过程,形成模型观念.

经历用方程解决问题过程中符号抽象、运算和推理思想的操作体会、概括提炼、迁移应用、联系发展等过程,促进学生建立代数方程、代数式与实数之间的知识及思想方法关联,发展学生的数学抽象、数学运算和逻辑推理等素养及问题解决能力.

四、问题探讨与反思

(一)构建本原性问题驱动知识理解,促进知识的迁移和创新

所有数学知识的教学都能发展数学思维,解决问题的策略更是发展数学思维的重要渠道.首先,解决问题的策略是在解决问题实践中形成的.解决问题时,要把实际问题转化成数学问题,把数学问题转化成数学方法;要整理信息、理解问题;要分析数量关系、设计解题方案;要实现由已知到未知的推导.通过本原性问题驱动教学,有利于增进学生对于数学知识本质的理解和认识,这样获取的知识也易于迁移和创新,使教师能在理解数学实质的基础上设计出更符合课程内容、更贴近学生认知、情感发展的本原性问题,进而更好地指导学生从学习过程中积累知识,掌握思想方法,领悟数学知识的本质.同时,使学生在掌握数学知识本质后,产生更浓厚的学习兴趣,尽可能地发展学生的思维创新能力,提升学生的问题探究、问题解决的能力和意识.

本案例不局限于代数方程的解法和应用的总结,而是着眼于对代数方程知识结构体系及其中蕴含的数学思想的全面梳理,内化代数方程的知识结构体系,感受代数方程与代数式、实数的知识结构体系之间的联系,增进学生对"代数与方程"本质的理解.

(二)围绕问题解决引导知识建构,促进数学思维和核心素养的发展

"问题解决"是强调或强化运用数学思想方法、数学观念、知识和技能等去解决各种问题.课堂教学中的问题结构能够体现学科知识的逻辑结构,表现出知识建构的历程与思路,具有内在逻辑关系的结构化问题推动着教学的进程、学生思维的发展和知识的建构.本案例围绕本原性问题,结合课标要求、教材分析和学情分析,预设了四个子问题,每一个问题都是学生思维前进的阶梯,通过环环相扣、层层递进的提问,将一个个散落的核心知识串联起来,帮助学生感受关于代数方程知识的形成与发展过程,能清晰地厘清问题脉络,逐一解决问题,推动教学进程,最终引导学生自主建构代数方程知识体系.

由此可见,通过层次递进的问题将一个个"宽泛未知""原始隐蔽"的问题进行细化、分解,形成问题串,引导学生逐步解决问题,层层剖析、循环推进,让学生的认知水平从简单的识记到深层次的分析、推理和运用.同时,将学生的想法与知识本质建立联系,还可以促进学生对数学知识的构建,推动学生思维的发展.

案例分享 **《单元复习课——一次方程(组)应用》**[①]

一、课例研究背景分析

(一)学习意义和价值的高观点分析

数学的发展源于人们对自然界的认识,为了研究自然界的一些演化规律,必然要建立相应的数学模型,通过对这些模型的研究,总结出自然界的一些演化规律.方程就是人们认识自然界的数学模型.新课标强调根据实际问题中的数量关系,经过必要的抽象提炼出已知与未知数之间的等量关系,建立方程(组)的数学模型,求出方程(组),进而解决实际问题.方程内容的学习是学生形成模型观念、应用意识和感悟用数学思维思考现实世界的重要载体.

学习的过程是"从实际问题中发现问题—建立数学模型—求解模型—验证反思",这样的过程贯穿方程与方程组、不等式与不等式组的应用,学生在发展发现问题和提出问题、分析问题和解决问题能力的过程中形成模型观念,在体验具体情境中用数学符号表达数量关系的过程中发展和提高逻辑表达与交流能力.

---

① 课例提供: 华东理工大学附属中学许炜佶.

（二）基于高阶思维培养的尝试

本案例在学生已掌握解一次方程（组）的方法和一次方程（组）应用的基础上进行探究的，以学生亲历的春季研学考察中的实际情境问题展开，感悟生活与数学的本质联系，经历具体情境中抽象出数量关系，在概括与表达的过程中培养抽象概括能力的思维；用数学符号表达、列方程，在比较、分析、优化完善的过程中培养迁移运用的策略性思维；在解决问题后将结论、经验应用到新情境中解决新问题，将复杂综合的问题化归为简单问题. 通过以问题导入教学内容、教学案例层次化呈现与多知识点融合等方法使学生进一步体会数学的生活化. 相较于传统的一些脱离实际的应用题背景，本课例通过真实的单元活动与问题设计，学生通过"明确实际问题、转化数学问题、解决实际问题"的学习过程，体会"建模"的数学思想，提高分析、解决实际问题的能力. 简而言之，从实际情境到数学建模中发展学生的策略型思维，从求解模型与应用反思中发展批判性思维.

（三）目标与分析

经历从春季研学考察中遇到的实际情境中发现和提出数学问题、分析和解决问题，进一步发展运算能力，培养抽象能力，初步形成模型观念；会用方程或方程组描述现实中具体的行程、购票、分组、方案问题的数量关系，形成合适的运算思路解决问题，增强数学应用的意识，培养理性的数据观，提升学习数学的积极性，积累数学活动经验，感受数学与实际生活的紧密联系.

教学重点：运用方程思想解决实际问题.

教学难点：寻找并梳理复杂的数量关系及对方程思想的感悟.

二、课例的整体设计思路

教学任务设计与分解：

探究如何运用方程解决春季研学中遇到的行程、购票、分组、方案四个实际问题.

任务1：分析并抽象行程、购票、分组、方案问题中数学问题；

任务2：找到等量关系并设未知数、列方程或方程组，解决问题；

任务3：探究方案问题中的数学问题，选择并优化方案.

深度分析初中数学"代数与方程"内容本质、学科思想方法和数学观念后，我们确定"如何在具体情境中抽象出数学问题并用数学符号表达数量关系？"为"本原性问题"进行统领，设计了"如何运用方程解决春季研学中遇到的行程、购票、分组、方案四个实际问题？"为课时核心问题，围绕整节课的推进预设了如下五个问题架构整节课的学习过程：

问题1：具体情境问题中有哪些量？

问题2：这些量有怎样的数量关系？

问题3：通过情境分析，哪些量是已知的？哪些量是未知的？

问题4：如何设元？如何符号化？如何将数量关系方程化？

问题 5：本节课的学习对你将来用数学方法解决实际问题有什么启发？

学生围绕这五个问题解决,所经历的思维过程是先抽象出实际情境中的数学问题,然后进行分析建模,用数学符号建立方程、方程组表示数学问题中的数量关系,求出结果并讨论结果的意义,进一步发展运算能力,建立模型观念,在深度体会数学应用的普遍性和感悟数学研究方法的基础上进一步延展,迁移应用到跨学科主题学习中.

三、教学过程与实践

(一) 基于实际情境,从生活素材设计开发数学资源创造学习空间

学生经验资源的有效开发与转化可以为课堂创造学习空间,以学生已经拥有的知识和经验为起点,将其转化成课堂深入交流讨论的素材,引发学生充分调取已有的知识技能,结合自己的兴趣,进行深度思考.

【教学片段 1：实际情境引入】

通过视频回顾六年级去海昌海洋公园进行春季研学考察的精彩瞬间,老师带领学生们一起回顾美好的研学之旅,并就研学过程中遇到的一些实际情境问题进行探究解决.

出行的大巴车是在上午 7:30 从学校出发的,老师核对人数时发现小禹没在.打电话得知他今晨起晚了,所以他直接从家打车去海昌海洋公园,也是 7:30 出发的,他家到海昌比学校去海昌多 6 km,大巴士的速度 46 km/h,出租车速度 50 km/h,结果我们和小禹同时到达海昌.

抵达海昌海洋公园后需要购票入园,门票价格规定如表 2-4 所示,我们班的学生和 1 班一起买门票,两个班共 104 人(其中我们班人数较少,不到 50 人,1 班人数较多,多于 50 且少于 60 人),经估算,如果两个班都以班级为单位分别购票,一共应付 12 400 元.

表 2-4

购票人数	1~50 人	51~100 人(团体票)	100 人以上(学生票)
门票单价	130 元	110 元	

此次春季考察,同学们都是带着自己的课题分组进行探究的,我们班的海昌海洋主题公园景观营造探究课题已经分成了两组,如果从甲组调出 10 人到乙组,则甲组的人数是乙组的 $\frac{3}{5}$,如果从乙组调出 6 人到甲组,则乙组人数是甲组的 $\frac{3}{5}$.

为了统一行动,我们年级要选择租大巴车去春季考察,从经济实惠且安全的角度考虑,要求租用的车辆不留空位,也不能超载.若租用 A 型 45 座客车,有 15 人没有座位;若租用同样数量的 B 型 60 座客车,则有一辆客车是空车.已知 A 型 45 座客车的租金单价为 2 200 元,B 型 60 座客车的租金单价为 3 000 元.

购票人数	类型	每人门票价
1~50人	正常	130
51~100人	团体	110
100人以上	学生	a

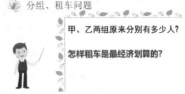

分组、租车问题

甲、乙两组原来分别有多少人？
怎样租车是最经济划算的？

图 2 - 26

把常规的数学行程、购票、分组、方案问题与学生亲历的春季社会实践考察相结合,激发学生学习兴趣,在发现和提出问题的过程中引导学生用数学的眼光观察世界,体会生活中处处皆有数学,感悟如何从数学的角度审视问题、发现问题和提出问题,激发学生深度体会数学与生活的紧密联系,从生活素材设计开发数学资源创造学习空间.

(二) 基于情境解构,设计启发性问题梳理,构建生活与数学的逻辑联系

在实际情境解构时,教师要基于认知基础分析设计问题搭设脚手架,设计处于学生最近发展区的启发性问题,将生活中的量与数学中的量构建起联系,驱动学生自主将实际生活情境问题抽象成数学问题.

【教学片段 2:行程情境问题解构】

这个情境你会联想到数学中的什么问题?

行程问题中的量有哪些? 这些量之间有什么关系?

这个情境问题中哪些量已知? 哪些量未知?

【教学片段 3:购票情境问题解构】

这个情境能让你联想到数学中的什么问题?

你能根据这个情境将信息梳理在表格中吗?

这个情境问题中哪些信息是有效的? 你能整理出有效的数量关系吗?

【教学片段 4:分组情境问题解构】

这个情境抽象成数学问题的过程中遇到什么困难吗?

在量与量之间没有明确数量关系时,我们该如何寻找突破口?

这个情境问题中哪些信息是有效的? 你能整理出有效的数量关系吗?

本节课的难点是抽象出实际情境中的数学问题,确定数量关系,所以问题设计主要是驱动学生将实际生活经验和已有数学知识相结合,在已有认知基础上进行情境解构,从行程情境中的基本数量关系确定,到购票情境中的信息筛选,再到分组情境中的变量关系梳理,随着问题的开放程度增大,课堂事件中学生从量的抽象以及梳理量与量的关系中构建逻辑联系.

(三) 基于学生的定式困惑,设计核心问题整合重构,优化问题决策与求解

在抽象出数学问题以后,学生在解决实际应用问题时纠结于答题思维定势与解题方法是否简洁等困惑,列、解方程(组)时,通过关键的核心问题设置,多角度理解、分析、比较、关联、归纳量与量之间的等量关系,形成优法与结论优化问题决策与求解.

【教学片段 5:行程问题求解】

你打算设哪些量为未知数? 根据什么数量关系列方程(组)?

师:好,那请大家在操作单上用列表的形式来梳理数量关系,并思考你设的未知数可以表示哪些量?

生 1:我设大巴士的路程为 x 千米,那这样出租车的路程就是 $(x+6)$ 千米.

师:很好,还能用 x 表示其他量吗?

生 2:还能用 x 表示时间. 比如大巴士的时间是 $\frac{x}{46}$ 小时.

师:那根据什么数量关系来列方程(组)呢?

生 2:可以根据时间相等建立等量关系.

师:非常好,同学们也可以思考下还有不同的未知数设法吗? 不同设法是否选取的数量关系也不同.

生 3:还可以设时间为 y 小时,根据路程的数量关系来建立等量关系.

【教学片段 6:购票问题求解】

你打算设哪些量为未知数? 根据什么数量关系列方程(组)?

师:你打算设哪些量为未知数?

生 1:我想设二元,分别设两个班的人数为 x 和 y.

生 2:我想设一元,用一个未知数去表示其他未知量.

师:都说得很好,通过展示刚才两位同学不同的设元方法,我们发现这题两种方法都能解决,但能用较少的未知数厘清数量关系感觉更好. 那么大家再想一想,怎样购票比较划算呢?

生 4:因为两个班人数和超过了 100,所以我觉得合起来买更划算!

师:好,如果两个班联合起来,选择购买学生票则可省 2 000 元,请问学生票单价是多少元?

【教学片段 7:分组问题求解】

你打算设哪些量为未知数? 根据什么数量关系列方程(组)?

师:大家觉求解甲、乙两组原来的人数需要设几个未知数?

生 2:我觉得设一个未知数即可,但是目前还未列出方程.

生 3:我设了两个未知数,列了二元一次方程组,我觉得虽然计算麻烦了点儿,但思路更容易厘清.

师:我看了下大家操作单上所列的方程或方程组,绝大多数同学还是设了两个未知数,此题确实设一个未知数难以厘清数量关系,而二元一次方程组明显更适合.

通过解释结果和对比不同设元方法帮助学生进一步理解数学模型和解决问题的意义及适用性,理解无论几元,无论列方程还是方程组,关键在于找到数量关系,而数量关系的表示既可以用于设元,也可以用于列方程.从问题解决的视角出发,不能只局限于本章的知识内容与方法,而应总结提炼解决一类题的通性通法,将知识、方法、思想进行重构,培养学生分析和解决实际问题的能力,抓住核心优化问题决策与求解.

(四)基于开放式情境,积累问题解决经验,培养创造性思维

在知识关联与自主迁移时,通过开放式的情境设计,给学生更具有挑战性的问题,以知识结构关联与迁移运用促成学生创新思维的发展,在已有事实和经验的基础上进一步引导学生联想、类比和关联,找出新关系、寻找新答案,形成新的观点和认识.

【教学片段 8:租车方案问题探究】

这个情境和之前的情境有何不同?这个情境中的量有哪些?这些量之间有什么关系?这个情境问题中哪些量已知?哪些量未知?如何租车才是最经济划算?

生 1:我们现在已知 A 型车和 B 型车各自的座位数以及两种车型的租金.还应该知道本次春季研学考察六年级总共有多少人参加?

生 2:我认为全部租 A 型车即可!

生 3:我不同意,全部租 A 型车不符合题目中车辆不留空位的要求,而且不划算,全部租 B 型车可以省 1 200 元,而且符合题意.

生 4:老师,可以 A 型车和 B 型车混合着租吗?(师:当然可以!)那我有更好的方案,租 4 辆 A 型车和 1 辆 B 型车,还能省 200 元.我先求出了两种车型每个座位的单价,发现反而是 45 座的 A 型车比 60 座的 B 型车便宜,所以首先应该尽量选择多租 A 型车,然后满足租用的车辆不留空位也不能超载,正好再租用一辆 B 型车即可.

采用开放式情境设计来引导学生自主探索,讨论具有挑战性和思维扩展性的租车方案选择问题,积累实际情境问题解决的经验,深刻体会数学知识之间、数学与现实世界之间的联系,不断提高学生分析问题、解决问题的能力.同时,学生在不同方案交流的思维碰撞中,培养创新意识、合作精神.在数学学科和社会生活的有机融合中让学生亲历实践、探究、反思、合作、交流等过程,提升学生探究的热情、开阔学生的视野、激发学生的想象力,提高学生的素养.

(五)设计回顾归纳性问题,总结通性通法,提升思维完整性

单元复习课的小结不仅是本节课的小结,亦是本单元的小结.在小结阶段,教师要让学生回顾知识本质、知识习得的过程和思想方法、学习该知识的价值、所习得的知识与方法将如何延续等.此环节也是锻炼培养学生的数学表达的重要环节,设计具有启发意义的问题,鼓励学生进行个性化总结,让知识的探究呈现出延续性、整体性.

【教学片段9：课堂小结】

回顾今天这节课，我们对春季研学考察过程中所遇到的问题进行分析探究，你能说说你的感受吗？

你能归纳一下本节课中面对生活情境问题，我们是如何解决的吗？

以后如果你在生活中遇到类似的问题，你打算怎么办呢？

通过对春季研学考察遇到的多样化真实情境问题的探究回顾，巩固一元一次方程（组）解应用题的知识，体会方程思想建模，培养学生综合运用数学知识与方法发现和解决实际问题的能力，使学生感受数学在现实世界中的广泛应用，体会数学的价值。

四、问题探讨与反思

（一）以真实情境开展教学是培养学生高阶思维的有效途径

未来的文盲不再是目不识丁的人，而是不知道怎样学习的人。"学会学习"是促进人自主发展的顶层核心素养，也是高阶思维的顶层境界。从数学学习的认知本质看，学生学习知识的过程本身是一个建构的过程，无论是知识理解、知识应用，都离不开知识来源的环境与适用的范围，因此，数学学习具有情境性。

学生的数学学习起点往往不是逻辑公理，而是生活中的实例。学生认识数学、学习数学的过程就是对现实世界理解和反思的过程。因此，创设真实的教学情境，开展真实情境下的数学教学活动，能有效培养学生运用数学知识、方法和语言来认识、理解、表达真实世界。

选取学生熟悉的情境。教师在了解学生的基础上，选取贴近学生生活经验、符合学生年龄特点和认知风格的情境素材。例如：鼓励学生从追赶行程、门票购买等熟悉的事物中发现生活中的等量关系。

关注情境的多样化和育人价值。创设真实情境时要注重情境的多样化，在教学中让学生接触社会、经济、文化等多个领域的真实情境，培养学生综合运用数学及其他学科的知识与方法发现和解决实际问题能力，挖掘数学的人文价值和育人价值，使学生感受数学在现实世界中的广泛应用，体会数学的价值。

（二）注重探究问题的设计是发展学生高阶思维的重要突破口

在数学教学中，问题是教学的出发点，也是驱动学生积极思考、推动课堂教学的有效载体。教师要设计合理的问题，能在真实情境中引发学生思考，同时引导学生提出合理的问题。在真实情境中设计有思维含量、有层次有梯度的问题链，在学生的认知起点和最近发展区提出探究性、开放性的问题，可以促进学生的思维从无序走向有序，从点状水平向结构化水平提升。

探究问题的设计要突出数学学科本质，比如本节课中利用方程体现建模的思想，有思维含量，是值得探究的真问题。探究问题要明确设计意图，紧扣目标，比如本节课中拟达成的学习目标是利用一次方程（组）抽象真实情境问题为数学问题并解决，围绕目标精心设计问题，不偏离目标. 问题设计体现了发展性和层次性,从学生现有认知结构出发,让学生"跳一跳够得到",由浅入深,由易到难,由现象到本质,逐步把学生的思维引向深入的策略性思维、批判性思维和创新性思维.

第三节 分析与解构——"函数与分析"

根据《义务教育数学课程标准(2022年版)》的课程内容设置,"函数"是初中阶段"数与代数"领域的三个主题之一,它不仅揭示客观事物的本质属性,也建立数学对象之间、数学与现实世界之间的逻辑联系,是研究现实事物变化规律的数学模型.通过初中阶段函数的学习,对数量的研究从"常量"变为了"变量".这种变化使学生逐步学会运用运动变化的观点看待问题,也学会用建立函数关系这一桥梁解决量与量之间的关系.

上海课标相比于全国课标在函数主题中多加了"分析"部分,要求学生对函数进行深入的研究和思考,包括分析函数的变化趋势、极值、对称性等.这种深入的分析训练有助于提升学生的逻辑思维能力和抽象思维能力,培养他们的数学分析能力和解决问题的能力.

根据课标,本模块聚焦"什么是函数思想? 我们从哪些角度学习和研究函数?"这一核心问题,落实课标中7—9年级"能够探索简单实例中的数量规律和相互关系.结合生活中的实际案例,体会函数概念及表示;结合图像分析函数关系,通过分析,初步讨论变量的变化情况及其变化规律"的学习要求,是一个利用数形结合,从定性分析、定量计算两个角度研究变量之间运动变化规律的学习过程.

现实生活中常见的变量间的关系有匀速型关系、等积型关系、抛物线型关系等.函数章节内容分别对这三类特殊函数从概念的获得、图像的分析、性质的探究,理解数量关系和变化规律,经历从实际问题中建立数学模型、求解模型、验证反思的过程,形成模型观念.

一、主题模块的内容分析与解构

(一) 基于课标的主题内容分析

函数是数与代数领域的重要内容,主要研究变量之间的关系,探索事物的变化规律.在函数主题之前,"数与式"主题的相关内容为函数关系的表达做了铺陈;而"方程与不等式"主题的相关内容则是我们用来研究函数性质的有力工具.伴随着"函数"主题的学习,初中阶段的"数量"从"常量"变成了"变量",从对刻画常量之间的相等与不等关系问题的研究,延伸到了对抽象地刻画变量间关系的研究.

第四学段(7—9 年级)"函数与分析"包含了两部分内容,第一部分函数相关概念的学习,如变量、常量、函数、自变量、函数解析式、定义域、函数值等.

表 2-5

主　题	内　　容
函数的概念	常量、变量
	函数的概念
	表示方法
	定义域
	函数值
	因变量随自变量变化的情况

函数的概念主题要求能识别简单实际问题中的常量、变量,并能找出变量之间的数量关系及变化规律;了解函数的概念和它的表示方法,能举出函数的实例,初步形成模型观念;能用适当的函数表示法刻画简单实际问题中变量之间的关系,理解函数值的意义;能确定简单实际问题中的函数自变量范围,并会求函数值;能根据函数图像分析出实际问题中变量的信息,发现变量间的变化规律;能结合函数图像对简单实际问题中的函数关系进行分析,结合对函数关系的分析,能对变量的变化趋势进行初步推测.[1]

第二部分是在函数基本认知基础上对一些特殊函数类型的学习,包括一次函数、反比例函数和二次函数,主要研究这些函数的解析式、图像、性质、应用以及在研究角度和研究方法上的共性.

表 2-6

主　题	内　　容
一次函数	一次函数的意义
	一次函数的图像及其变化情况
	一次函数与二元一次方程的关系
	应用

---

[1]　中华人民共和国教育部. 义务教育数学课程标准(2022 年版)[M].北京：北京师范大学出版社,2022.

主　题	内　容
二次函数	二次函数的意义
	二次函数的图像及其性质
	二次函数的最大值与最小值
	二次函数与一元二次方程的关系
	应用
反比例函数	反比例函数的意义
	反比例函数的图像及其变化情况
	应用

特殊函数的主题要求能根据实际问题中的已知条件确定特殊函数的表达式;会在不同问题情境中运用待定系数法确定函数的表达式;会画出函数的图像;探索并理解解析式中字母值的变化对函数图像的影响;用函数模型表达运动变化过程,把实际问题转化为函数问题,利用函数的图像和性质解决相关问题.

(二) 主题内容的结构化认识

函数揭示了现实世界中数量关系之间相互依存和变化的实质,是刻画和研究现实世界变化规律的重要模型.函数的思想,就是用运动变化的观点,分析和研究具体问题中的数量关系.初中函数的学习分两部分内容,第一部分是函数相关概念的学习,第二部分是在此基础上的几类特殊函数的学习.

1. 函数的相关概念

对于一般函数相关概念的研究,往往是从实际问题或者运动变化过程中分析而来.通过对于实际问题的分析,找出问题中的常量和变量,运用模型思想建立它们之间的函数关系,函数概念形成过程体现了抽象思想及变化和对应的思想.在确立了函数关系后,每一个函数可以通过图像法、列表法或解析法呈现出来.当然还要结合实际意义,运动的受限情况,研究得到它的定义域.

另外函数是联系数学知识的桥梁,方程和不等式是初中数学的核心内容,有了函数的观点可以建立函数、方程和不等式之间的广泛联系.用函数图像来解释何为方程的解、不等式的解集等,这过程蕴含着"用形表示数、用数解释形"的典型的数形结合思想.

2. 特殊函数

对于特殊函数的研究,包括特殊函数的意义、图像、性质及应用等方面.通过待定系数法研究了特殊函数的表达式;通过建立直角坐标系,将满足表达式的两个变量的值组合成有序实数对,形成了直角坐标系中点的坐标;通过列表,描点、连线的画图方法,得到特殊函数在直角坐标系内的特殊形状;再通过对于图像的研究得到特殊函数图像上的特殊点、对称性、增减性,和图像分布情况.

在初中阶段研究的特殊函数有一次函数、二次函数和反比例函数,在研究每一类特殊函数时采用了从特殊到一般的方法,例如对于一次函数的研究是从正比例函数(特殊的一次函数)到一般的一次函数,对二次函数的研究也是从特殊的二次函数 $y = ax^2$ 开始依次研究了 $y = ax^2 + c$,$y = a(x + m)^2 + h$,最后研究一般的二次函数 $y = ax^2 + bx + c$.

二、目标分析与解构

(一) 主题内容学习要求

函数单元目标为:探索实际例子中的数量关系以及规律,体验探索、分析、建立变量间关系的过程,进一步培养数学抽象能力的素养,并能根据已知条件求解函数表达式;能画出函数图像,体会其与表达式的关系,能根据表达式探索图像性质与变化情况,发展探究精神;运用函数知识解决简单的实际问题,经历从具体情境中抽象出函数概念的过程,并结合图像分析各类情境中的函数关系,发展数学模型观念的素养;体会函数与生活的密切联系,体会函数与其他知识的横向联系,能运用图像求解方程,体会数形结合的思想方法,发展运算能力与几何直观的素养.

通过对《义务教育数学课程标准(2022 年版)》的学习,我们理解到初中函数板块学习,应能够探索简单实例中的数量规律和相互关系;并且能结合生活中的实际案例,体会函数概念及表示;结合图像分析函数关系,通过分析,初步讨论变量的变化情况.观察分析可知,初中三类函数在课标里的要求大体相同.首先理解函数意义,并求解函数解析式;其次,能画出函数图像,并根据参数分析函数的性质.通过不同板块知识间的联系,让学生感悟知识的逻辑顺序和实质联系,通过螺旋上升、层层递进的过程,促进学生不断深入对函数的理解.

(二) 核心素养培养要求

核心素养是学生在接受相应学段的教育过程中逐渐形成的适应个人终身发展和社会发展需要的必备品格.形成与发展核心素养的基本途径是学生生活经验的长期积累.通过数学学习,在问题解决的活动中感悟数学知识的发生发展过程,逐步学会数学的观察、思考与表达方式,形成带有数学学科特征的价值观、思维品质与关键能力.核心素养在"函数与分析"主题的主要表现包括运算能力、几何直观、抽象能力和模型观念等.在《义务教育数学课程标准(2022 年版)》中,对以上几大能力有如下阐述:

1. 运算能力

运算能力主要是指根据法则和运算律进行正确运算的能力.运算能力有助于形成规范化思考问题的品质,养成一丝不苟、严谨求实的科学态度.

函数概念的引入,运算对象从常量提升到变量,运算的内容更加丰富多彩.包括"确定简单实际问题中函数自变量的取值范围""会用待定系数法确定函数表达式"等直接进行计算的内容;还包括与运算密切相关的内容,如"结合对函数关系的分析,能对变量的变化情况进行初步讨论"等.由常量到变量,表明运算思维产生了新的飞跃,运算能力也发展到一个新的高度.

2. 几何直观

几何直观主要是指运用图表描述和分析问题的意识与习惯.根据变量的变化规律画出相应的图形,分析图形的性质;建立形与数的联系,构建数学问题的直观模型;利用图表分析实际情境与数学问题,探索解决问题的思路.几何直观有助于把握问题的本质,明晰思维的路径.

函数的三种表达形式,包括解析法、列表法与图像法,体现了数形结合的思想方法.因此,可充分利用图像的直观性来解决方程、不等式的问题.如,可以利用二次函数图像讨论一元二次方程的根的情况、不等式的解集等.

3. 抽象能力

抽象能力主要是指通过对现实世界中数量关系与空间形式的抽象,得到数学的研究对象,形成数学概念、性质、法则和方法的能力.能够从实际情境或跨学科中抽象出核心变量、变量的规律及变量之间的关系,并能够用数学符号予以表达.

初中阶段的抽象能力有多种的表现形式,主要表现在数学概念、关系与方法的抽象上.结合函数主题的相关内容,学生能够发现或建构数学符号的几何意义,如二次函数 $y=ax^2+bx+c$ 的二次项系数确定抛物线的形状.运用数形结合的思想方法解决问题,是抽象能力的具体表现.如用配方法得到二次函数图像的对称轴,从而进一步利用对称性解决最值问题、增减性问题等.

4. 模型观念

模型观念主要是指对运用数学模型解决实际问题有清晰的认识.知道数学建模是数学与现实联系的基本途径;初步感知数学建模的基本过程,从现实生活或具体情境中抽象出数学问题,用数学符号建立方程、不等式、函数等表示数学问题中的数量关系和变化规律,求出结果并讨论结果的意义.模型观念有助于开展跨学科主题学习,感悟数学应用的普遍性.

世界是运动变化的,函数就是研究运动变化的重要数学模型,它来源于实际,又服务于实际.从实际中抽象出函数的有关概念,运用函数解决实际问题,这是贯穿于函数的主线.在建立和运用数学模型的过程中,变化与对应的思想是重要的基础.函数就是从数量的角度反映变化规律和对应关系的数学模型.

三、基于高阶思维视角下的"本原性问题设计"教学建议

函数的教学,要通过对现实问题中变量的分析建立两个变量之间变化的依赖关系,让学生理解用函数表达变化关系的实际意义.在教学过程中,关注数学知识与实际的结合,让学生在实际背景中理解数量关系和变化规律,经历从实际问题中建立数学模型、求解模型、验证反思的过程,形成模型观念.此外,还要引导学生借助平面直角坐标系中的描点,理解函数图像与表达式的对应关系,理解函数与对应的方程、不等式的关系,增强几何直观.会用函数表达现实世界事物的简单规律,经历用数学的语言表达现实世界的过程,提升学习数学的兴趣,进一步发展应用意识.

(一)主题内容的大概念提取

"函数"主题部分的内容,从线性到非线性,从连续到不连续,由浅入深层层递进,符合学生的心理特征和教学内容的发展过程.

第一部分是函数概念.函数是中学数学的核心内容,由常量教学过渡到变量教学,是数学发展史上的一次重大转折,也是数学思维上的一个质的飞跃,对培养学生的逻辑思维能力和辩证唯物主义观点具有重要的意义和作用.很多常量教学不能解决的问题,运用变量数学得到解决,用变量数学的观点加以解释或解决,更能突显理性思维的特点与作用.变量教学又是学习其他学科,如物理和化学等的有力工具.

第二部分是特殊函数,包括一次函数、二次函数、反比例函数.一次函数是最简单的函数模型,是研究匀速变化运动的基础模型,具有基础性和典型性的特点.通过对一次函数的研究可以体会函数研究的一般方法,即研究函数的基本概念、图像及其性质、基本运算、实际应用.二次函数是现实生活中另一常见的模型,现实生活中桥洞、喷泉、球类运动轨迹等实际问题,都能利用二次函数来加以解决.二次函数既是难点也是重点,它的图像更为复杂,充分利用其图像,并采用数形结合的思想方法是研究二次函数图像性质的重要途径,也为研究其他函数提供了思路.反比例函数是表达积恒定的反比关系的一类函数.反比例函数是学生首次接触的不连续函数,要求以已有的研究函数的经验和方法为基础,深化和丰富对函数的认识.

(二) 高阶思维的本原性问题分析与设计

"高阶思维"是学生在数学学习活动中为完成"学习任务和要求"中所表现出来的以高层次认知水平为主的综合能力."本原性问题"就是在学生认知基础与学科大概念的联结点上设计的问题,这些问题具有启发性、本原性、统领性.

基于高阶思维能力培养视角下的本原性问题的设计,结合分析函数的内容本质、思想方法和数学观念后,确定了以"函数的概念""特殊函数"为主的两种课堂问题结构模式.其中"函数的概念",作为函数的开篇课,结合学生熟悉的生活情境和数学情境,感受变化过程中的两个变量之间的相互依存,初步理解函数的概念,逐步形成用运动、变化的观点看待事物,形成分析事物运动变化规律、事物之间互相联系的观念,发展抽象能力等核心素养.

函数教学中微观层面问题是起到引导的作用,旨在帮助学生分析实际问题里的变量,和变量之间的变化规律,从而进行函数建模.如:在学习一次函数概念时,微观层面问题可以有"在这个变化的过程中,哪些量发生了改变? 哪些量没有发生改变?""变化过程中两个变量间的联系或规律是什么?"这些问题的答案易回答,且比较容易聚焦研究对象.微观层面问题的设计都是有关实际问题的,其贴近学生的生活,与其他学科知识结合密切,符合学生的知识经验和认知基础,可以帮助学生由具体到抽象逐步认识函数,在应用中逐步加强理解.

同时为了学生能学以致用,推动学生在函数主题上构建高阶思维,还需要设计中观层面问题,它更注重方法上的类比和迁移,如"如何给正比例函数下定义?""正比例函数是如何确定表达式的?""这种方法在一次函数中是否可以使用?"通过中观层面问题的设计,不仅可以让学生类比之前学习函数的方法,获得新函数的概念和图像性质,也能通过类比、归纳获取研究函数知识点的通法.

问题结构模型一:函数概念的课堂教学

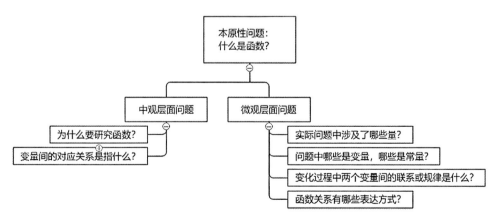

图 2 - 27 函数概念教学的问题结构

问题结构模型二：特殊函数的课堂教学

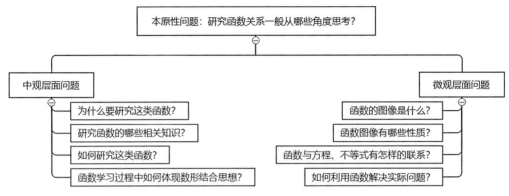

图 2-28 特殊函数教学的问题结构

案例分享 **《函数的概念(1)》**①

一、课例研究背景分析

(一) 学习意义和价值的高观点分析

从数学知识点的联系来看,函数是学习了数、代数式、方程之后产生的新的概念,在代数式的学习中,我们用字母表示数;在方程的学习中,我们用字母表示未知数,作为符号意识的延续,函数可以看做是字母表示变量.从数学学科本身看,函数概念的产生是数学发展史上的一个重要里程碑,它使数学的研究从常量数学进入变量数学,实现了数学发展史上的一次重大转折.从数学教育的角度看,研究函数所提供的动态方法,数形结合和建模应用的数学思想拓展了学生的思维,它既为学习一次函数、二次函数等具体函数打下基础,又与方程、不等式联系,与解析几何、微积分等息息相关,起到承上启下的作用.

(二) 基于高阶思维的思考与尝试

本案例是从常量数学到变量数学的开篇课,以学生熟悉的三个问题入手,感受运动变化的过程,再通过对问题由浅入深、层层递进的分析,让学生从具体的感性认识,逐渐了解变化过程中两个变量之间的依存关系,初步形成函数的概念.再通过对每一种表示方法中的函数关系进行分析,达到对函数概念的意会与理解,对研究问题的方法与策略的感悟.简而言之,在函数概念发生、发展、形成的过程中让学生感受运动变化思想和对应思想,也让学生逐步形成用运动、变化的观点看待事物,形成通过分析了解事物运动变化规律、事物间联系的观念,发展抽象能力等核心素养.

---

① 案例执教与梳理：位育初级中学费晓芳.

（三）目标与分析

在熟悉的生活情境中,尝试用运动变化的观点看待事物,理解变化过程中的两个变量之间的相互依存,初步理解函数概念,初步感受变化与对应的思想.

在探索实际问题的数量关系中,经历变量的发现和函数概念的形成过程,提高观察、概括、分析和解决问题的能力.

教学重点:结合熟悉的生活情境和数学情境归纳、概括函数的概念.

教学难点:初步理解函数的概念.

二、课例的整体设计思路

本原性问题:"什么是函数?"

设计意图:利用生活中熟悉的视频与图片去体现事物的运动变化,可以激发学生的求知欲,多媒体有声有色有动感的画面,使抽象的问题形象化、静态的方式动态化,更直观深刻地揭示函数概念的本质.根据学生的认知基础,使学生感知变量和函数的存在和意义,体会变量之间的相互依存关系和变化规律,为新课的开展创设良好的教学氛围;同时,通过播放学生熟悉的生活情境小视频,培养学生从数学的角度观察生活,思考问题的能力.通过函数的演变历史,让学生了解函数概念的内涵是不断被挖掘、丰富和精确刻画的历史过程;同时感受函数的概念并非与生俱来、一成不变的,而是人们在对客观世界深入了解的过程中得到的.考察函数概念的发展历史及其演变过程,有助于学生更深刻、更全面地理解函数的本质,加深对函数概念的理解.

三、教学过程设计与实践

环节1:基于数学源于生活,直观感受运动变化.

【情境与问题】

视频播放:四季的变化、日出和日落、怒放的花朵、舞蹈中律动的节奏等.

【教学片段1】

师:在刚才的视频中,我们感受到了四季的变化、日出和日落、怒放的花朵、舞蹈中律动的节奏,可见,我们生活在一个充满运动的世界里,万事万物都在不断运动变化着.为了更好地认识世界,改造世界,今天起我们就不妨从数学的角度来研究身边的运动变化.

设计意图:通过观看来源于日常生活中四季变化、日出日落,花朵的绽放等变化过程的视频片段,让学生感受到自己生活在一个充满运动变化的世界,引导学生要开始用运动变化的观点去观察身边的事物.

环节2:基于本原性问题,创设实际情境,初步了解变量间的关系.

【情境与问题】

情境1:加油的过程

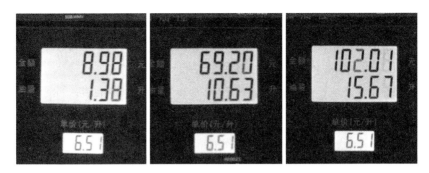

图 2 - 29

问题 1：在汽车加油的过程中，涉及了哪些量？

问题 2：在加油这个变化的过程中，哪些量发生了改变？哪些量没有发生改变？

问题 3：在变化的过程中这两个变量总价 y 和油量 x 有怎样的联系或变化规律？

问题 4：在这个变化的过程中，随着变量 x 取了一个值，总价 y 的值可以确定吗？

情境 2：百米赛跑的过程

图 2 - 30

问题 1：在这个赛跑的过程中，涉及了哪些量，哪些是变量，哪些是常量？

问题 2：在百米赛跑过程中平均速度 v 和时间 t 有着什么样的联系或变化规律？

问题 3：如果知道某个学生百米跑的时间，那么他的平均速度能唯一确定吗？

表 2 - 7

	张同学	诸同学	金同学	老师
时间（秒） 变量 t	12	13	14	15
平均速度（米/秒） 变量 v	$\dfrac{25}{3}$	$\dfrac{100}{13}$	$\dfrac{50}{7}$	$\dfrac{20}{3}$

情境3： 10 米跳台跳水的过程

图 2 - 31

活动 1： 感受跳水过程中，离水面的高度随着时间的变化而变化，与跳台的水平距离也随着时间的变化而变化.

活动 2： 由入水轨迹，研究离水面的高度与时间的联系或规律.

问题 1： 任取图上一个点，这个点的纵坐标表示的是什么？横坐标对应的是什么？

问题 2： 在这个变化过程中，h 有没有随着 t 的变化而变化？

问题 3： h 和 t 之间存在确定的依赖关系吗？

问题 4： 当确定 t 的一个数值，能找到唯一确定的 h 的数值，这时候变量间有没有确定的依赖关系？

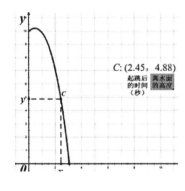 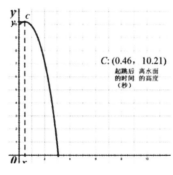 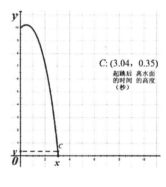

图 2 - 32

【教学片段 2】

师：汽车加油的过程也是一个运动变化的过程，在汽车加油的过程中，涉及了哪些量？

生：总价、油量、单价.

师：我们试用体积来表示油量，用金额来表示总价和单价. 为了更好地描述事物，我们通常会用体积、温度、时间等来具体地表述某些事物具体的特征，这个称之为量. 同时我们会用数来表示量的大小，数和量合在一起就是我们所说的"数量". 这三个量在汽车加油的过程中，有哪些量的数值会发生变化？哪些量的数值不会发生变化？

生：总价和加油量会变的，单价是不变的.

师：像总价、加油量这样会变化的量，我们称之为变量.像单价始终没有变化的量称之为常量.我们把加油量用变量 x 来表示，总价用变量 y 来表示，再回到视频，这两个变量是在变化的，它们之间的变化有怎样的联系或者规律呢？

生 1：油量加得多，总价高；油量加得少，总价少.

生 2：变量 y 随着变量 x 的变化而变化.

师：还有什么样的关系？我随意按停，此时的油量是多少？价格是多少？能定下来吗？如果我加了 10 升，我的价格能确定下来吗？是几个？

生：能确定，就一个总价.变量 x 取定了，总价 y 也确定了，且只有一个.

师：我们把这个规律描述为当变量 x 取一个确定的值，变量 y 也随着唯一确定.这两个变量之间的联系概括来说就是变了，一旦确定也就唯一确定，我们把这样的关系描述为变量 y 和变量 x 之间存在确定的依赖关系.

设计意图：此处呈现了三个生活中的情境，引导学生去寻找其中变化的量，通过对于实际问题的观察分析，发现变量之间的联系或规律，三类情境中的变量呈现出了不同的联系或规律，让学生体会变量虽然不同，变量之间的关系或规律不同，但是它们之间总有一种依赖关系.在设计时，三个情境还使用了不同的呈现方式，为后续研究函数关系有哪些表示方式做好了铺垫.

环节 3：基于知识的结构化，设计变式问题，拓展知识广度.

【问题与变式】

问题 1：三个情境中的变量有什么范围限制吗？

问题 2：三个情境中的两个变量是否存在函数关系？谁是自变量？谁是因变量？

问题 2 变式：加油时有时会说：加 200 元或 300 元的油，此时哪两个变量存在函数关系？谁是自变量？谁是因变量？为什么？

问题 3：为什么研究函数？

问题 4：函数有哪些表示方法？

【教学片段 3】

师：像上面三个情境中，凡此变数中函彼变数者，则此为彼之函数.这节课我们就一起来研究什么是函数.回顾之前的三个场景，在三个变化的过程中有哪些共同的变化与属性？

生：变量出现在变化的过程中.

师：研究对象是研究了其中几个变量？

生：两个变量.

师：在加油问题中，是不是加任意升油都可以加？老师如果开一辆私家车去加油，能不能加 1 000 升的油?

生:会加满.

师:可以看到油量是在变化,再变也要在一个合理的范围内.在加油问题中,什么叫合理的范围?

生 1:取决于油箱的大小,要在油箱容积范围以内.

师:在百米赛跑中,速度有没有一个合理的范围.

生 1:首先要大于 0,但也不能一直大下去.

师:如果在变量 x 的取值范围内,变量 y 随着 x 的变化而变化,它们之间存在确定的依赖关系,y 叫做变量 x 的函数,把 x 叫做自变量,把 y 叫做因变量.允许的取值范围就称为函数的定义域.

师:三个情境中的两个变量是否存在函数关系? 谁是自变量? 谁是因变量?

师:加油时有时会说:加 200 元或 300 元的油,此时哪两个变量存在函数关系? 谁是自变量? 谁是因变量? 为什么?

设计意图:在加油的过程中,我们可以按照油量加油,也可以按照金额加油.谁是自变量、谁是因变量由考虑问题的视角而定,不是一成不变的.

通过以上问题串,让学生理解为什么要研究函数,目的是研究规律,为我们服务,从而感受到数学的魅力.

环节 4:基于思维的发展,设计形式多样的辨析,加深理解函数的本质.

【活动与问题】

辨析 1:

(1) 当 x 取下列值时,求 $x+2$ 的值.

表 2-8

x		-5	0	3	12	$\cdots$
$x+2$	$\cdots$					$\cdots$

(2) 如果 x 是一个变量,那么 $x+2$ 也是一个变量,请问变量 $x+2$ 是不是变量 x 的函数?

辨析 2:

图 2-33 是某日的气温变化图,一天中什么时候气温最低? 什么时候最高? 气温随着时间的变化而变化.那么温度 T 是时间 t 的函数吗?

辨析 3:

在跳水运动中,起跳后的时间 t 秒是不是运动员离水高度 h 米的函数?

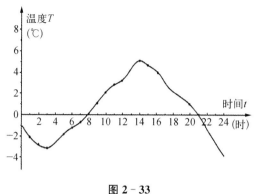
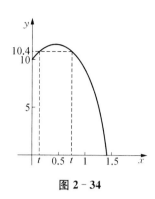

图 2‐33   图 2‐34

【教学片段 4】

师：这是气象局的工作人员在一天中不同时间点记录的温度,他把读出的时间、温度描绘出这个图形,这是用什么方法来描述的?

生：图像法.

师：可见在他的记录过程中,这也是一个运动变化的过程,其中两个变量,温度 T 是不是时间 t 的函数? 我们不妨先来认识一下图,从图 2‐33 中你能知道一天中最热的时候是什么时间? 最冷的时候是什么时间?

生：下午两点最热,凌晨三点最冷.

师：是不是时间 t 在变,温度 T 也在变?

生：是的.

师：当时间确定,温度确定了吗? 是唯一的吗? 观察 18 时的温度,你可以从图中读出此时的温度吗?

生：大概 2 度.

师：那么 T 是 t 的函数吗?

生：是的.

师：所以我们抓住"一""二""三",抓住概念中的三个要点,就能判断是不是函数.

设计意图：通过归纳,帮助学生抓住函数的本质：函数不是数,它是一种确定的依赖关系,即指在一个变化过程中两个变量的一种依赖关系.

四、问题探讨与反思

(一)用问题驱动教学活动,揭示数学概念的本质含义

函数的概念比较抽象,需要依靠对具体对象的数形进行观察、分析、概括,抽象出本质属性,以函数概念为起点展开思维,使认识从具体感性进入抽象规定,形成具体的概念.在"本原性问题"统领下、以学生熟悉的实际问题"加油""跑步""跳水"为背景、以教师的问题为引

导,根据问题的层次,进行观察与思考、小组合作、概括与交流等一系列有意义的教学活动,学生从认识变量开始,到会区分常量和变量,以及发现变量之间的变化规律及联系,通过不断积累的教学活动经验,达到对函数概念的理解.

(二)用问题驱动高阶思维,加深对数学概念的理解

课堂中为了让学生更好的理解概念,在本原性问题的引领下,通过提出由浅入深、层层递进的问题串,让学生感受到函数的核心是两个变量之间的对应关系. 在加油问题中,以给出总额的加油方式引发思考,明确两个变量的关系,因变量和自变量不是规定好的,只要两个变量间满足(1)在变量 x 允许取值范围内,(2)变量 y 随着 x 变化而变化,(3)当变量 x 取一个确定的值时,y 的值也唯一确定,这两个变量之间就存在函数关系. 在教学内容的呈现上,在每一种表示方法的函数关系的分析过程中加深对函数意义的理解,也是多样性的,并在各种表示方法的转化过程中体验三种表示方法之间的关系,感受运动变化思想和对应思想,很好地理解函数.

案例分享 《一次函数的性质》①

一、课例研究背景分析

(一)学习意义与价值的高观点分析

函数是数学的核心概念之一,它贯穿于整个数学学科的学习过程中. 在初中阶段,函数与方程、不等式、几何、概率等数学分支之间的联系形成了完整的数学知识体系. 函数是一种抽象的概念,它描述了量与量之间的关系,是培养学生抽象思维能力和逻辑推理能力的重要学习载体. 函数在现实生活中也有着广泛的应用,如描述物体的运动轨迹、预测变化趋势等,通过学习如何建立函数模型、分析函数图像和求解函数方程等技能,提升学生理解和解决实际问题的能力. 初中函数学习的意义和价值不仅在于数学学科本身的知识和技能掌握,更在于对学生整体认知结构、思维习惯以及跨学科素养的培养和提升.

(二)基于高阶思维培养的尝试

基于高阶思维培养的尝试研究是当前教育领域的一个重要课题. 高阶思维是指发生在高阶学习过程中的思维活动,包括创新性思维、批判性思维、问题解决能力和决策制定能力等.

本案例以一次函数为研究对象,重点探究一次函数的定义与性质. 在一次函数这部分内容的教学活动中,我们将引导学生进行实践操作,如绘制一次函数图像,探究一次函数的概念与性质,或利用数形结合思想解决一次函数实际问题,来让学生深入理解一次函数知识点,提高学生动手能力和解决问题的能力. 在教学过程中我们也可以鼓励学生进行自主探

---

① 案例执教与梳理:田林三中周冬妮.

究,提供适当的资源和指导,组织学生进行合作学习,让学生在小组中进行讨论、交流,进一步培养学生的合作精神和批判性思维.

（三）目标与分析

在梳理已有学习正比例函数与反比例函数的经验基础上,结合一次函数解析式使用描点法画出一次函数图像,掌握一次函数的概念及性质,并能利用相关知识点解决应用问题.

通过对比分析的方法,进行不同函数图像的对比,让学生感受数形结合的思想方法,通过图像掌握相关函数的性质,在学习知识点的同时,进行学习技巧的训练,进一步提升学生的图像分析能力和逻辑推理能力.

教学重点:（1）一次函数的概念及其性质;（2）一次函数的实际应用.

教学难点:（1）一次函数解析式与其图像间的关系;（2）一次函数、一元一次方程及一元一次不等式之间的关系.

二、课例的整体设计思路

教学任务设计与分解:

任务1:探究一次函数解析式与其图像如何相互转换;

任务2:探究一次函数的性质;

任务3:探究一次函数与一元一次方程和一元一次不等式间的关系.

把握核心,有的放矢.本节课我们将把"一次函数"作为"本原性问题"进行统领,除确定学习任务之外,还需确定以"一次函数的性质"为课时的核心问题,故围绕整节课的推进,我们预设了如下五个问题,来架构整节课的教学过程:

问题1:正比例函数与反比例函数的概念及性质如何?

问题2:根据一次函数解析式画出的图像,与其对应解析式之间如何相互转换?

问题3:一次函数与一元一次方程和一元一次不等式之间有哪些联系?

问题4:结合一次函数解析式及图像,得出一次函数的性质有哪些?

问题5:结合正比例函数与反比例函数的学习过程,可知在函数的学习过程中需要研究的问题有哪些?有哪些学习技巧可以沿用?

学生围绕上述五个问题进行学习,进行一次函数性质的研究.学生在教学过程中所经历的思维过程是先回顾正比例函数与反比例函数的相关知识点,进行知识点迁移,利用解析式描点法画出对应一次函数图像,让学生对图形分布象限、斜率进行分析探究,然后进行类比探索,经历对比分析、合情推理等过程,自主建构得到一次函数的性质.

并在深度感悟研究方法和视角的基础上进行延伸.将一元一次方程和一元一次不等式进行知识点迁移,让学生自主探究三者之间的关系,从而解决一次函数的应用问题,让教学内容融于现实生活,起到实际的教育意义.

三、教学过程与实践

（一）巩固前概念——正比例函数与反比例函数

以旧引新，能够有效把握逻辑起点和学生的认知特点，保证整体教学过程的效果。追根溯源，不仅仅是以旧引新进行知识回顾，更是对知识背后的思想方法的挖掘。只有教师在课前设计出前概念相关的策略性问题，才能引发学生对于教学内容的学科逻辑和认知逻辑的和谐共振，积极主动地参与到教学活动当中。

【教学片段1：温故知新】

师：大家还记得正比例函数与反比例函数的解析式吗？它们的图像又是如何的呢？

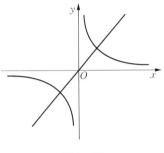

图 2 - 35

生1：正比例函数的解析式是 $y = kx$（k 是常数，$k \neq 0$），图像是一条过原点的直线；反比例函数解析式是 $y = \dfrac{k}{x}$（k 为常数，$k \neq 0$），图像是关于原点对称的两条曲线。

师：那它们分别有什么性质呢？

生1：正比例函数的图像关于原点对称，当 $k > 0$，y 随 x 的增大而增大，当 $k < 0$，y 随 x 的增大而减小；反比例函数图像为轴对称图形，图像关于直线 $y = x$ 和 $y = -x$ 对称，同时也是中心对称图形，图像关于原点对称，当 $k > 0$，反比例函数图像分布于第一、三象限，在每个象限内函数的值随着 x 值的增大而减小，当 $k < 0$，反比例函数图像分布于第二、四象限，在每个象限内函数的值随着 x 值的增大而增大。

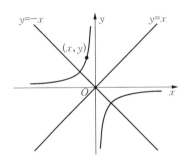

图 2 - 36

师：我们学习正比例函数与反比例函数时，都研究了哪些相关内容呢？

生1：从解析式研究其对应图像的对称性、相交性、增减性等内容。

设计意图：从问题1出发，完成前概念巩固。从正比例函数与反比例函数出发，让学生依据之前函数学习的过程，对比迁移，把握函数的学习过程，鼓励学生对知识进行反思、提炼和概括，激发学生深度反思知识背后的学科思维方法，为迁移到一次函数的概念及性质的情境,创造思维方法和认知策略的基础.

（二）一次函数的定义

在新知建构时,教师通过问题群设疑、解疑、质疑,或自我浅探、合作深究,驱动学生自主建构等教学方式,能够有效渗透数学建模的思想,使学生体会到数学的抽象性和广泛的应用性,也能够有效提高学生的学习兴趣,提高学生在课堂活动当中的参与度.而只有在问题设计上适度增加开放性和思辨性,才能够让学生们的思维自由流淌,实现自主学习.

【教学片段2：新知建构】

师：我们把形如 $y=kx+b$（k 为常数,$k\neq0$）的函数就称为一次函数,研究函数首先要做的就是画出其所表示的图像,那画函数图像要用什么方法呢?

生2：描点法画图.

师：请根据老师给出的一次函数,进行描点画图,对比一次正比例函数与反比例函数,我们能从中知道什么呢?

生2：一次函数图像分布的象限与 k 值的正负有关,且与正比例函数相同图像的倾斜程度与 k 有关,图像与原点的偏移程度与 b 值的大小有关.

师：那根据我们的观察,三种函数对比,可以发现什么呢?

表 2-9

函 数	解析式	图 像	相同点	结 论
正比例函数	$y=kx$（k 为常数,$k\neq0$）	直线	1. 解析式中都含有 $y=kx$（k 为常数,$k\neq0$） 2. 图像都为直线 3. 斜率都与 k 值大小和正负有关,k 值相同时,函数所表达的性质相同	当一次函数 $y=kx+b$（k 为常数,$k\neq0$）中 $b=0$ 时,即为正比例函数的解析式
一次函数	$y=kx+b$（k 为常数,$k\neq0$）			
反比例函数	$y=\dfrac{k}{x}$（k 为常数,$k\neq0$）	关于原点对称的两条曲线		

师：所以,正比例函数是一次函数的一种特例.而一次函数的解析式可以确定为 $y=kx+b$（k 为常数,$k\neq0$）,一般地,解析式形如 $y=kx+b$（k 为常数,且 $k\neq0$）的函数叫做一次函数,其定义域是一切实数;当 $b=0$ 时,解析式 $y=kx+b$ 就成为 $y=kx$（k 是常数,且 $k\neq0$）,这时 y 即是 x 的正比例函数.

设计意图：根据正比例函数与反比例函数的研究方法,可使用描点法画出一次函数的图像,并让学生通过合作讨论,能够简单分析出影响函数图像变化的原因,从而引出一次函数的概念,才更具教育意义.

(三)一次函数的性质

把握教学重点,需深入研究一次函数的图像.以数形结合的方法,关注解析式当中的常数 k 和 b,利用描点法绘制出对应解析式的图像,可根据图像来分析一次函数的性质.

【教学片段 3：重点把握】

表 2‑10   一次函数的性质

函数解析式	字母取值	函数图像	经过象限	函数性质
$y=kx+b$(k 为常数,且 $k\neq 0$)	$k>0,b>0$		一、二、三	y 随 x 的增大而增大
	$k>0,b<0$		一、三、四	
	$k<0,b>0$		一、二、四	y 随 x 的增大而减小
	$k<0,b<0$		二、三、四	

设计意图：本节课的重点是类比正比例函数与反比例函数的学习方法,进行一次函数性质的新知探索,所以问题设计主要是驱动学生在已有认知基础上进行自我建构,随着问题的开放程度增大,让学生在课堂中从解析式和图像两个维度得到不在预期内却又在情理之中的创新成果.

(四)函数与方程和不等式之间的关系

本节课除学习一次函数重难点外,还需进行相关知识点的延伸,其中与一次函数联系最为紧密的教学内容为：一元一次方程和一元一次不等式.二者与一次函数在表达式与图像上都存在一定的关联.

【教学片段 4：知识迁移】

1. 一次函数与一元一次方程间的关系

一次函数 $y=kx+b$（k 为常数,且 $k\neq0$）与一元一次方程 $kx+b=0$（k 为常数,且 $k\neq0$）的关系可总结为数学表达式与图像之间的关系,可以概括为"数"与"形"的关联：

【数】一次函数 $y=kx+b$（k 为常数,且 $k\neq0$）中,函数值 $y=0$ 时,自变量 x 的值是方程 $kx+b=0$ 的解.

【形】一次函数 $y=kx+b$（k 为常数,且 $k\neq0$）的图像与 x 轴交点的横坐标是方程 $kx+b=0$ 的解.

2. 一次函数与一元一次不等式间的关系

一次函数 $y=kx+b$（k 为常数,且 $k\neq0$）与一元一次不等式 $kx+b>0$ 或 $kx+b<0$（k 为常数,且 $k\neq0$）的关系也可总结为数学表达式与图像之间的关系,也为"数"与"形"间的关联：

【数】一次函数 $y=kx+b$（k 为常数,且 $k\neq0$）中,函数值 $y>0$ 时,自变量 x 的取值范围是不等式 $kx+b>0$ 的解集;函数值 $y<0$ 时,自变量 x 的取值范围是不等式 $kx+b<0$ 的解集.

【形】一次函数 $y=kx+b$（k 为常数,且 $k\neq0$）中,位于 x 轴上方的部分对应的自变量 x 的取值范围是不等式 $kx+b>0$ 的解集;位于 x 轴下方的部分对应的自变量 x 的取值范围是不等式 $kx+b<0$ 的解集.

设计意图：教学过程中进行相关内容的拓展延伸,能够让知识点间的衔接更为紧密,让学习内容更为丰富,在保证教学效果的同时,也能提高学生的分析能力与总结能力.

（五）一次函数的实际应用

课堂教学只是学习的一部分,能灵活运用教学内容才是学习的最终目标.而针对一次函数知识点的应用,需要通过例题解析来实现,可根据一次函数图像进行交点问题分析,或是结合一元一次不等式,进行未知数取值范围问题的分析,也可在实际生活背景下,完成一次函数的应用,如：路程问题、交点问题、线段问题、面积问题等实际生活问题.

【教学片段 5：知识应用】

1. 一次函数的交点问题

基于此时的教学阶段,关于一次函数的交点问题.不管是一次函数与 x 轴和 y 轴相交,还是一次函数与一次函数相交,总的来说,考查的就是直线与直线的交点问题,而主要练习的就是学生对于一次函数的图像处理,相关例题如下：

如图 2-37 所示,已知正比例函数 $y = \dfrac{1}{2}x$ 和一次函数 $y = x + b$,它们的图像都经过点 $P(a, 1)$,且一次函数图像与 y 轴交于 Q 点.

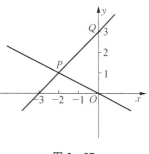

图 2-37

(1) 求 a、b 的值;(2) 求 $\triangle PQO$ 的面积.

解题思路:当两个一次函数具有交点,可根据已知一次函数的解析式,确定未知数列出等式,通过化简得出一元一次方程,并求方程的解,所得的解即为交点的横坐标或纵坐标,将方程的解代入任意一个一次函数的解析式中,即可求出交点坐标,解决未知问题.

2. 未知数的取值范围问题

关于一次函数 $y = kx + b$(k 为常数,且 $k \neq 0$)中未知数的取值范围问题,可根据未知数在解析式中的位置,概括总结为以下三点:

(1) 知 x 范围推 y;(2) 知 y 范围推 x;(3) 知图像范围推 k 或 b.

相关例题如下:

例 1. 已知一次函数 $y = kx + b$($k \neq 0$)的图像经过点 $(1, 0)$ 和 $(0, 2)$.

(1) 当 $-2 < x \leqslant 3$ 时,求 y 的取值范围;

(2) 当 $-2 < y \leqslant 3$ 时,求 x 的取值范围.

例 2. 直线 $y = kx + 4$($k \neq 0$)与 x 轴交于点 $(m, 0)$.

(1) 若 $-2 < m < -1$,求 k 的取值范围;

(2) 若 $-2 < k < -1$,求 m 的取值范围.

解题思路:数形结合,由已知求未知.可根据一次函数解析式及图像的相互转换,由已知条件代入一次函数解析式求未知数的取值范围.

3. 函数图像与 x 轴、y 轴所围图形面积问题

关于一次函数与 x 轴、y 轴间的相关关系,主要研究的是一次函数的图像问题,而在二维坐标系中,主要研究的问题是一次函数的面积问题,所以一般这类问题会结合平面图形的面积公式进行知识点考查,相关例题如下:

如图 2-38,直线 $y = 2x + 4$ 与 x 轴、y 轴分别交于 A、B 两点,点 C 在 x 轴正半轴上,$OC = 2OA$,点 P 在直线 BC 上,$S_{\triangle PAC} = 15$,求 P 点坐标.

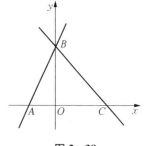

图 2-38

解题思路:(1)分析一次函数图像的位置?确定与坐标轴的交点 A、B 的坐标;(2)分析题意,已知 AO 长度,根据 $OC = 2OA$,确定点 C 的坐标;(3)点 P 位于直线 BC,已知 B、C 两点坐标,确

定经过 B、C 两点的一次函数解析式,将 P 点的坐标以解析式的形式进行表示;(4)已知 AC 长度为所求三角形的底边长,P 点的纵坐标的绝对值为所求三角形的高,根据三角形面积公式即可求出△PAC 的面积.

设计意图:学有所成,学有所用.学习的目的就是为了能够灵活地运用知识,而针对一次函数相关知识点的典型应用,我们要着重强调知识点的迁移与拓展,一次函数的应用不只与一次函数有关,也与我们之前学过的图形面积相关,其数形结合的思想方法在解题过程中应用最为广泛.

(六)知识点总结

有效的知识梳理与总结,能够提高整体教学的效果.教师及时进行课堂内容总结,在提高学生学习效果的同时,也能进一步培养学生的学习习惯与学习能力,助力学生的综合发展.

【教学片段 6:课后总结】

教学问题设计:

(1)你学到了有关一次函数的哪些内容?有关一次函数的性质是怎么样得出的?在整个探索过程当中,我们根据一次函数的图像如何进行猜想及性质证明的?

(2)类比一次函数的学习过程,在后续的其他函数应如何进行学习?一次函数的学习方法能否进行迁移?需要了解什么知识内容?

(3)能否利用图像已知信息求一次函数表达式?能否依据函数的表达式及图像描述其相对应的性质?

总结内容概要:

(1)一次函数的定义;

(2)一次函数的性质与图像的关系;

(3)一次函数与一元一次方程和不等式的关系;

(4)函数学习与探究的方法.

设计意图:初中数学内容是相互联系的,一些知识内容的学习方法可以进行类比迁移.无论是本节课应用到的正比例函数与反比例函数,还是后续要学习的二次函数,学习重点内容都是其概念、图像、性质,所以,本节课后的知识总结,应当在总结知识点的同时,辅助学生完成学习技巧的总结,让学生掌握新旧内容之间类比与对比的学习技巧,区分知识点的异同,以此形成稳定的知识结构,让学生可以更好地理解教学内容的本质.与此同时,通过让学生学会站在分析辩证的角度,尽可能全面地将问题进行推广和延展,也能够进一步提高学生的思辨能力和学习能力.

四、问题探讨与反思

为保证实际教学质量与效果,我们需要对教学环节与学生的课堂表现,对本节课的整体教学过程进行回顾反思，进一步梳理教学流程，提高个人教学能力. 本节课将重点分析以下内容：

（一）基于数形结合的思想方法是进行函数专项学习的重要保障

数学不仅仅是一门抽象的科学，它同样具有直观性. 数形结合的思想方法是通过将抽象的数学概念具体化，使得学生可以更直观地理解那些难以直接感知的数学对象和关系. 且数形结合的思想方法有助于培养学生的逻辑思维能力，如在函数教学中，学生将函数解析式转化为图像，并用数学语言来描述和分析，这个过程本身就是对学生逻辑思维的训练. 在此过程中涉及到的数形结合的思想方法，则可以帮助学生去深入理解函数与其对应图像之间的关系.

本节课通过使用描点法绘制一次函数的图像，就旨在让学生更直观地了解一次函数在坐标系中的变化规律以及函数图像所反映出的函数性质. 所以，在面对"一次函数解析式与图像的转换"任务时，也会存在一些学习方法上的问题，因此，一开始针对这一部分教学内容时，我们设计问题如下：

问题 1：画出一次函数图像的方法是什么？如何画图？

问题 2：画出的图像与函数解析式有什么对应关系？

但在实际教学环节中，我们发现部分学生并没有完全掌握数形结合的思想方法，有些学生为节省时间，选择去画简图，只会画出函数解析式大概的斜率与分布象限，但针对初学者来说，由图像引申到函数性质的过程才更为重要，标准化作图才能使学习事半功倍，所以，学生针对数形结合的思想方法与尺规作图的学习并没有深入进行. 因此，我们聚焦学生的学习方式与学习习惯，要求尺规作图，重新调整并修改了原有问题.

问题 1：画出一次函数图像的方法是什么？请通过尺规作图画出对应一次函数的图像.

问题 2：对应一次函数解析式中当 $b=0$ 时，一次函数变为了什么函数？两图像的斜率一样吗？一次函数图像受解析式中哪些常数项的影响？

修改后的问题在授课过程当中，效果良好，且针对一次函数的应用部分，数形结合的思想方法的应用也十分广泛. 如：在求一次函数交点问题时，会涉及到平面图形周长与面积的计算……所以数形结合的思想方法在解决一次函数应用问题的同时，也可以帮助学生理解几何概念和性质. 而基于数形结合的思想方法是进行函数专项学习的重要保障.

（二）基于学生认知差异的本原性问题把握是培育学生高阶思维的重要突破口

高水平的问题设计需要教师基于课程标准和学生认知起点进行前端分析. 一方面教师要预设出体现学习认知逻辑和学科思维逻辑，且适合高阶思维发展的框架性问题；另一方面，教师要根据班情学情，基于学生的认知差异，把握设计本原性问题，来帮助学生突破思维瓶颈.

学生的认知差异是客观存在的,不同的学生在认知方式和认知能力方面的程度不同.本原性问题涉及问题本质,具有普遍性和根本性的特点,而本原性问题的设计可以帮助学生深入理解知识,培养学生的高阶思维,如在函数教学中,教师可以引导学生从本原性问题出发,如"什么是函数?为什么要研究函数?函数关系有哪些表达方式"等,帮助学生建立数学思维,提高解决问题的能力.

因此在本节课的课堂实践当中,我们应当关注学生的认知差异,把握问题的本质,从本原性问题出发,引导学生进行高阶思维的训练,从而培养学生的创新能力和批判性思维.在面对"一次函数与一元一次方程和不等式的关系"任务时,学生会存在一定的认知差异,这是教师应当在课前预料到的,所以一开始在这部分设计的问题链是:

问题 1: 一次函数与一元一次方程间的关系是什么?

问题 2: 一次函数与一元一次不等式间的关系是什么?

但在教学过程中,我们发现部分学生对于一元一次方程与一元一次不等式的概念及表达式记忆不清,所以后续对二者与一次函数在"数"与"形"方面间的关联性的分析,进展也不是很顺利.所以,在此要基于学生的认知差异,回归本原性问题,为保证后续教学环节的顺利开展,应向学生询问"什么是一元一次方程?什么是一元一次不等式?"从本质出发,从数学概念入手.对此重新调整设计本原性问题如下:

问题 1: 一元一次方程的概念是什么?与一次函数有什么相同点?一次函数与一元一次方程间有什么关系?

问题 2: 一元一次不等式的概念是什么?与一次函数有什么相同点?一次函数与一元一次不等式间有什么关系?

调整之后,学生对于二者与一次函数的关系分析更为准确,大部分学生都能找到其中的关联性.所以,尊重学生认知差异,从问题本质出发,才能更好地解决实际问题,才能提升学生的推理和演绎能力,训练学生的归纳和总结能力,从而培育学生的高阶思维,而基于学生认知差异的本原性问题把握,就是培育学生高阶思维的重要突破口.

第四节 分析与解构——"图形与几何"

《义务教育数学课程标准(2022 年版)》(以下简称:新课标)的课程内容是由数与代数、图形与几何、统计与概率、综合与实践四个学习领域组成.其中"图形与几何"领域也是数学知识体系的基础.新课标以数学核心内容和基本思想为主线循序渐进,对"图形与几何"领域的内容做了结构化整合,进一步优化和完善了内容设置,将小学部分的"图形与几何"整合为两个主题:"图形的认识与测量""图形的位置与运动",而初中阶段分为""图形的性质""图形的变化""图形与坐标"三个主题.图形与几何"贯穿了小学与初中几何学习,是发展学生抽象能力、几何直观、空间观念和推理能力的重要载体,更是帮助学生从图形的角度认识、理解、表达现实世界的起始模块.

根据新课标,本模块聚焦"我们如何学习和研究一个几何图形?"这一核心问题,落实课标中7—9年级对图形概念的理解,以及对基于概念的图形性质、关系、变化规律的理解,培养学生初步的抽象能力、更加理性的几何直观和空间想象力;学生还将第一次经历几何证明的过程,需要理解几何基本事实的意义,感悟数学论证的逻辑,体会数学的严谨性,形成初步的推理能力和重事实、讲道理的科学精神,是一个从具体到抽象,从一般到特殊的学习过程.

一、主题模块的内容分析与解构

(一) 基于课标的主题内容分析

依据新课标提出的"对内容进行结构化整合,探索发展学生核心素养的路径"的理念,"图形与几何"领域通过主题整合的方式实现内容的结构化.

上海采用"五四学制",上海的中学六年级属于课标中划分的第三学段,对于"图形与几何"领域的学习,侧重于对立体图形和平面图形的认识与测量,对圆和扇形的定义以及面积和周长的计算,培养对几何图形的直观认识和几何抽象,比如研究圆与扇形和空间几何部分时都采用了"化曲为直""无限逼近"的思想,揭示了圆周与弧长、圆面与扇形、圆环面与扇环面之间整体与局部的关系,研究了圆柱、圆锥的侧面展开图以及圆柱的体积,又通过实验方法获得了圆锥的体积计算公式.

第四学段(7—9年级)"图形与几何"领域包括"图形的性质""图形的变化"和"图形与坐标"三个主题,进一步从逻辑推理、运动变化、量化分析三个方面,研究点、线、面、角、三角形、平面多边形和圆等几何图形的基本性质和相互关系.本节中也将重点分析第四学段"图形与几何"领域的内容.

表 2‑11

主　　题	内　　容
图形的性质	点、线、面、角
	相交线与平行线

主　题	内　容
图形的性质	三角形
	四边形
	圆
	定义、命题、定理、证明
图形的变化	图形的轴对称
	图形的旋转
	图形的平移
	图形的相似
	图形的投影
图形与坐标	图形的位置与坐标
	图形的运动与坐标

"图形的性质"主题要求掌握点、线、面、角，相交线与平行线，三角形，四边形，圆的概念；知道图形的特征、共性与差异；理解线段长度的度量，探究并理解角度大小的度量；理解两条直线平行或垂直的关系，形成抽象意识；基于直观理解掌握几何基本事实，基于基本事实认识并证明图形的性质和关系；经历猜测和验证几何结论的过程，感悟具有传递性的数学逻辑，发展几何直观和推理能力；经历尺规作图的过程，能够想象出由尺规作图操作所形成的图形，理解尺规作图的基本原理与方法，发展空间观念.

通过具体分析可知"图形的性质"内容可归结为三个方面：一是研究的对象（图形），主要按照基本几何图形（如线与角），直线型图形（如三角形和四边形），曲线型图形（如圆）等展开，从简单到复杂，循序渐进；二是构成图形的元素和图形之间的关系，如三角形的三边关系，平行四边形的性质定理，垂径定理等，均是对组成图形的元素之间关系的研究，而直线与圆的位置关系、三角形的内切圆和外接圆、圆的内接正方形和正六边形等均是对图形之间关系的研究；三是研究图形的方法，即一般路径：定义→性质→判定→应用，主要是通过合情推理和演绎推理的方法研究图形.

"图形的变化"主题要求理解轴对称、旋转、平移、放缩这四类基本的图形运动，知道前三类运动的基本特质、共性和特性，知道运动过程中的不变量：图形运动前后任意两点间的距离不变;理解几何图形的对称性,感悟现实世界中的对称美,知道可以用几何语言表达对称,从数学的角度观察现实生活中的图形,感悟数学的应用价值;理解相似的意义,会判断相似三角形,运用几何语言表达相似;基于图形的放缩运动理解相似;从运动变化的角度理解锐角三角比所表述的边角关系并解决简单的实际问题;经历从不同角度观察立体图形的过程,知道简单立体图形的侧面展开图及在现实生活中的应用,通过对"图形的变化"的进一步认识,结合对简单立体图形展开图的了解,可以发展学生的空间观念和几何直观.

"图形与坐标"主题要求感悟平面直角坐标系是沟通代数与几何的桥梁,理解平面上的点与坐标之间的一一对应关系,会用坐标描述简单几何图形的位置;会用坐标表达图形的变化、简单图形的性质,感受通过几何建立直观、通过代数得到数学表达的过程. 这一主题强调数形结合地引导学生经历用坐标表达图形运动的过程,体会用代数方法表达图形变化的意义,可以发展学生的推理能力和运算能力,培养学生用代数方法解决几何问题的能力.

(二) 主题内容的结构化认识

1. 单个几何图形的研究

图 2-39 揭示了初中"图形与几何"领域,对单个图形的研究是从简单到复杂,即从现实世界的具体物体中抽象出点、线、面、角,到三角形再到四边形到多边形,最后到圆. 而对每一类图形的研究又是从一般到特殊,例如对三角形的研究是从一般三角形到等腰三角形和等边三角形、从直角三角形到等腰直角三角形;对四边形的研究是从一般四边形到特殊的四边形即平行四边形和梯形,而对平行四边形的研究是从一般的平行四边形到特殊的平行四边形即矩形和菱形以及正方形;对梯形的研究也是从一般的梯形到特殊的梯形即直角梯形和等腰梯形. 对于曲线形图形、圆与扇形的研究时采用了"化曲为直""无限逼近"的思想,揭示了圆周与弧长、圆面与扇形、圆环面与扇环面之间整体与局部的关系. 在这一部分主要研究的是几何计算,包括圆周长、弧长、圆面积、扇形面积以及环面的计算等.

对每个几何图形的研究基本都是从整体感知图形结构,比如图形的对称性,从局部进行位置关系和数量关系分析,主要从图形的定义、性质、判定几个角度进行.

对一个几何图形性质的研究都是从图形的基本组成要素即边、角和重要组成要素如三角形的中线、高,四边形的对角线等两个角度进行研究,性质都是由定义演绎出来的.

对一个图形判定的研究基本都是从性质的逆命题出发,证明为真命题的作为判定定理. 判定定理也可以从图形的基本元素边、角和重要元素如对角线等角度进行研究的.

基于概念理解从基本事实出发推导图形的几何特征,掌握尺规作图的基本原理和方法,在这样的学习过程,中学生的空间观念、推理能力得到进一步的发展.

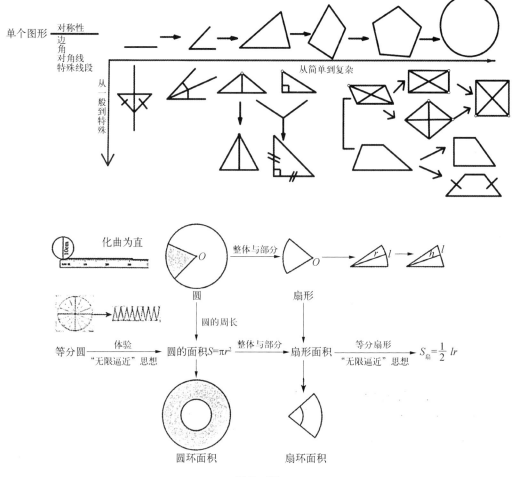

图 2 - 39

2. 图形关系的研究

图 2 - 40 揭示了初中阶段对两个图形间的关系主要是从位置关系和数量关系两个角度进行研究的,位置关系和数量关系是可以相互转化的. 例如:平行线的性质和判定:两直线平行,同位角相等;同位角相等,两直线平行;从形的角度看,位置关系是平行,从数的角度看,数量关系是角相等. 再如:直线与圆的位置关系,从形的角度看,位置关系有相离、相切和相交;从数的角度看,数量关系对应的是圆心到直线的距离大于半径、等于半径和小于半径. 在初中"图形与几何"这一模块中,形和数贯穿在对两个图形关系研究的始终.

另一方面,在初中"图形与几何"这一领域中还以三角形全等为载体研究了图形的三大基本运动,即图形的平移、旋转和翻转. 从运动的角度研究了图形运动前后的位置关系和数量关系,先静止再运动,化动为静;研究了这些运动前后两个图形之间的整体关系和局部关系,即运动前后的两个图形形状、大小相等、对应边相等、对应角相等. 在这一部分的研究学习中,

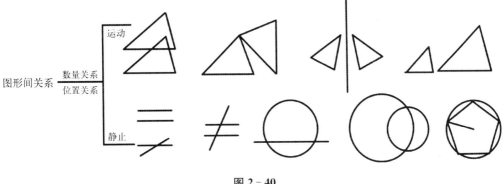

图 2 - 40

对知识的发现是通过实验操作和观察得到一些几何结论,通过合情说理和演绎推理去证明猜想、发现的几何结论.在这一过程中,学生的空间观念、几何直观和推理能力得到进一步培养.

此外,"化归""从一般到特殊""逆向思考"是"图形与几何"这一领域中解决问题的基本思想方法."化归"主要有两类:一类是把复杂图形转化成简单图形,如四边形(多边形)问题转化成三角形问题等;另一类是数形之间的转化,即位置关系转化为数量关系、数量关系转化为位置关系等.

3. 图形与坐标

图 2 - 41 揭示了平面直角坐标系是数轴从一维到二维的发展,体现了数与形之间的一一对应关系.同时,平面直角坐标系又是学习函数图像和平面解析几何的必要基础.

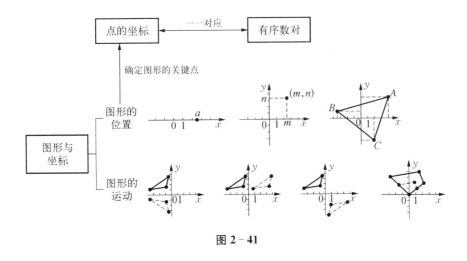

图 2 - 41

在给定的平面直角坐标系中,由点的位置写出它的坐标,根据坐标描出点的位置,根据实际情况建立适当的坐标系,使运算和结果更合理.

图形的位置可以通过图形中关键点的坐标来刻画,反之,也可以通过图形关键点的坐标描出图形的位置.

图形的运动归根结底就是点的运动,研究图形运动与坐标,本质上就是研究对应点的变化规律.点的坐标变化可以描述点的运动,也可以描述图形的运动.通过几何建立直观、通过代数得到数学表达的过程,这些都表明了数与形的密切联系,展现出代数方法解决几何问题的思路.

二、目标分析与解构

(一)主题内容学习要求

通过对实际情境问题的探究,从物体中抽象出点、线、面、角、三角形、多边形和圆等几何图形,形成对图形概念的理解,探究图形的特征、共性与区别,在直观发现与操作实验中体验图形的运动与图形的对称性.在学习过程中形成和发展抽象能力.

以直观感知、实际操作等活动为基础,进一步认识图形、区分图形、借用图形,培养对图形特征和性质的探究能力.在分析图形时,能够抓住图形的本质特点,找出其中的基本图形,认识其中的一些特殊元素,如三角形的高、中线、中位线,线段的垂直平分线,角平分线,以及特殊三角形等.理解基本图形在问题中的地位和作用,把握解决几何问题的关键.

在理解图形的运动过程中,知道轴对称、旋转、平移这三类图形运动的基本特质,会用图形的运动认识、理解和表达现实世界中相应的对称之美,感悟图形由规律变化产生的美,会用运动变化的方法研究图形的性质,会用几何知识表达物体简单的运动规律.在学习过程中发展几何直观和空间观念.

在具体现实情境中学会从不同角度发现问题和提出问题,感悟平面直角坐标系是沟通代数与几何的桥梁,理解平面上的点与坐标之间的一一对应关系,能用坐标描述简单几何图形的位置;会用坐标表达图形变化的过程,感受通过几何建立直观、通过代数得到抽象表达的过程,经历借助平面直角坐标系解决现实问题的过程,感悟数形结合的思想.学生在学习过程中,进一步提升空间观念、几何直观、抽象能力、推理能力,发展应用意识和创新意识.

(二)核心素养培育要求

数学课程要培养学生的核心素养,从"图形与几何"模块看,在学习过程中,应注重以下几方面.

1. 在空间观念的基础上建立几何直观

空间观念主要是指对空间物体或图形的形状、大小及位置关系的认识.[①]空间观念要求

---

① 中华人民共和国教育部. 义务教育数学课程标准(2022年版)[M].北京师范大学出版社,2022:9.

学生能够在实际图形和几何图形之间建立起想象,并能够想象、表达物体的空间方位和互相之间的位置关系,感知并描述图形的运动和变化规律.因此在初中阶段的学习过程中,图形与几何就是培养学生空间观念的重要载体.在尺规作图的过程中,能想象出通过尺规作图的操作所形成的图形;在从不同角度观察立体图形的过程中,能想象出简单立体图形的侧面展开图;这些抽象与具象之间、空间与平面之间的转换过程,都是空间观念形成和发展的关键.

几何直观主要是指运用图表描述和分析问题的意识与习惯.①知道几何直观是分析图形的性质、建立数与形联系的基础.运用几何直观,猜测几何图形具备的性质,为分析几何图形的性质指明方向;通过建立平面直角坐标系,直观感受图形的变化;利用图表分析实际情境与数学问题,探索解决问题的思路.几何直观有助于把握问题的本质,明晰思维的路径.②

空间观念是建立几何直观的基础.只有能够准确理解和想象空间物体的形状、大小和位置关系后,才能进一步利用图形来描述和分析数学问题.同时,空间观念和几何直观在学习过程中是相互促进的.空间观念的提升有助于更准确地把握几何图形的特征和性质,从而增强几何直观能力;而几何直观的运用又能加深对空间物体的理解和想象,进一步发展空间观念.

2. 围绕图形的概念、性质与研究方法,提升抽象能力

抽象能力主要是指通过对现实世界中数量关系与空间形式的抽象,得到数学的研究对象,形成数学概念、性质、法则和方法的能力.③初中阶段的抽象能力主要表现在对概念、关系与方法的抽象上.例如,在"图形的性质"学习中,通过对实物和模型的观察,抽象出几何体、平面、直线和点等概念,就是从具体事物中抽象出数学知识的过程.而对于"三角形—等腰三角形—等边三角形""四边形—平行四边形—矩形或菱形—正方形"等这类从一般到特殊的纵向数学化抽象就是对几何图形间关系的抽象.又如,在研究等腰三角形的过程中,获得研究几何图形的一般观念,即研究图形的"定义—性质—判定—应用",就是对数学研究方法的抽象.同时,利用对文字语言、图形语言和符号语言的不断转化,建立抽象概念与数学符号间的联系,提高抽象思维的精确性.

3. 合情推理与演绎推理并重,发展逻辑推理能力

推理能力主要是指从一些事实和命题出发,依据规则推出其他命题或结论的能力.④在

---

① 中华人民共和国教育部.义务教育数学课程标准(2022 年版)[M].北京师范大学出版社,2022:8.
② 中华人民共和国教育部.义务教育数学课程标准(2022 年版)[M].北京师范大学出版社,2022:8.
③ 中华人民共和国教育部.义务教育数学课程标准(2022 年版)[M].北京师范大学出版社,2022:8.
④ 中华人民共和国教育部.义务教育数学课程标准(2022 年版)[M].北京师范大学出版社,2022:9.

初中阶段,推理能力又可以分为合情推理和演绎推理.合情推理表现为通过观察、实验、归纳、类比等方法直接获得某种数学结论,常见于实验几何的学习阶段.如在"图形的变化"的学习中,对图形的平移、旋转和轴对称的性质的学习,都是通过合情推理进行的.演绎推理是一种严谨的逻辑推理方法,它要求学生按照逻辑规则进行推理,不能跳跃或省略步骤.如在等腰三角形的性质、直角三角形的性质、特殊平行四边形的性质的学习过程中,都是先由直观感知,猜想这些平面图形所具有的性质,再从已有的认知基础出发,通过演绎推理,论证结论的正确性.通过反复的演绎推理训练,学生的逻辑思维能力可以得到显著提升,思维的严谨性也会随之提高.推理能力的形成促进了学生思维能力的全面发展.

(三)主题内容的教学建议

1. 教学设计应以核心素养的培育为重点,确立教学目标时要确保其完整性、渐进性和实践性.通过教学活动,着力提升学生的数学抽象思维能力、直观想象能力以及空间感知能力,并在课堂实践中密切关注这些核心素养的有效落实情况.

2. 在教学过程中,要全面理解并把握所教内容,特别关注教学内容与核心素养之间的内在联系.同时,应引导学生逐步经历从直观经验几何到实验几何,再到推理几何的认知发展过程.通过这一过程,帮助学生深刻体会直观感知与理性思考之间的相互关系及其差异,进而领悟归纳推理、类比推理以及演绎推理在数学学习中的重要性和作用.

3. 教师应采用创新的教学策略,重点在于激发学生的自主探究能力.通过实践和探索活动,使学生能够亲身感受并理解图形的空间位置关系及其运动规律,学会利用方向、距离、角度以及几何变换等概念进行精确描述.在此过程中,学生将经历"实验—归纳—猜测—论证"的完整科学思维过程,从而深刻感受数学发现与创造的魅力.

4. 在教学过程中,应着重关注学生能力的提升,并妥善做好小学与初中阶段的衔接工作.要妥善平衡直观教学与抽象思维的关系,特别是在演绎推理的教学中,要逐步引导学生从简单的说理过渡到严谨的推理.遵循循序渐进的教学原则,确保学生能够清晰、完整地体验合情推理与演绎推理的每一个环节.通过引导学生经历发现、分析、解决问题的完整过程,帮助他们将所学内化为自身的推理能力.

5. 在现代教育背景下,我们应积极利用信息技术,推动其与数学教学的紧密结合.特别是在"图形与几何"领域的教学中,借助信息技术工具创建动态图形,不仅能有效减轻教师的教学压力,更能使静态的图形变得生动起来.通过信息技术,我们可以直观地展示图形的演变过程,从而激发学生的多重感官参与,使他们在观察图形的动态变化中,更深入地理解其中恒定的数量关系和位置关系,进而推导出图形的本质属性.这样的教学方式有助于提升学生的直观感知能力、想象力以及思维能力.

三、基于高阶思维视角下的"本原性问题设计"教学建议

新课标指出,精炼实验几何内容,突出图形运动与变换;加强推理几何与实验几何的有机整合,展现"实验—归纳—猜测—论证"的过程;强调学习并掌握平面几何中最基本的定理,形成简明、平实的推理几何,着重于学习演绎推理的基本规则和方法.新课标要求教师精心组织教学内容.要处理好预设内容与生成内容、知识与能力、发展核心素养与立德树人等之间的关系.

(一)主题内容的大概念提取

"图形与几何"这一领域中的大概念既在显性的单元中呈现,也会由隐性的单元也就是对教材的二次开发中发现,按照新课标提出的"对内容进行结构化整合,探索发展学生核心素养的路径"理念,图形与几何的内容结构化主要体现在内容主题的重整上.我们团队针对二次规划后的三个主题内容进行大概念的提取.

"图形的性质"主题涵盖了初中平面几何的大部分内容,包括图形的认识与证明,是发展学生几何直观、空间观念和推理能力的重要载体.

"图形的性质"主题涵盖六部分内容:点、线、面、角,相交线与平行线,三角形,四边形,圆,定义、命题、定理.这六部分内容可以划分为三大类:

第一类是我们要认识的对象是什么,即数学对象的建立(建立阶段:定义、表达、分类).例如理解三角形及其内角、外角、中线、高线、角平分线等概念,了解三角形重心的概念,理解圆、弧、弦、圆心角、圆周角的概念,了解三角形重心的概念.

第二类是我们要认识该对象的什么,即数学对象的本质关联(深入研究阶段:图形的性质和判定、图形关系).从单个图形来看,就是要认识图形内构成要素之间的关系.例如:三角形的任意两边之和大于第三边,这是三角形中三条边之间的关系;等边三角形的各内角都等于 $60°$,则是等边三角形的三个内角之间的关系;又如,平行四边形的性质定理,垂径定理及推论等,都指向图形内各元素之间的关系,从两个或是多个图形来看,就是探索图形之间的关系.例如:全等三角形,是探索相同的两个图形之间的边角关系;直线与圆的位置关系,是研究两个不同的图形之间的关系,也自然地将直线型图形和曲线型图形结合起来,对学生而言,认识组合图形的难度会有所增加.

第三类是如何去认识对象,即研究数学对象的方法.主要是围绕定义、性质、判定、应用,通过合情推理和演绎推理的方法去认识图形.

"图形的变化"主题就是研究图形在运动变化过程中的不变性质和不变量的学科.这里

的不变性质和不变量就是我们研究图形的几何性质的本质问题.图形的平移、旋转和翻折是基本的图形运动,知道这三类运动的基本特征,能够用数学的语言描述物体运动前后的空间位置关系,用数学的思维探索图形运动性质.通过图形基本运动,理解轴对称图形、旋转对称图形、中心对称图形的意义,研究图形关系(相似形)和图形的整体性质(轴对称、中心对称或旋转对称).

"图形与坐标"主题很好地体现了数与形的紧密联系,平面直角坐标系是沟通几何与代数的桥梁.通过平面直角坐标系,体会有序数对与点的位置的对应关系,图形是由点组成的,可以由图形中关键点的位置的确定从而刻画出图形的位置,而图形的运动实质上就是点的运动.因此,研究图形与坐标,本质就是研究图形上对应点的坐标的变化规律.

(二) 基于高阶思维的本原性问题分析与设计

中学数学高阶思维的基本形式是指高阶思维的基本架构,包括系统化和结构化两种.

"本原性问题"是凸显学科本质、关注认知规律的问题,处于学生认知基础与学科观念的联结点上的问题,具有本原性、统领性、启发性.

高阶思维视角下的本原性问题的设计,在深度分析初中数学"图形与几何"的内容本质、学科思想方法和数学观念后,我们初步确定了分别以"单个几何图形""图形间关系"以及"图形与坐标"为主题的三种课堂问题结构模型,其中,研究"单个几何图形"时,确定"研究一个几何图形时一般从哪些角度思考?"为本原性问题,以它为中心,结合学生的认知问题、学科的核心问题,设计了从中观到微观的问题结构,从而架构起整节课的学习过程和思维路径,如图 2-42.

中观层面的问题设计更为宽泛,并且答案也更能体现多样性和不确定性,比如:在学习"直角三角形的性质"时,中观层面的问题可以有:"我们是如何研究等腰三角形的?""你认为直角三角形的性质可以从哪些角度思考,哪些结论可以作为直角三角形的性质?""今天的学习经验是否可以运用到四边形的学习中?"等等,通过中观层面问题的设计,不仅激发学生对所学几何图形的相关知识的关注,同时也通过类比不同几何图形的学习过程,促进学生对几何图形学习的过程与方法的思考,推动学生在图形与几何领域高阶思维的形成.

同时为了推动课堂的进程,鼓励不同思维水平的学生积极思考,在中观层面问题的引领下,还可以设计微观层面的问题,形成问题串,比如对应"过去如何学习等腰三角形的?",可以进一步设计启发性问题串"等腰三角形的定义是什么? 等腰三角形有哪些重要的元素? 这些元素有哪些重要的性质? 如何判定等腰三角形? ……",这些问题从微观层面聚焦具体的研究对象,问题的答案也体现了单一性和确定性的特征.微观层面问题的设计,要与学生已有的认知结构相结合,与学科本质问题相结合,学生对中观层面和微观层面问题的思考,体现了在图形与几何领域的思维进阶,围绕着问题解决,经历的学习过程是先概括研究图形与几何的学科方法、进行类比迁移和合情推理,经历分析辩证自主建构得到单个几何图形的相关知识,并在深度体会和感悟的基础上延展并创造性地使用到其他数学知识的学习中.

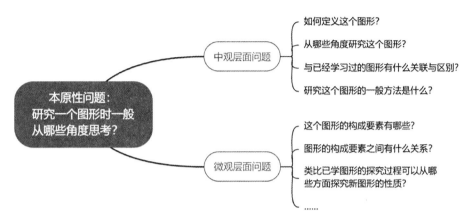

图 2‑42　问题结构模型一：研究单个几何图形的课堂教学

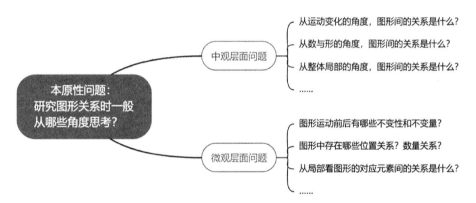

图 2‑43　问题结构模型二：研究几何图形间的关系的课堂教学

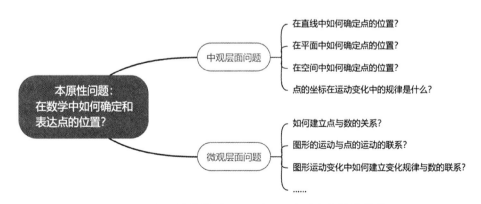

图 2‑44　问题结构模型三：研究图形与坐标的课堂教学

案例分享 《画一个角等于已知角》①

一、课例研究背景分析

（一）学习意义和价值的高观点分析

尺规作图是几何教学的重要内容之一,它是建立在几何推理上的一种几何操作,是几何证明的另一种呈现形式,其根本目的是发展学生的推理能力,是对发展学生推理能力的有效辅助.尺规作图活动体现了几何相关知识的内在联系的建立,基本方法的提炼、作图原理和思维规律的深入理解,以及基本思想和理性精神的感悟.其基本原理是指向几何概念本质的,是促进学生深化几何概念及原理理解的重要学习资源,也是培育学生空间观念、几何直观、推理能力等核心素养主要表现的重要载体.

（二）基于高阶思维方面想做的尝试

本案例在学生已有"作一条线段等于已知线段"经验的基础上,带领学生在解决实际问题的过程中继续体会"作一个角等于已知角"的作图思路的形成与原理.相较于因为受限于学生知识储备而仅仅关注学生作图步骤的记忆性思维的设计,本案例希望通过活动与问题的设计,帮助学生在已有知识技能的基础上通过"任务转化、操作思考、归纳表达、反思感悟"逐步自主构建出"尺规作等角"的基本步骤,并能深刻理解作图操作程序背后的数学原理,从而提升学生的思维层次,发展学生的策略型思维、批判性思维和创新型思维.

目标与分析：

在经历"复制油纸"问题的分析解决过程中,掌握使用量角器画角和尺规作角的思路与方法,感悟数学抽象与转化的思想方法.

通过用量角器画角到用尺规作角的探索,深化对角的概念与尺规作图原理的理解,培育几何直观、逻辑推理等关键能力.

教学重点：掌握用尺规作图作相等角的作图技能.

教学难点：探索并思考理解利用尺规作图画相等角的原理.

二、课例的整体设计思路

任务设计与分解：如何制作合适的扇形防油纸?

任务 1：你能用量角器、直尺、圆规画出蛋糕盒的防油纸垫吗?

任务 2：只用直尺和圆规,你能画出蛋糕盒的防油纸垫吗?

本原性问题："我们该如何复刻一个图形?"

---

① 案例执教与整理：世外中学邬振宇.

设计意图：在本原性问题："我们该如何复刻一个图形？"的统领下，通过设计学生熟悉的生活中的问题"如何制作合适的扇形防油纸？"入手，引导学生从数学的角度观察、分析与转化，将该问题逐步分解为本节课的两个核心数学任务，通过问题链设计，引导学生从数学的角度逐步探索思考如何完成这两个任务，学生在此过程中经历了由"量角器"画角到"尺规"作角的过程，既深化了对角的概念的理解，也对复制和度量的本质有了更深刻的认识。在这个过程中，学生会由"角的复制"关联到线段、三角形、弧等一系列数学概念及其关系，在抽象出用尺规作等角的基本步骤的同时，也完成了对尺规作图原理的深刻理解。

基本问题设计：

问题1：如何制作合适的扇形防油纸？从数学的角度来看，要解决的核心问题是什么？

问题2：为什么这样（用刻度尺、量角器）画出的扇形是和原来一样的呢？

问题3：如果没有量角器，只用直尺和圆规，你能画出蛋糕盒的防油纸垫吗？

问题4：你能用尺规画出和∠AOB一样大小的角吗？

问题5：回顾今天这节课，我们是如何解决复制油纸问题的？

问题6：你觉得用刻度尺、量角器复制线段、角和用尺规复制线段、角有哪些区别与联系？

三、教学过程设计与实践

环节1：创设问题情境，引导学生从数学角度观察分析现实生活，抽象出数学问题。

【情境与问题】

春游老师打算自己做一个蛋糕带来和大家一起分享。为了方便携带她特地从网上购买了一些切角蛋糕盒，但发现商家寄来的切角蛋糕盒没有与之匹配的防油纸垫，所以就想用家里的烘焙纸自制与蛋糕盒匹配的防油纸垫。请大家帮忙想一想如何制作这个防油纸垫？

图 2-45

问题 1：如何制作合适的扇形防油纸垫？从数学的角度来看，要解决的核心问题是什么？

问题 2：你能用现有的工具(量角器、直尺、圆规)画出蛋糕盒的防油纸垫吗？

【教学片段 1】

师：如何制作合适的扇形防油纸垫？

生：画一个和蛋糕盒形状、大小一样的扇形.

师：非常好，那么扇形你们会复制吗？你能利用现有的工具(量角器、直尺、圆规)在操作单上进行尝试吗？

设计意图：从学生熟悉的生活场景入手，引导学生从数学的角度观察分析现实生活，抽象出要解决蛋糕盒复制油纸问题就是要解决在平面内复制一个扇形的问题. 为学生进一步探究尝试做好铺垫.

环节 2：学生通过思辨性问题体验到复制图形的过程，感受利用刻度尺和量角器复制图形是通过"数"的确定完成复制，理解图形复制问题本质上是"复制线段"和"复制角"这两个几何基本问题.

【活动与问题】

活动：请尝试用现有的工具(量角器、直尺、圆规)在操作单上画出蛋糕盒的防油纸垫.

问题 3：为什么这样画出的扇形是和原来一样的呢？

【教学片段 2】

师：你是选用什么工具来进行画图的？

生 1：我用的是刻度尺和量角器.

师：你是怎么量的？怎么画的？

生 1：我先用刻度尺量了扇形半径的长是 32 cm，然后在下面复制了一条一样长的线段，接着我用量角器量出扇形的圆心角是 35°，然后以刚刚复制的线段为角的一边，复制 35° 角，之后在这个角的另一条边上量出 32 cm，最后用圆规以角的顶点为圆心，32 cm 为半径画出弧长.

师：非常好！那么为什么这样画出的扇形是和原来一样的呢？

生 2：因为我们画的半径一样，圆心角也一样，而这条弧所在的圆又是一样大的，所以它们可以叠合在一起.

设计意图：此环节首先从学生已有作图经验出发，通过对刻度尺和量角器复制扇形的操作，学生既明确复制一个图形的基本流程分为量和画两个流程，又感受到利用刻度尺和量角器复制图形是通过"数"的确定完成复制，同时通过思辨性问题的启发，引导学生深刻理解到复制一个扇形的问题本质上可以转化为"复制线段"和"复制角"这两个几何中的基本问题，而背后蕴含的更一般的思想则是,一个图形的形状、大小的确定问题可以转化线段和角的确定问题,而在六年级阶段,学生可以从叠合的角度来加以理解,这既是为本节课中尺规作图环节的探究起到铺垫,也是着眼于后续全等三角形的学习.

环节3:设计挑战性问题和启发性问题激活学生思维,自主建构尺规作角的步骤,加深对尺规作等角原理的理解.

【活动与问题】

问题4:如果没有量角器,只用直尺和圆规,你能画出蛋糕盒的防油纸垫吗?

问题4-1:在解决这个问题时,你觉得障碍在哪里?

问题4-2:你觉得圆规能画什么?

问题4-3:能否将画角的问题转化为画线段的问题呢?

问题4-4:为什么这样画出的扇形是和原来一样的呢?

【教学片段3】

师:在解决这个问题时,你觉得障碍在哪里?

生1:我能用尺规复制出扇形的两条半径,但不知道如何用尺规去复制角的大小.

师:确实如此,现在我们没有量角器,不能通过读取量角器上的数字来确定角的大小了,那我们来想一想,圆规这个工具我们能画什么呢?

生2:可以截取一条线段.

生3:可以画一个圆.

师:非常好,在我们之前的经验中,圆规可以通过确定平面内两个点的相对距离来画一个圆,来截取一条线段,那么大家想一想,能否利用圆规的特性,将画角的问题转化为画线段的问题呢?

生1:我想到了,我可以先画一个半径和原来扇形一样大小的圆,然后用圆规去量扇形弧长的两个端点的距离,再复制过来就可以了.

师:非常好,那么大家再想一想,为什么这样画出来的扇形就和原来的扇形大小形状一样呢?

生2:我觉得首先两条半径是一样长的,然后弧的两个端点距离也是一样的,感觉上它们是可以叠合的,所以我把它剪下来试了一下,确实可以叠合.

师:非常好,这位同学已经学会用大胆猜测,小心验证的方法来研究一个新问题了.

设计意图:本节课最大的障碍就是如何用尺规画相等的角,回顾用量角器画角,看似是对角的大小的复制,其实是从"数"的角度对弧、半径和角的关系探究.而尺规作图受到作图工具的限制,使得已知角的度数不可度量,因此只能通过启发性问题引导学生设法逐步将"角相等"的问题转化为"线段相等"的问题,从"形"的角度来解决,虽然6年级的学生在此时缺乏对全等三角形的认识,但借助几何直观和试验验证,学生可以通过尝试实现这种转化,自主建构尺规作角的步骤,加深对尺规作角原理的理解.

环节 4:设计延展性问题,将扇形的复制问题一般化为"尺规作等角"的问题,帮助学生衔接前后知识.

【活动与问题】

问题 5:你能用尺规画出和∠AOB一样大小的角吗?

【教学片段 4】

师:我们已经学会了用尺规复制大小一样的扇形纸片了,那你能用尺规复制一个角等于原来的角吗?

生 1:角的两边是无限延伸的,是个无限图形,很难复制.

师:那么有没有可能将这个问题转化为我们之前解决的问题呢?

生 2:我觉得可以在角的图形中画一个扇形出来,复制扇形我们已经解决了,角的复制就可以解决.

生 3:我还发现可以截取不同大小的扇形,都可以达到复制这个角的目的.

师:非常棒,也就是说复制的这个扇形(三角形)的可能形状是一样的,但是大小是不影响这个角的大小的.

设计意图:经过之前的铺垫,学生在面对更一般的问题:即"尺规复制角"这个问题时,就可以较容易的通过横向比较,将这个问题转化为之前已解决的"复制扇形"的问题加以解决.而同时,结合延展性问题的引导,又可以从大单元的视角,纵向衔接前后知识,将全等、相似的图形感知传递给学生,培育学生几何直观的能力.

环节 5:设计回顾性和比较性问题,引导学生系统地回顾和比较已有知识,提升其思维的严密性和辩证性,进而更好地理解和掌握尺规作图的方法和原理.

【活动与问题】

问题 6:回顾今天这节课,我们是如何解决复制油纸问题的?

问题 7:你觉得用刻度尺、量角器复制线段、角和用尺规复制线段、角有哪些区别与联系?

【教学片段 5】

师:回顾今天这节课,我们是如何解决复制油纸的问题的?

生 1:我们是先把复制油纸的实际问题转化为复制扇形的数学问题,然后再分别研究了利用刻度尺、量角器或者尺规来复制线段和角来复制扇形,进而解决了复制油纸问题.在研究该问题的过程中,我还学习到了如何用尺规的方法来复制角.

师:你们觉得用刻度尺、量角器复制线段、角和用尺规复制线段、角有哪些区别与联系?

生2：我觉得刻度尺和量角器都是通过读数来确定线段和角的大小的,而尺规则是直接通过确定点的相对位置来确定线段和角的大小.

生3：虽然尺规的方法从步骤上来讲有点繁琐,但对工具的要求相对简单.

师：大家讲的都非常好.通过今天一系列的探究我们会发现数学学习的过程就是一个不断转化的过程,将复制油纸的实际问题转化为复制扇形的数学问题,将复制扇形的未知问题转化为复制线段和角的已知问题;将尺规复制角的困难问题转化为尺规复制线段的简单问题;而在解决了复制线段和角这两个几何图形中最基本的元素后,后续对于三角形、四边形的复制问题,我们也就都有了解决的可能.另外在复制线段和角的过程中,我们发现利用刻度尺、量角器和尺规都可以达成复制角的目的,它们的不同之处在于刻度尺、量角器是从"数"的角度来确定角的大小,而尺规则是通过确定两个点的相对位置来确定三角形的"形状",从而锁定了角的大小,这正是我们下个学期将要学习的全等三角形的知识;另外我们还发现,我们画出的不同半径长度的圆弧都可以复制同一个角,因为它们所对应的三角形的形状其实是一样的,这正是我们以后要学习的相似三角形的概念.

设计意图：通过对研究历程的回顾和对作图工具的比较,可以帮助学生对于"复制图形"这一问题逐步形成结构化的认识,帮助学生透过现象,进一步认识问题的本质,虽然学生的知识技能尚不够全面,但这样的认识有助于他们对现有知识技能有更深刻的理解,提升思维的严密性和思辨性,而对后续知识的学习概况的了解也有利于产生进一步的学习期待.有时我们对于教学的思考要超出课本、课标的局限,从素养培育的角度设计活动与问题.

四、问题探讨与反思

(一) 高水平任务与问题的设计是发展学生高阶思维的有效途径

"尺规作等角"对于学生来讲是一个具有挑战性的任务,但学生在已有尺规作图经验的基础上,借助几何直观与简单推理是可以理解并加以解决的.因此该任务可以激发学生思维的深度参与.在课后的反馈中,学生对于作图步骤的正确率明显好于原来教学设计,说明基于学生自己抽象概括、思考提炼后的内容才是能深刻理解并长久记忆的,学生在解决该问题的过程中充分地经历了画法的概括表达、不同工具间的分析比较、类比与推理,从多角度、多层次的理解、判断并最终形成作图步骤,理解其背后原理.充分提升了学生的策略型思维.

而围绕着任务难点的解决,教师通过高水平问题的设计逐步引导,帮助学生将复杂、综合的问题进行分解,逐步划归为简单、基本的问题,以形成活动经验;而在得到画法后,又通过问题链引导学生反思、质疑、验证所得结论.并带领学生通过横向比较、纵向关联对"我们该如何复制一个图形?"这一本源性问题形成结构化的认知,学生的批判性思维也在这个过程中不断得到锻炼和提升.

（二）基于学生思维障碍的生成性问题把握是发展学生高阶思维的重要突破口

高水平的问题设计一方面需要教师基于课程标准和学生认知起点进行深度的前端分析，预设出体现学习认知逻辑和学科思维逻辑、适合高阶思维发展路径的框架性问题；另一方面，需要教师能根据课堂生成，基于学生的思维障碍及时把握设计生成性问题，帮助学生突破思维瓶颈．在本节课的课堂实践中，学生在面对"如何用尺规画相等的角"的任务时会陷入思维上的困境，这是在课前预设问题时教师可以预料到的．因此基于学情和整体架构，一开始在此环节预设的问题链是：

问题1：请说说你是怎么想的？又是怎么画的？

问题2：为什么这样画出的扇形是和原来一样的呢？

但在实践环节我们发现部分学生完全没有头绪，有小部分同学虽然可以基于几何直观找到正确的画法，但却讲不清楚其中的道理．思维的层次依旧只能停留在尝试、记忆的浅层次，并没有训练到学生的高阶思维能力．因此我们聚焦学生的思维难点，重新调整设计了问题链：

问题1：在解决这个问题时，你觉得障碍在哪里？

问题2：你觉得圆规能够画什么？

问题3：能否将画角的问题转化为画线段的问题呢？

问题4：为什么这样画出的扇形是和原来一样的呢？

学生在这组问题链的启发引导下，从工具变化引发的困难出发，通过思考工具变化带来的改变，逐步将"角相等"的问题转化为"线段相等"的问题，从而在理解的基础上逐步形成对画法的归纳概括、反思验证和经验积累．完成对思维障碍的突破的同时，高阶思维也得到进一步的发展．

案例分享 **《特殊平行四边形的性质(1)》**[①]

一、课例研究背景分析

（一）学习意义与价值的高观点分析

初中平面几何研究对象中，其包含的内容、过程和方法是一脉相承的，正所谓"研究对象在变，研究策略不变，思想方法不变"．研究图形的过程是"定义—性质—判定—应用"，每个图形的定义都是用"属＋种差"的方式进行．以平行四边形为例，在四边形的基础上，添加两组对边分别平行的条件，得到平行四边形，又在平行四边形的基础上添加一个内角为直角的条件，得到矩形，添加邻边相等的条件得到菱形，同时添加一个内角为直角、一组邻边相等的

---

① 案例执教与整理：上海市南洋初级中学吴佳音．

条件,得到正方形;每个图形的性质的研究都是从整体角度研究图形的对称性,再从图形的基本组成要素和重要组成要素两个角度进行研究,性质都是由定义演绎出来的;每个图形的判定的研究基本都是从性质的逆命题出发,证明某逆命题为真命题,并将其作为判定定理."平行四边形"的研究过程可以体现几何图形的研究过程,通过对平行四边形的探究,学生能够体会数学知识之间的内在联系,也能逐渐理解类比、转化等一些重要的数学思想.经历用数学的眼光观察图形要素及其关系,用数学的思维思考图形的性质与判定,用数学的语言严谨地表达定理和推导的完整过程,发展几何直观、空间观念和推理能力.

(二) 基于高阶思维培养的尝试

本案例在学生已经获得了学习平行四边形性质经验的基础上,引导学生从边、角、对角线、对称性的维度研究矩形和菱形.相较于因命题较多而仅仅关注学生的机械性记忆的设计,本设计希望通过问题链设疑、解疑、质疑,自我迁移、合作探究,驱动学生自主建构,建立矩形和菱形性质的认知结构,使学生巩固研究图形性质的方法和一般路径,从而提升学生的思维层次,发展学生的策略型思维、批判型思维和创新型思维.

(三) 目标与分析

经历从边、角、对角线等元素和对称性维度探究矩形、菱形的探究过程,感悟研究图形与几何的一般方法.

理解矩形、菱形的定义,知道矩形、菱形之间的关系以及它们与平行四边形的联系与区别,整体把握矩形和菱形的性质定理.

在探究过程中体验"从一般到特殊"方法,进一步感悟类比和化归的思想方法.

教学重点:探究矩形和菱形的性质定理.

教学难点:类比平行四边形性质的研究过程,研究矩形和菱形的性质;将四边形的问题转化为三角形问题.

二、课例的整体设计思路

教学任务设计与分解:探究矩形和菱形除了具备平行四边形的性质之外还具有哪些特有的性质?

任务 1:回顾特殊三角形的定义方式,提炼概括矩形、菱形的定义;

任务 2:类比平行四边形性质的研究过程,探索矩形和菱形的性质.

本原性问题:如何研究一个几何图形?

在本原性问题的统领下,将"探究矩形和菱形除了具备平行四边形的性质之外还具有哪些特有的性质?"作为本课时的核心任务,通过问题链的设计,引导学生经历探究一个特殊几何图形性质的过程.此过程中,学生既能够对矩形、菱形的性质进行自主建构,也巩固了研究图形性质的方法和一般路径.

基本问题设计：

问题 1：如何以平行四边形为基础,通过添加一些条件,给矩形和菱形下定义?

问题 2：类比平行四边形性质的研究过程,可以从哪些方面研究矩形和菱形的性质?

问题 3：矩形和菱形作为特殊的平行四边形,已经具备了哪些性质?

问题 4：结合定义思考,矩形和菱形还可能有哪些特有的性质?

问题 5：后续我们还会学习正方形,今天的学习经历对你有哪些启发和帮助?

三、教学过程设计与实践

（一）回顾已学知识,巩固特殊图形的定义方式

【教学片段1：回顾特殊三角形的定义方式】

前几节课中,我们在一般四边形的基础上添加了某些特殊条件,定义得到了平行四边形,继而对平行四边形的性质、判定和运用进行了探究和学习.今天我们要进行进一步的探究,学习特殊的平行四边形——矩形和菱形.那么如何对矩形和菱形下定义呢?我们不妨回忆一下特殊三角形下定义的方法.

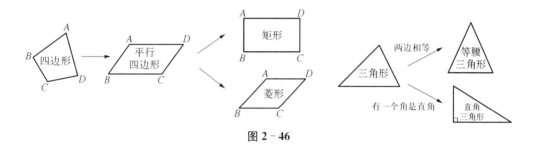

图 2 - 46

请大家以平行四边形为基础,分别添加一些条件,给矩形和菱形下定义.

把常规的由教师直接给出矩形、菱形的定义或由学生猜测矩形、菱形的定义的教学模式改变为师生先共同回忆已学的特殊图形的定义方式,再对矩形和菱形下定义,促使学生认识到对每一类图形的研究过程是从一般到特殊的演变过程,而在定义方式上,引导学生认识到初中图形于几这一模块主要采用"属＋种差"（即邻近的属＋种差＝被定义项）对几何图形进行定义的,这是一种揭示几何概念内涵的定义方式.

（二）设计开放性问题和思辨性问题,探究特殊平行四边的性质

【教学片段2：类比平行四边形研究过程,研究矩形、菱形性质】

对于平行四边形的探究,我们分为了定义、性质、判定和应用四方面,那么对于矩形和菱形,了解了定义以后,我们也将继续学习它们的性质、判定和应用,今天先重点探究它们的性质.

（1）类比平行四边形性质的探究过程,可以从哪些方面探究矩形和菱形的性质?

表 2 - 12

		矩形 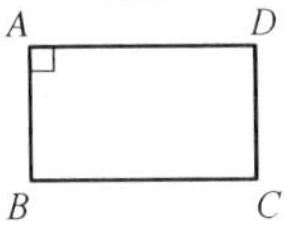	菱形 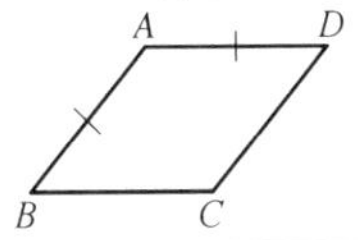
性质	边		
	角		
	对角线		
	对称性		

（2）矩形和菱形作为特殊的平行四边形,已经具备了哪些性质?

表 2 - 13

		矩形 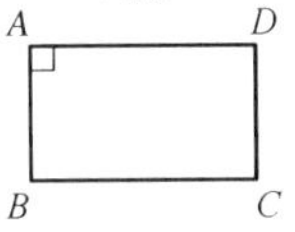	菱形 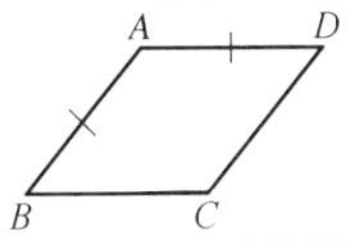
性质	一般	矩形和菱形具备平行四边形的所有性质	
	边		
	角		
	对角线		
	对称性		

（3）结合定义思考,矩形和菱形还可能有哪些特有的性质? 先观察矩形.

表 2 - 14

			矩形 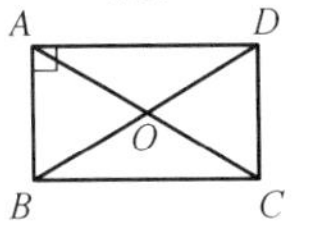
性质	一般		矩形具备平行四边形的所有性质
	特有	边	
		角	
		对角线	
		对称性	

师：类比平行四边形性质的探究过程,大家觉得可以从哪些方面探究矩形和菱形的性质?

生：边、角、对角线和对称性.

师：非常好,和平行四边形性质研究的角度一样.那么矩形和菱形作为特殊的平行四边形,已经具备了哪些性质呢?

生：$AB /\!/ DC$, $AB = DC$, $AD /\!/ BC$, $AD = BC$, $\angle A = \angle C$, $\angle B = \angle D$, $OA = OC$, $OB = OD$,中心对称图形.

师：能否用一句话概括呢?

生：矩形和菱形具有平行四边形的所有性质.

师：对的,特殊图形首先具备了一般图形的所有性质.那么结合定义思考,矩形和菱形还可能有哪些特有的性质呢? 先来观察矩形.

生：我认为矩形在边方面没有特有性质了,矩形的四个内角都是直角,矩形的对角线相等,矩形是轴对称图形.

师：这位同学非常棒,他抓到了矩形在角方面的特殊性,也观察到矩形特有的性质.这位同学的猜想是否正确呢? 我们来一一进行证明.

本节课的重点是类比平行四边形性质的探究过程进行矩形和菱形性质的探究.在之前的学习过程中,学生已经经历过三角形性质的探究过程和平行四边形性质的探究过程,因此,问题的设计主要是驱动学生能够在已有认知基础上进行自我建构,学生对"学什么"和"怎么学"这两个问题有了一定的认识,因此只需引导学生通过"猜想一论证"获得几何结论.同时促使学生深刻理解对单个几何图形的性质的研究都是从图形的基本组成要素(即边、角)和重要组成要素(如中线、高、对角线)两个角度进行研究的,性质都是由定义演绎出来的.

(三) 设计反思性问题,对特殊平行四边形性质的知识结构进行完善

【教学片段 3：新知形成后的反思与完善】

生：我们小组认为菱形的性质是四条边相等(即 $AB = BC = CD = AD$),对角线互相垂直(即 $AC \perp BD$),并证明了这两个猜想.(展示证明过程)

师：这个小组的同学发现了菱形在边和对角线方面的特有性质,并进行了证明.大家可以看到他们还是采取了将四边形问题转化为三角形问题进行解决的策略.

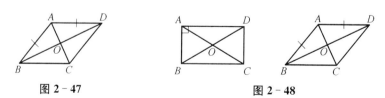

图 2－47　　　　　　　　　图 2－48

探究进行到这里,老师请大家再直观感受一下矩形和菱形,矩形中有 4 个大直角三角形和 4 个小等腰三角形,菱形中有 4 个大等腰三角形和 4 个小直角三角形.而菱形的对角线其实是等腰三角形底边上的中线、底边上的高，那么大家对菱形在对角线方面的性质有什么想补充的吗？

生：根据等腰三角形三线合一，菱形的对角线也是等腰三角形顶角的平分线，也就是菱形的对角线平分每组对角。

在矩形和菱形特殊性质的研究过程中，因为有了平行四边形的研究经验，所以可以类比平行四边形的性质得到矩形、菱形的大部分性质。但是对菱形的每条对角线平分一组对角的性质的猜想和归纳，存在一定的困难，需要通过有效的问题设计，不断启发和引导，帮助学生提升观察、反思、表达和概括的能力。

（四）在课堂小结中设计衔接性问题和延展性问题，构建研究几何图形的基本路径

【教学片段4：课后小结】

（1）我们是如何定义矩形和菱形？

（2）我们是怎么样探究并得到矩形、菱形的性质的？

（3）后续我们还会学习正方形，今天的学习经历对你有哪些启发和帮助呢？

生：在平行四边形的基础上，在边、角方面添加条件定义矩形和菱形。

生：先研究矩形和菱形作为特殊的平行四边形已经具备的性质，再研究特有性质。

生：研究矩形和菱形的整体对称性以及边、角、对角线方面的性质。

生：先观察、猜想得到矩形和菱形的性质，再进行论证。

……

生：学习正方形时我也会运用到今天所学的对特殊图形进行定义的方式定义正方形，我会类比今天的学习过程对正方形的性质展开研究。

师：大家讲得都非常好。通过大家的小结，老师发现，大家对于特殊图形的定义方式，研究一个图形性质的过程、方法与路径都有了一定的了解。并且对于如何将所学的探究方法用于新的图形的探究也有一定的想法，希望大家在重视知识本身的同时，也能重视知识形成和建构的过程。

课堂小结是对一堂课知识的归纳和总结。通过设计回顾性问题和延展性问题，可以帮助学生了解整节课的重点，回忆学习的过程，突破学习的难点，激发继续学习的热情与欲望。同时，合适的延展性问题能够体现数学的整体性、逻辑的连贯性和思想的统一性，有利于学生建构完整的知识体系，也有利于学生获得运用知识技能解决问题所需的思考力、判断力和表达力。

四、问题探讨与反思

（一）基于关联建构的问题设计是培养学生高阶思维的有效途径

在经历了三角形以及平行四边形的学习之后，特殊平行四边形相关知识本身对于学生而言难度不大。对于学生而言具有挑战性的任务是理解欧几里得平面几何的基本思想，感悟几何体系的基本框架，即"定义→基本事实→证明→命题"。那么如何建构几何的知识体系呢？教师在作教学设计时要注重知识的"生长点与衍生点"，注重知识的结构和体系。借助建构性的学习活动,使学生能够自然地将知识的"生长点"与"整体性"有机融合、突出呈现,促使学生对知识系统有一个整体关联的感受,帮助他们做好知识梳理,锻炼学生的高阶思维能力.

在本节课中,这样关联建构的问题设计贯穿整节课的始终.从对三角形定义方式的回顾到对平行四边形性质探究角度与方法的回顾,再到课堂小结时对正方形学习的展望,教师始终组织学生经历图形分析与比较的过程,引导学生学会关注事物的共性、分辨事物的差异,启发学生新的思考,增强他们运用知识和解决问题的能力,找到各知识点之间的联系,形成知识点之间的关联,进而促使他们在学习中有所创新、有所发展.

(二) 设计克服思维惯性的反思性问题是培养学生高阶思维的有效契机

"反思"是指对自身研究问题的思维过程、思维结果和思维方法等进行再认识再评价以及再检验的过程.设计反思性的问题,就是让学生在学习活动过程中主动地甚至自觉地进行反思,不但引导学生重新构建知识的过程与方法,也着力对学生思维的批判性、深刻性和创造性等进行培养,更是对学生的高阶思维能力进行有意识的培养.在本节课的课堂实践中,学生由于类比了矩形的对角线相等(数量关系),对菱形的对角线只关注到了互相垂直(位置关系)的关系,对菱形的每条对角线平分一组对角的性质的猜想和归纳,存在一定的困难,这是在课前预设问题时教师可以预料到的.因此基于学情,对此环节的预设是:

老师请大家再直观感受一下矩形和菱形,矩形中有 4 个大直角三角形和 4 个小等腰三角形,菱形中有 4 个大等腰三角形和 4 个小直角三角形.而菱形的对角线其实是等腰三角形底边上的中线、底边上的高,那么大家对菱形在对角线方面的性质有什么想补充的吗?

但在实践中发现,学生对于教师为什么要提出矩形和菱形中存在的特殊三角形的用意不甚了解,对于菱形的对角线平分每组对角的结论仍然需要教师通过引导才能获得,思维层次仍旧停留在惯性思维的层次,并没有对图形进行整体感知.基于此种情况,教师重新调整了问题链:

问题 1:矩形的对角线相等这一结论,除了通过证明两个直角三角形全等获得以外,还有其他证明方法吗?

生:可以结合直角三角形斜边上的中线等于斜边的一半以及平行四边形对角线互相平分获得.

生:可以用勾股定理计算获得.

师:大家的证明方法都非常好,共同点在于都关注到矩形中有 4 个大直角三角形,而矩形对角线的一半恰好是这些直角三角形斜边上的中线.

问题 2:菱形中存在特殊三角形吗?菱形的对角线又是这些特殊三角形的什么呢?

生:菱形中有 4 个大等腰三角形和 4 个小直角三角形,菱形的对角线是等腰三角形底边上的高,底边的中线和顶角的平分线.

问题 3：对菱形在对角线方面的性质有什么想补充的吗？

学生在这些问题的启发和引导下，在师生对话中，逐步理解要关注矩形和菱形中的特殊三角形的重要性，从而将原本对于部分同学需要死记硬背的结论纳入了知识结构，完成了对惯性思维的突破，同时又将三角形和四边形真正融合到一起，优化了思维结构，提升了思维品质.

第五节　分析与解构——"统计与概率"

"统计与概率"是义务教育阶段数学的四个学习领域之一，其在小学阶段包括"数据分类""数据的收集、整理与表达""随机现象发生的可能性"三个主题，而在初中阶段包括"抽样与数据分析"和"随机事件的概率"两个主题.上海的义务教育课程设置按照"五四"学制安排，以上主题在初中阶段都会有涉及.

统计是通过部分具体事件的结果来归纳全体事件的规律，概率是通过已知的全体事件的发生情况来估计未知具体事件的可能结果，概率和统计都是刻画随机性的，统计是已知数据通过分析建立数据模型，而概率更侧重于通过已知模型来刻画事件的随机性，两者最终都是利用数据做出判断与决策.本模块聚焦"如何让数据说话？如何描述事件发生的可能性大小？"这两个核心问题，落实课标中七至九年级"从生活中的实际问题收集数据，并对数据进行整理、描述、分析等寻找数据的分布特征，理解实际生活中的数据价值，帮助人们进行判断和作出决策，形成初步数据观念"的学习要求.

"抽样与数据分析"主题的核心观念为"用样本估计总体"，然后进行统计推断；"随机事件的概率"主题的核心观念为"在大数据背景下根据随机事件的不确定性寻求事件的客观性和规律性".这些内容的学习都与实际生活联系紧密，学生经历数据的收集、整理与描述、分析的过程，学习通过样本数据推断总体特征的方法；而"随机事件的概率"是从定性到定量刻画随机事件发生的可能性大小，感受现实生活中存在大量数据以及蕴含着的数据价值，理解数据分析的重要性，从而初步形成数据观念.

一、主题模块的内容分析与解构

（一）基于课标的主题内容分析

《义务教育数学课程标准(2022 年版)》明确指出："要引导学生在发现问题、提出问题的同时，会用数学的眼光观察现实世界；在分析问题的同时，会用数学的思维思考现实世界；在用数学方法解决问题的过程中,会用数学的语言表达现实世界."①在当前大数据时代背景下,数据作为表达随机现象的基本工具,"理解数据的现实意义,会用数据的分析结果解释和预测不确定现实问题,形成合理的决策和判断"已成为一种关键能力,"用数据说话"既是时代特征也是社会共识.

"统计与概率"领域的学习内容与现实世界联系紧密.在第三学段,"数据的收集、整理与表达"包括数据的收集,根据实际问题需要用统计图表、平均数、百分数表达数据;"随机现象发生的可能性"也是通过实例感受简单的随机现象,再通过试验、游戏等活动,了解简单的随机现象,感受并定性描述随机现象发生可能性的大小,感悟数据的随机性.

在第四学段,"抽样与数据分析"主题通过实例简单认识随机抽样,体会抽样的必要性;经历收集、整理、描述、分析数据的活动了解数据处理的过程:如制作扇形统计图,用统计图描述数据,以"平均数、中位数、众数"的内容学习理解数据集中趋势的描述方法,以"离差平方和、方差"的内容学习体会刻画数据离散程度的意义,通过"频数直方图"的学习了解频数分布的意义并能解释数据中蕴含的信息;体会样本与总体的关系,如用样本平均数估计总体平均数,用样本方差估计总体方差,会计算四分位数,了解四分位数与箱线图的关系,感悟百分位数的意义等,体会科学解释数据分析的结果,能根据结果合理作出简单的判断和预测的数据观念.

"随机事件的概率"主题中包括列表、画树状图等方法的内容学习,了解随机事件的概率,通过大量重复试验,用频率估计概率.

表 2‐15 《义务教育数学课程标准(2022 年版)》"统计与概率"领域的主题与内容

学　段	主　题	内　容
第三学段 (6 年级)	可能性与统计图表	随机事件的可能性
		数据的收集、整理与表达
		百分数的统计意义
第四学段 (7～9 年级)	抽样与数据分析	统计的意义
		扇形统计图、条形统计图、折线统计图
		平均数、中位数、众数
		离差平方和、方差
		四分位数、百分位数、箱线图
	随机事件的概率	用列表、画树状图等方法表示随机事件所有可能的结果
		用频率估计概率

---

① 中华人民共和国教育部.义务教育数学课程标准(2022 年版)[M].北京:北京师范大学出版社,2022:5‐7.

(二) 基于课标的主题与内容结构化

对比《义务教育数学课程标准(2011年版)》,在《义务教育数学课程标准(2022年版)》中"统计与概率"领域的主题有所调整:"百分数"作为表达统计量的一种形式安排在"统计与概率"领域中,主要将其应用于对随机量的表达,这与2011年版课标中将"百分数"安排在小学阶段"数与代数"领域学习要求不同,原来的"百分数"主要表达一些确定的量,在大数据时代,数据常常是不确定的、随机的,这样的设计可以让学生初步感受数据的随机性,为后续学习概率和抽样奠定基础.同时在第四学段增加了分布式计算,按组内离差平方和最小、组间离差平方和最大原则对数据进行分类、百分位数、四分位数与箱线图等内容,这些增设内容与当前大数据时代背景紧密相关,也是学生感悟和实践数据分类的重要知识载体.学生能够初步感受现实生活中存在大量数据及其蕴含着的信息价值,形成初步的数据意识.纵观"统计与概率"各个主题的学习历程就是学生形成数据观念逐步形成的过程,其主题内容形成如图2-49的结构化:

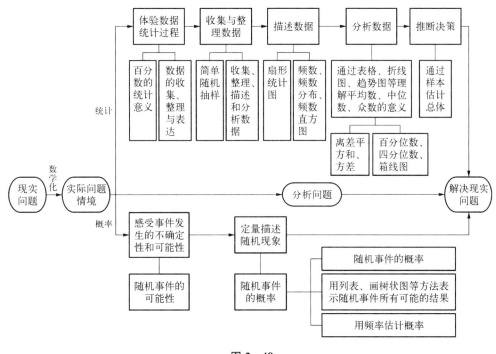

图 2-49

二、目标分析与解构

(一) 主题内容学习要求

能从真实情境中收集数据,如在新闻报纸杂志、互联网、信息化媒体等信息载体上收集、整理数据,或以其他合适的调查研究等方式获得数据,并将所得数据整理成条形统计图、折线统计图,会分析与表达这些统计图表达的现实含义,再作简单的判断和预测;以真实情境中的百分比应用问题的解决过程中理解百分数的统计意义,形成数据意识与初步的应用意识.

能通过大量实例感受自然界和生活情境中的随机现象及其特征,表达简单的随机现象中所有可能发生的结果.对现实生活中的一些简单问题,能根据数据提供的信息判断随机现象发生的可能性,感知简单随机现象发生可能性的大小是可预测的,通过简单随机事件发生概率的计算的学习过程,学会用概率定量描述随机现象发生的可能性大小,理解概率的意义,通过大量重复试验,发现随机事件发生频率的稳定性,感悟用频率估计概率的道理,会用频率估计概率.

以生活中的实际问题出发,根据问题背景需要设计合适的数据收集方法,理解抽样的必要性;了解数据分类的意义及方法,并能用几种统计图的功能恰当描述和表达数据;聚焦实际问题的解决,经历收集、整理、描述、分析数据的过程,认识数据特征,理解平均数、中位数、众数用来刻画数据的集中趋势,理解方差刻画数据的离散程度,理解四分位数刻画数据的取值特征等.

在实际问题情境中,会用样本数据的数字特征分析相关问题,利用样本平均数估计总体平均数,能用样本数据的变化趋势预测总体的变化趋势;利用样本方差估计总体方差,感受抽样的必要性及数据分析的合理性,体会统计思想.①

"统计与概率"领域在每个学段均有主题,如"数据的收集、整理与表达"分布在第二、第三学段,第三学段的学习重点是数据分析,更加强调数据收集与分析的方法,侧重对数据进行推断性统计分析,而数据的收集、整理与表达又是数据分析的基础,这两个阶段的统计与概率内容由浅入深,互相联系.同样,"概率"分布在第三、第四学段,第三学段的学习要求是定性研究随机现象发生的可能性,第四学段的学习要求是定量研究随机事件的概率.这样的设计以螺旋上升形式加强了主题之间的联系,体现了内容的结构化,避免了知识的碎片化.

(二)核心素养培育要求

根据《义务教育数学课程标准(2022年版)》及新的课程标准修订中"坚持全面发展,育人为本""聚焦核心素养,面向未来"等原则,在"统计与概率"领域,数据是主要研究对象,而"数据观念"是"统计与概率"领域要着力培养的核心素养.在2022版课标中,针对初中"数据观念"的发展描述如下:"是指对数据的意义和随机性有比较清晰的认识.知道数据蕴含着信

---

① 史宁中,曹一鸣.义务教育数学课程标准(2022年版)解读[M].北京:北京师范大学出版社,2022:205 - 209.

息,需要根据问题的背景和所要研究的问题确定数据收集、整理和分析的方法;知道可以用定量的方法描述随机现象的变化趋势及随机事件发生的可能性大小.形成数据观念有助于理解和表达生活中随机现象发生的规律,感知大数据时代数据分析的重要性,养成重证据、讲道理的科学态度."①

1. 发展"数据观念"素养

"数学观念"的培育不可一蹴而就,需要在学习过程中逐步发展形成的.

而"统计与概率"领域内容结构的整合变化有助于核心素养的落实.经历这些学习过程,学生能够进阶式完成"数据观念",譬如:在创设真实的问题情境中,让学生经历数据收集和整理、描述和分析的处理过程,了解数据处理的方法,学会表示数据整理的结果,并进行数据分析,感受数据蕴含着信息;为突出"百分数"的统计意义,以"百分数"内容为主题,帮助学生从实际百分比应用问题中感悟百分数的统计价值,发展数据意识形成丰富的体验,培养学生自觉收集、积累数据的习惯,形成初步的数据意识.

在经历数据描述和分析中,学生初步感受现实生活中存在大量数据,知道利用统计图表或统计量分析数据,体会数据能为人们作判断和决策提供依据,让学生知道运用数据可以解释和分析现实问题,体会数据的重要性及数据分析的科学性,感悟数据的现实意义,形成数据意识.而数据意识的形成又能进一步有助于学生理解生活中的随机现象,体会现实世界中许多数据的随机性,它是发展数据观念的基础.

在判断和预测中感悟数据的随机性.例如在"抽样与数据分析"的学习中,根据实际问题背景选择或设计合理的数据收集和数据处理的方法,利用样本估计总体,体会抽样的重要性和数据分析的科学性;通过大量实例观察、测量与试验理解"频率和概率"都是用来描述随机事件发生可能性大小,但频率受试验次数的影响有一定的随机性,需要经历大量重复试验后频率才会具备稳定性,而概率则不具有随机性.学生经历简单随机事件发生概率的计算过程,尝试用频率大致估计概率.这些内容的学习让学生感悟从不确定性的角度看待现实世界,初步理解用数据说话的思维方式,与时俱进感受当前大数据时代环境,发展数据观念和模型观念.

2. 发展"应用意识"素养

结合初中阶段主要核心素养表现分析,"统计与概率"领域中的主题内容还有其他对应不同的核心素养表现,如"应用意识""模型观念""创新意识""抽象能力"等,特别是"应用意识"的培养在本领域学习中非常重要.

"应用意识"是指从数学角度出发,以数学的眼光,运用数学语言、知识方法、思维方式描

---

① 中华人民共和国教育部. 义务教育数学课程标准(2022 年版)[M]. 北京:北京师范大学出版社,2022:10.

述、理解和解决问题的一种心理倾向和意识,是当今社会高素质人才的必备素养.①新的课程标准指出:学生的数学应用意识主要表现为认识到现实生活中蕴含着大量的数学信息,数学在现实世界中有广泛的应用;面对实际问题,能够主动尝试从数学角度分析并寻求解决问题的策略,同时面对新的数学问题,也能主动寻找其实际背景,探索其应用价值.

因此,在"统计与概率"内容的教学中,应从大量的真实问题情境出发,为学生呈现现实世界的大量数据,通过这些真实应用问题的数据收集、整理与表示以及数据分析的过程,学会运用数学知识与方法解决实际问题,体会从数学角度解释现实世界,而数学又源于现实世界.

三、基于高阶思维视角下的"本原性问题设计"教学建议

《义务教育数学课程标准(2022年版)》指出:统计与概率的学习,学生经历数据收集、整理与表达的过程,掌握相关的方法,感悟数据中蕴含的事物特征,将数据作为判断和预测的依据,形成数据意识和数据观念;初步感悟随机现象或事件发生的可能性,体会随机性的定性描述和定量刻画;在对数据的探究过程中体会实事求是的做事原则,学会思考、交流与合作.②

(一)主题内容的大概念提取

"概率与统计"这一领域中的大概念分为两个主题:抽样与数据分析和随机事件的概率.

"抽样与数据分析"主题的大概念提取为"用样本估计总体",然后进行统计推断.在《义务教育数学课程标准(2022年版)》中说明:经历收集数据,整理与描述数据,分析数据的活动,理解数据处理的过程,学习通过样本数据推断总体特征的方法,形成和发展数据观念.这部分内容的教学要真实情境的创设,收集真实的数据,通过对收集到的真实数据解释或说明真实问题.因此,在大数据背景下,为了做出预测和决策,我们需要通过样本来估计整体.通过随机抽取产生随机样本,然后进行数据的整理和分析,会用统计量(比如平均数、众数、中位数等)来表达数据的特征,也会用图表的方式直观表达,从而估计整体.让学生经历统计建模解决实际问题的全过程,感悟数据分析的必要性,形成和发展数据观念和模型观念.

"随机事件的概率"主题的大概念提取为"根据随机事件的不确定性寻求事件的客观性和规律性"."随机事件的概率"就是定量刻画随机事件发生可能性大小.它的方法有两种:一

---

① 严士健.数学思维与数学意识、创新意识、应用意识[J].教学与教材研究,1999(3):15-20.
② 中华人民共和国教育部.义务教育数学课程标准(2022年版)[M].北京:北京师范大学出版社,2022.

种是古典概型,另一种是用频率估计概率.概率和统计一样,都是刻画随机性的,而概率更侧重于建立模型来刻画随机性.这部分内容,学生通过简单的生活实例和丰富多样的活动组织体会概率的意义,从定性描述走向定量分析,借助列表、画树状图等方法列出简单随机事件所有可能的结果,以及指出随机事件发生的所有可能结果.例如组织学生经历摸球试验、抽牌活动等,了解简单的随机现象,定量描述随机现象发生可能性的大小,体会数据中蕴含的信息可以帮助人们进行判断和做出决策.频率估计概率这部分内容是要引导学生通过大量重复试验,会用频率估计概率.强调在试验活动中积累活动经验,经历数据收集、整理、分析的全过程,体会频率和概率的关系,打通概率与统计的"隔断墙".无论是哪种方法都是在根据随机事件的不确定性寻求事件的客观性和规律性.

因此,在"概率与统计"内容的教学中,要注重知识的来龙去脉.要培养学生用数学的眼光观察现实的应用意识,知识的生成都来源于现实生活最终回归到解释或说明现实问题.也就是要让学生知道数学知识从哪里来,可以通过提供数学知识产生的背景材料,呈现数学知识的形成过程,或通过视频介绍当下统计学和大数据应用发展的资料手段来达到.此外,还要让学生知道数学知识应用到哪里,在教学中要设计反映数学知识的应用过程.

(二) 基于高阶思维的本原性问题分析与设计

"本原性问题"是凸显学科本质、关注认知规律的问题,处于学生认知基础与学科观念的联结点上的问题,具有启发性、本原性、统领性.基于高阶思维能力培养视角下的本原性问题的设计,在深度分析初中数学"概率与统计"的内容本质、学科思想方法和数学观念后,我们初步确定了分别以"随机事件的概率""抽样与数据分析"为主题的两种课堂问题结构模型.

"抽样与数据分析"为主题的本原性问题设计为:"如何让数据说话?"其核心问题可以设计为:如何合理地收集数据;如何整理表达数据;从哪些角度研究和描述数据的规律.具体的某节课,老师们在此基础上进行具体的设计,比如在"表示一组数据波动程度"教学时,我们可以这样设计问题群(见问题结构模型一:研究抽样与数据分析的课堂教学).

"随机事件的概率"为主题的本原性问题设计为"如何描述事件发生的可能性大小?"让学生感受数学知识从哪里来.以它为中心,结合学生的认知问题、学科的核心问题推动教学,再基于认知逻辑和学科逻辑设计有层次的、启发性、探索性、层进性的中观和微观的问题架构,激发学生的思维构建.

知识的作用主要不在于知识量的作用,而在于合理结构的作用.中观层面的问题设计更加结构化,具有统摄理解的"思维支架"作用,比如:在学习"频率估计概率"时,中观层面的问题可以有:"什么是概率? 什么是频率?""如何用频率估计概率?""频率和概率之间有什么联系和区别?""学习频率估计概率的意义和价值在哪里?"等等,通过中观层面问题的设计,让学生经历充分的活动、思考、讨论、对话体会每个量生成的必要性和合理性,感受知识的产生、发展、深化、浅出的过程,激活学生主动构建知识框架和思维支架,促进学生高阶思维的发展.

在中观层面问题的引领下,还可以设计微观层面的问题,形成问题串或问题群,比如"抛一枚质地均匀的硬币,正面朝上的概率是多少?""如果把一枚质地均匀的硬币抛4次,是不是一定会出现2次正面朝上?""如果把一枚质地均匀的硬币抛4次,第1、2次都是反面朝上,是不是意味着第3次一定是正面朝上?……",这些问题从微观层面聚焦具体的研究对象,引出频率的概念,抓住概念的本质,促使学生"有疑"进而"有思","有思"促成"无疑".挖掘学习内容背后易混淆的点,提出恰当的、思辨性的问题,培养学生深刻认识事物本质的思维品质,从而推动他们的思维走向深度发展(见问题结构模型二:研究随机事件概率的课堂教学).

问题结构模型一:研究抽样与数据分析的课堂教学

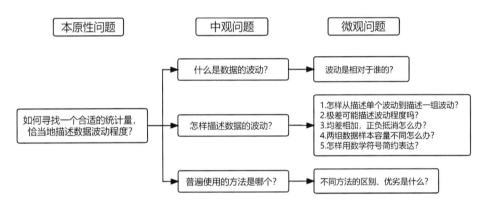

图 2-50　表示一组数据波动程度教学的问题结构设计模板

问题结构模型二:研究随机事件概率的课堂教学

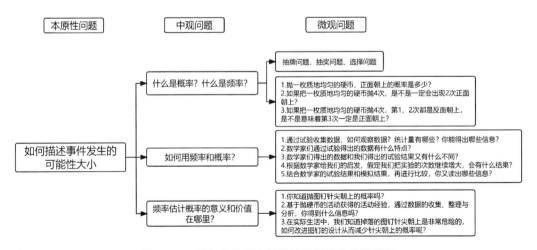

图 2-51　随机事件概率教学的问题结构设计模板

《事件的概率(1)》①

一、课例研究背景分析

(一) 学习意义与价值的高观点分析

由于"统计与概率"研究对象、研究思路、研究方法的独特性,教师的教和学生的学都面临很多难点,如何在"统计与概率"教学中突破难点呢?"统计与概率"的教学不是知识点的传授,也不是技能的训练,而应是一种意识、一种思想的浸润.它提供的是一种不确定的思维方式,即随机思想.所以"统计与概率"的学习需要结合生活中的具体事例来阐述相关内容,学生需要经历每个量的生成过程,感受每个量产生的合理性和必要性.

在学习的过程中需要通过设计丰富的学生动手试验活动,让学生在试验中感悟随机事件的特征,探究事件发生的规律,体会频率与概率的关系,体验"为什么要用数据说话",明晰"怎样用数据说话",最终提升数据意识,形成数据观念.在这样的过程中,引导学生学会从统计与概率的角度认识、理解、表达现实世界中大量存在的随机现象.

(二) 基于高阶思维培养的尝试

本案例在学生已具备了从定性的角度来描述事件发生可能性大小的知识基础上,通过简单易行的生活事例、学生试验活动,让学生体会用具体的数据来刻画事件发生可能性大小的必要性和合理性.在学生试验活动中,经历思辨和质疑,体会学习概率和频率的必要性,唤醒学生的批判性思维.通过充分经历数据收集、整理、分析的全过程,体会频率与概率的区别和联系,学生学会用定量的方法描述随机现象变化的趋势,提升学生会主动用数据的意识去寻找、表达现实生活中的随机现象发生的规律的策略性思维.在改造图钉的问题解决过程中催生学生创新型思维,进一步体会用频率估计概率的意义和价值.

(三) 目标与分析

结合生动有趣的事例,让学生通过实例来学习概率的初步知识,知道概率与生活的联系,知道概率的意义,会用符号表示一个事件的概率;知道不可能事件和必然事件的概率以及随机事件的概率的取值范围.经历大量重复试验,理解随机事件频率具有稳定性,知道频率与概率之间的区别和联系,会根据大数次试验所得的频率估计事件的概率.通过小组协作经历数据收集、整理、分析的活动过程,树立合作意识,提升数据意识,发展数据观念.

教学重点:体会频率与概率的区别和联系.

---

① 案例执教与整理:上海市第二初级中学施瑾.

教学难点：感受用频率估计概率的意义和价值.

课例的整体设计思路

教学活动设计与分解：

任务 1：感受概率的意义；

任务 2：体会频率与概率的关系；

任务 3：进一步体会频率和概率的关系.

根据确定的本原性问题"如何描述事件发生的可能性大小"，设计了"一个随机事件的概率是多少"为课时的核心问题，围绕整节课的推进预设了五个中观问题架构整节课的学习过程：

问题 1：通过生活情境的创设，感受什么是概率？

问题 2：什么是频率？

问题 3：如何用频率估计概率？

问题 4：频率和概率之间有什么联系和区别？

问题 5：频率估计概率的意义和价值在哪里？

学生围绕这五个问题解决，所经历的思维过程是先以任务和问题为驱动进行独立思考，然后通过操作试验收集数据、整理数据、分析数据，体会数据中蕴含的信息和数据分析的价值，理解每个量生成的合理性和必要性，进一步体会频率和概率之间的转化和现实生活中的应用价值. 对于随机事件我们是用数据分析的观念来研究、寻求随机现象中的规律性.

二、教学过程与实践

（一）基于认知起点，创设生活中的实际问题激活思维的生长点

任务 1：感受概率的意义.

【问题链】

抽牌问题：已知有下列两组牌，你会选择哪组牌使得抽到 5 的可能性更大.

A组　　　　　　B组

图 2 - 52

　　抽奖问题：已知某超市有两种抽奖方式，你会选择哪种抽奖方式使得获得一等奖的可能性更大.

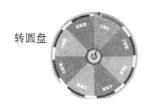

转圆盘

扔骰子:
数字6：一等奖
数字5：二等奖
数字4：三等奖
数字3：四等奖
数字2：五等奖
数字1：幸运奖

图 2 - 53

选择问题：下周要举办学校运动会，请根据如下信息决定举办的日期.

周三有可能下雨		周三降水概率为40%
周四有可能下雨	⟶	周四降水概率为30%
周五有可能下雨		周五降水概率为35%

图 2 - 54

【教学片段 1：新知探究中的启发性问题】

师：已知有下列两组牌，你会选择哪组牌使得抽到 5 的可能性更大(图 2-52)?

生 1：A 组，因为 A 组抽到 5 的可能性大.

师：你是用上节课所学到的用一些词语来描述事件的可能性，还有其他同学从不同的角度思考吗?

生 2：每组都有 4 张牌，A 组 5 有 3 张，B 组 5 只有 1 张.

师：已知某超市有两种抽奖方式，你会选择哪种抽奖方式使得获得一等奖的可能性更大(图 2-53). 为什么?

生：我会选择第一种方式. 因为第一种方式中一等奖的可能性是 $\frac{1}{6}$，第二种方式中一等奖的可能性是 $\frac{1}{8}$.

师：为什么选可能性是 $\frac{1}{6}$ 的呢?

生：因为 $\frac{1}{6} > \frac{1}{8}$.

师：下周要举办学校运动会，请根据如下信息决定举办的日期(图 2-55).

生：都可以.

师：为什么?

生：因为它的描述都是有可能.

师：那么天气预报给了你这样的信息呢(图 2-56)?

生：我会选周四.

周三有可能下雨
周四有可能下雨
周五有可能下雨

图 2 - 55

周三降水概率为40%
周四降水概率为30%
周五降水概率为35%

图 2 - 56

设计意图：生活中充满了随机事件，数学来源于生活. 活动一通过抽牌问题、抽奖问题、选择问题的讨论，层层递进，在活动中让学生感受到用具体的数据精准刻画现实世界中随机事件发生的可能性大小的必要性和合理性. 同时，基于学生已有的认知经验，学生可以用一个数是另一个数的几分之几进行定量表达. 学生真切地感受到概率的意义，体会感受到数学语言的简洁之美.

（二）基于学生的思维障碍，设计思辨性和引导性问题点燃思维的火花

任务 2：初步体会频率和概率的关系.

【问题链】

问题系列一：

（1）抛一枚质地均匀的硬币，正面朝上的概率是多少？

（2）如果把一枚质地均匀的硬币抛 4 次，是不是一定会出现 2 次正面朝上？

（3）如果把一枚质地均匀的硬币抛 4 次，第 1、2 次都是反面朝上，是不是意味着第 3 次一定是正面朝上？

问题系列二：

（1）通过试验收集数据，如何观察数据？你统计了哪些量？

（2）什么是频数？什么是频率？

问题系列三：

（1）基于你的观察，从试验总次数、正面朝上的频数、反面朝上的频率这三个角度分析数据，你能得出哪些信息？

（2）数学家们通过试验得出的数据有什么特点？

（3）数学家们得出的数据和我们得出的试验结果又有什么不同？

（4）根据数学家们得出的数据给我们的启发，假定我们通过模拟试验增加实验的次数，会有什么结果？

（5）结合数学家的试验结果和模拟试验结果，再进行比较，你又读出哪些信息？

（6）我们发现了频率和概率存在怎样的区别和联系？

（7）如何用频率估计概率？

【教学片段 2：探究困惑中的引导性问题】

师：基于你的观察，从试验总次数、正面朝上的频数、反面朝上的频率这三个角度分析数据，你能得出哪些信息？

生：我通过分析数据，发现每个小组都试验了 4 次，频数有 0、1、2、3、4 它是随机的，频率是不确定的.

师：这个正好回答了我们前面的问题，抛 4 次不一定 2 次正面朝上；即使前面两次都是反面，第三次也不一定是正面，因为出现正面朝上的频率是不确定的.

师：再继续观察数据，频率除了具有不确定性，还具有什么特点？（有时0，有时1，有时0.25）

生1：不稳定，很可能是极不稳定的.

生2：每一次抛硬币的结果都是随机的，无法知道下一次的结果，从试验的结果看没有规律.

师：非常好，我同意你们的想法.其实在历史中很多数学家为了验证自己的猜想，跟我们今天一样也做了抛硬币的试验，观察数学家通过试验得出的数据，有什么特点？

生1：数学家的试验次数多.

生2：他们的结果比较集中.

生3：频率趋于稳定，都与0.5比较接近.

师：和我们得出的试验结果有什么不同？

生：比我们的试验次数多.

师：仅是多一点儿吗？

生1：多很多.

生2：数学家们的试验数据比我们的集中，我们的数据不稳定，没有规律，而他们的数据频率好像比较集中.

师：好的，根据数学家给我们的启发，假定我们把实验的次数继续增大，又会有什么结果？对于信息技术飞速发展的今天，我们可以进行模拟试验，这是用MATLAB编写的一个代码程序，利用随机函数来模拟抛硬币，结合数学家的试验结果，和模拟结果进行比较，你读出哪些信息（表2－16）？

表2－16

试验总次数	正面朝上的频率
10 000	0.498 6
20 000	0.501 05
50 000	0.499 08
100 000	0.500 66
200 000	0.499 73

试验者	试验总次数	正面朝上的频率
布丰	4 040	0.506 9
德·摩根	4 092	0.500 5
费勒	10 000	0.497 9
皮尔逊	12 000	0.501 6
皮尔逊	24 000	0.500 5

生：模拟试验的结果发现比数学家们的结果频率更加稳定，稳定在0.5.

师：是的，所以我们通常把某事件在大数次、重复试验中发生的频率，作为这个事件的概率的估计值，同学们体会到了其合理性！

【教学片段3：新知形成后的反思与提炼】

师：通过活动，我们发现了频率和概率的区别和联系是什么？

生 1：频率是不确定的，概率是确定的.

生 2：在大数次试验中下发生的频率可以作为这个事件的概率的估计值.

生 3：我觉得当试验次数小时，频率不稳定，当大量重复试验时，频率与概率的差距就越小.

生 4：我觉得好像不是，如表 2-16 德·摩根试验总次数是 4 092 时，正面朝上的频率是 0.500 5；皮尔逊试验总次数是 12 000 时，正面朝上的频率是 0.501 6，后者试验次数大，而前者更接近 0.5.

生 5：所以应该修改一下，并不是试验的次数越多，频率与概率的差距就越小. 只能说越来越稳定在概率附近.

师：你善于用现有的例子，用数据说话来说明你的观点，非常好！

设计意图： 通过问题系列一，创设矛盾冲突，引出抛硬币试验的必要性，让学生自然地感受到在学习概率的过程中为什么会学习频率，经历抛硬币的试验活动，感受频率是什么. 通过问题系列二，让学生经历数据收集、数据整理和数据分析的全过程. 通过引导性的问题系列三，驱动学生在活动中慢慢学会如何分析数据，比如先观察表中记录了哪些量，这些量有什么特点或规律，在充分的活动、思考、讨论、对话中让学生初步体会到在大数次重复试验下频率估计概率的合理性，逐步形成用数据说话的意识和能力，发展学生的数据观念.

（三）基于新知提炼，从特殊走向一般化问题提升思维的深广度

任务 3： 进一步体会频率和概率的关系.

【问题链】

（1）你知道抛图钉针尖朝上的概率吗？

（2）基于抛硬币的活动获得的活动经验，对于抛图钉活动，通过数据的收集、整理与分析，你得到什么信息？

（3）在实际生活中，我们知道掉落的图钉针尖朝上是非常危险的，如何改进图钉的设计从而减少针尖朝上的概率呢？

【教学片段 4：新知形成后的应用】

师：你知道抛图钉针尖朝上的概率吗？

生：不知道.

师：为什么不知道？

生：因为图钉的质地不像硬币，质地不均匀.

师：好的，那么你们有办法得到抛图钉针尖朝上的概率吗？

生：模仿前面抛硬币的过程，做试验.

……

师：基于抛硬币活动获得的经验，通过数据的收集、整理与分析，你得到什么信息吗？

生1：每个小组都试验了20次，针尖朝上的次数从11次到17次的情况都有，针尖朝上的频率是随机且不稳定的，在0.55到0.85的范围里。

生2：我们不能估出针尖朝上的概率，因为试验次数太少。

生3：我们可以累加数据。（老师在线表格即时生成累加后的数据）

生4：我同意，我们发现频率比前面更加集中，并且更加稳定，但是这些试验次数似乎还是不够大。

师：嗯，为了收集到更多的数据，发动全校同学做了一个抛图钉的项目化学习活动，收集到了这些数据，我们把全校数据和我们的班级数据再进行一个比较，同学们发现了什么？

生：哇，频率比前面更加稳定。

设计意图：用频率估计概率的前提条件是在相同环境下大数次重复试验，因此设计了项目式学习活动，在全校实践，学生课后可以进一步去试验和研究，学习数学家们对于寻找证据的执着和对待科学精益求精的态度，逐步形成理性的数据观念。进一步体会用频率估计概率这个方法的普遍性、通用性及意义和价值。最后引发学生思考，图钉针尖朝上是很危险的，我们如何改善图钉的设计从而降低图钉针尖朝上的概率呢？数学知识来源于生活，最终回归于生活，帮助我们解决和改善生活中的问题。从特殊走向一般化问题提升思维的深广度，让学生将学到的知识与方法进行迁移和创造。

三、问题探讨与反思

（一）创设问题情境 激发思维构建

情境为学生提供了思维的土壤，必然产生数学思考。教师在具体的教学设计中，应以学生前期经验和认知为基础，提取本原性问题和核心问题，以此为中心推动教学。基于认知逻辑和学科逻辑创设有层次的、启发性、探索性、层进性的问题情境去架构激发学生的思维构建，启迪思维，激起学生的好奇心、发现欲、诱发质疑猜想。因此，培养和发展学生的高阶思维需要合理的问题情境的引领，创设问题情境是发展学生高阶思维的有效路径。

如果说问题情境是投石问路的话，那么这个石头投得好，就会"一石激起千层浪"，激活学生的思维。那么如何创设合理的问题情境导入呢？建构合理的结构化的问题情境导入可以点燃学生策略性思维。[①]所谓结构化的问题情境，是指在数学大概念的引领下，呈现知识的网络结构和内在联系，并且使得认知难度始终处在学生的最近发展区。例如案例中的抽牌问题、抽奖问题、选择问题，借助情境中的结构化问题，呈现了知识之间的内在联系，通过产生的矛盾冲突，层层递进，让学生进一步感受到用具体的数据来表达可能性大小的必要性。这

---

① 胡军.高阶思维与初中数学课堂[M].上海：华东师范大学出版社，2021.

样的问题构架为学生提供了方法和策略的思维支架,相当于为学生的思维提供了一条通道,从而让学生的数学学习从被动走向主动提供了可能.

(二)立足数学课堂活动,激活学生高阶思维

美国匹兹堡大学"QUASAR 计划"的研究成果表明:不同层次、不同类型的思维和能力需要不同的任务来培养,反之,不同的任务要求会让学生产生不同类型的思维.因此,要培养学生的数学核心素养,必须设计相应的数学专项任务,而以数学素养为特征的数学教学其实就是数学活动的教学.可见,活动的设计成为课堂任务设计的一个核心,任务设计聚焦活动设计,体现了对学生的主体性以及参与的过程性更深层次的关注.通过设计丰富多样且有梯度的学习任务和活动能够切实指向学生理解的学习进阶,促进学生思维发展,提升数学的核心素养.例如本案例(图 2-57),通过三个活动任务的逐层递进,同时解决了三个层次的问题.什么是概率、什么是频率,如何用频率估计概率,频率估计概率的意义和价值在哪里.通过这样的活动序、任务序,让学生学会分工合作,积累活动经验,学生经历了数据收集、整理、分析的全过程,打通统计与概率之间的"隔断墙",体会用定量的方法描述随机现象变化的趋势合理性,树立学生科学的试验观和数据观,用数据的意识去寻找、表达现实生活中的随机现象发生的规律,提升思维的贯通度,激活学生的高阶思维.

图 2-57

案例分享 《中位数、众数》①

一、《中位数、众数》的内容分析

(一)学习意义与价值的高观点分析

"统计与概率"的研究对象、研究思路、研究方法的独特性,教师的教和学生的学都面临

---

① 徐晓燕.概念性理解与数学概念教学——基于数学任务设计的视角[M].上海:上海教育出版社,2020.

很多难点.新课标指出,"统计与概率"领域的概念不多,但有些概念给出定义是困难的,在教学中,不必追求严格定义,应将重点放在理解概念的意义上.因此对于统计量的学习,我们应该淡化算法的理解,重视概念理解和统计意义上的理解,否则就失去了"统计与概率"的学习意义以及发展数据观念的良机.

因此,学生的学习需要经历完整的统计过程,自然地认识到统计知识和方法是出于什么动机与需要,经历了怎样的思考历程,以及问题解决的关键方法和步骤是怎样产生的.体会每个统计量的统计意义和生成过程,淡化概念,强化对数据分析的体会,发展数据观念.

(二)基于高阶思维培养的尝试

概念教学是学生高阶思维落地的重要载体.在学习"中位数""众数"概念之前,学生已经学习平均数,会比较算数平均数和加权平均数,理解了加权平均数的意义.本案例通过"招聘启事"和"公司员工月收入"的问题情境,触发学生认知冲突,以本原性问题为统领,引导学生发现"问题"的实质,并通过问题激活学生的思维,充分调动学生已有旧知和数学学习经验,不断发现与已有认知和产生冲突的新问题,突出强调体会中位数、众数出现的统计意义,发展学生数据观念,感受每个统计量产生的合理性和必要性.最后,对新知进行应用和反思,深化理解,促进学生思维从表层到深化、从无序到有序.

(三)目标与分析

1. 在实际问题情境下体会中位数和众数的意义,并能求一组数据的中位数和众数.

2. 面对包含极端数据情况时,能选择中位数或众数分析数据的集中趋势,解释实际意义;通过具体实例体会平均数的特点和局限性,体会中位数和众数在某些情况下作为数据代表的合理性.

教学重点:理解中位数与众数的统计意义.

教学难点:能根据数据的特点及问题选择合适的统计量,体会用样本估计总体的思想.

二、《中位数、众数》的整体设计思路

教学活动设计与分解:

任务1:寻找一个合适的统计量恰当地描述数据的集中趋势;

任务2:感受中位数、众数的意义;

任务3:进一步体会平均数、中位数、众数的联系和区别.

根据确定的本原性问题"如何寻找一个合适的统计量,恰当地描述数据的集中趋势",设计了"描述这组数据集中趋势的数据是多少"为课时的核心问题,围绕整节课的推进预设了六个中观问题架构整节课的学习过程:

问题1:通过生活情境的创设,你认为哪个数据可以恰当地描述数据的集中趋势?

问题 2：你认为该公司员工的月工资中等收入水平大概是多少元？你是如何确定的？

问题 3：感受中位数的意义，什么是中位数？

问题 4：感受众数的意义，什么是众数？

问题 5：平均数、中位数、众数都是刻画一组数据集中趋势的统计量，说说它们的区别与联系？

问题 6：学习中位数、众数这两个统计量的意义和价值在哪里？

学生围绕这六个问题解决，经过充分的对话与思考感受和体验"为什么用数据说话"，明晰"怎样用数据说话"，理解每个统计量生成的合理性和必要性，进一步体会学习中位数、众数在现实生活中的应用价值. 学会寻找一个合适的统计量，恰当地描述数据的集中趋势，为决策提供数据支撑，培养数据观念.

三、《中位数、众数》的教学过程与实践

（一）基于问题情境，思维从感性到理性

问题 1：某公司展示"招聘启事"和"公司员工月收入表"，表 2 - 17 是某公司 25 名员工月收入的资料：

表 2 - 17

月薪/元	45 000	18 000	10 000	5 500	5 000	3 400	3 000	1 000
人数	1	1	1	3	6	1	11	1

（1）计算这个公司员工月收入的平均数.

（2）如果用平均数反映公司全体员工月收入的平均水平，你认为合适吗？为什么？

（3）你认为用表格中的哪个数据反映全体员工月收入水平比较合适，为什么？

（二）基于活动探究，思维从无序到有序

问题 2：你认为该公司员工的月工资中等收入水平大概是多少元？你是怎样确定的？

追问 1：仔细观察表中数据，这组数据的排列有何特点？

师生活动：引导学生先将数据排序，计算出"中等工资"—3 400（元）.

追问 2：你是如何计算出"中等工资"3 400（元）的？

师生活动：让学生把得到的数据从小到大和从大到小两种排列方法进行比较，发现得到的结果是相同的.

设计意图：不管一组数据从小到大或从大到小排列，都可以求得"中等水平".

追问 3：你认为"平均数"和"中等水平"哪个更合理地反映了该公司绝大部分员工的月工资水平？

师生活动：归纳由于极端数据影响导致出现平均数失真,出现了绝大多数人达不到平均水平的现象,因此选择"中等水平"作为员工的月工资水平比用平均数描述更合理.

设计意图：在实际问题背景下体会"中等水平"的含义,约一半人月工资高于该数值,另一半人月工资低于该数值.

追问 4：如果小王是该公司的高级管理人员,他的月工资水平更可能高于月平均工资还是低于月平均工资?

师生活动：教师引导学生结合生活经验分析得出结论,小王的月工资更有可能远远高于平均数.

设计意图：让学生结合具体问题体会平均数的特点.

追问 5：增加数据个数,在工资表中(表 2-18),这组数据的中等水平又是多少?

表 2-18

月薪/元	45 000	18 000	10 000	5 500	5 000	3 400	3 000	1 000	1 600
人数	1	1	1	3	6	1	11	1	1

师生活动：引导学生把给出的数据进行排序,发现中间位置的数有两个,明确数学统计意义上一组数据的中间位置数只能有一个,于是数学中规定将两个中间位置数的算术平均数作为这组数据的中位数.

设计意图：在实际背景下,将数据大小顺序打乱并增加数据个数,引出偶数个数据时确定中位数的方法.

问题 3：请根据以上探究,说说什么是中位数?

师生活动：教师引导学生总结中位数概念,强调概念中的核心词. 然后,在教师引导下,师生共同剖析概念,总结中位数求法步骤. 同时,将数据个数推广到 n(n 分为奇数或偶数)个时,归纳确定中间位置的方法.

设计意图：通过学生自己总结与剖析概念,加深对概念的理解;同时,整个概念的学习过程体现了由特殊到一般的数学思想方法.

追问 6：如果小张是该公司的一名普通员工,那么你认为他的月工资最有可能是多少元?

追问 7：如果小李想到该公司应聘一名普通员工岗位,他最关注的是什么信息?

问题 4：说说什么是众数?

师生活动：教师引导学生思考,因为月工资 3 000 元的员工人数最多,有 11 人,所以作为普通员工的小张,其月工资最有可能是 3 000 元. 而小李想应聘普通员工岗位,自然最关注出现次数最多的月工资数据. 在此基础上引入众数,一组数据中出现次数最多的数据叫做这组数据的众数.

设计意图：结合具体问题体会众数的统计意义.

追问 8：你能否总结一下，在问题 1 中，用哪些量描述全体员工的月工资水平比较合理?

师生活动：教师引导学生总结，用中位数或众数描述该公司员工的月工资水平比较合理.

设计意图：通过在具体实际问题中对平均数、中位数和众数三个统计量的比较，让学生初步体会到中位数和众数不受极端数据的影响，而平均数容易受极端数据的影响.

(三) 基于新知建构，进一步体会统计量的意义和价值

例题 1：在一次男子马拉松长跑比赛中，抽得 12 名选手所用的时间(单位：分钟)如下：

136　140　129　180　124　154　146　145　158　175　165　148

(1) 样本数据(12 名选手的成绩)的中位数是多少?

(2) 一名选手的成绩是 142 分钟，他的成绩如何?

设计意图：把知识应用于新的情境中，再次在具体情境中感悟中位数的意义和作用.

追问 9：你还能用其他方法来评价该名选手在本次比赛中的表现吗?

师生活动：还可以用平均数来评价，因为这 12 位选手的平均所用时间为 150 分钟，可以推测选手平均用时 150 分钟. 而该选手用时 142 分钟，所以他所用的时间少于平均时间，可以推测他的成绩好于这些选手的平均成绩.

设计意图：引导学生用不同的统计量分析一组数据，体会它们的意义和特点.

例题 2：一家鞋店在一段时间内销售了某种女鞋 30 双，各种尺码鞋的销售量如表 2 - 19 所示. 从销售量角度看，你能根据表中的数据为这家鞋店提供进货建议吗?

表 2 - 19

尺码/cm	22	22.5	23	23.5	24	24.5	25
销售量/双	1	3	7	10	5	3	1

问题 5：通过以上情境，我们知道平均数、中位数、众数都是刻画一组数据集中趋势的统计量，说说它们的区别与联系?

设计意图：通过创设实际问题情境，让学生再次体会中位数、众数的意义. 体会每个统计量的特点和局限性. 通过比较、分析、讨论，挖掘学生思维的深度.

(四) 基于知识的结构化，思维从被动到主动

问题 6：学习中位数、众数这两个统计量的意义和价值在哪里?

追问 10：如何确定一组数据的中位数和众数? 中位数和众数分别反映出一组数据的什

么信息？能举例说明它们的实际意义吗？平均数有什么特点？有什么局限性？

设计意图：引导学生回顾确定一组数据的众数和中位数的方法,体会中位数和众数的意义;体会每个统计量的特点和局限性,体会用样本估计总体的统计思想.通过师生反思小结,促进学生知识再构建、过程再体验、思考再深入、思想再领悟、经验再积淀.在思维不断攀升过程中,探寻知识结构化的路径,从而使思维从被动走向主动,发展学生的高阶思维.

四、课堂教学的问题探讨与反思

(一)创设问题情境引发认知冲突,促进学生对本原性问题的深度理解

围绕本单元的本原性问题"如何科学地表示一组数据的平均水平",本节课创设的招聘启事的问题情境,起到了"一箭双雕"的效果.以应聘工作为情境,激起学生的好奇心,快速将学生的注意力吸引到课堂学习中来,同时引发认知冲突,为学习"中位数"的必要性做好充分的铺垫.

在本节课的活动1中设计了有层次的问题链:(1)计算这个公司员工月收入的平均数.(2)如果用平均数反映公司全体员工月收入的平均水平,你认为合适吗？为什么？(3)你认为用表格中的哪个数据反映全体员工月收入水平比较合适,为什么？

当学生发现"平均数"并不能较好地反映一组数据的平均水平,这一认知冲突后,从学生的思维角度考虑,让学生自己试着寻找新的数据来刻画.这样较好地引发了学生对问题的思考,十分巧妙地点明了中心——"为什么要学习中位数".

而教师通过问题(3)激发学生主动思考,进行猜测.尽管课堂上学生的结果五花八门,各不相同,但没有关系,学生只有敢想、敢说、敢问、敢辩,才能真正地融入到数学学习中,其探索欲望才能得到激发.

(二)设计素养导向下的明线和暗线,驱动学生主动学习,勇于挑战

本节课中,当学生完成中位数的概念及意义的学习后,在此基础上又设计了变式问题:当某人1 600元的工资加入表格后就变成了26个数据,这时中位数又是什么呢？通过分析学生发现新的问题:数据的增加,大小顺序的打乱,这为确定一组新数据的中位数带来了新的挑战,这时学生通过对原来求解25个数据的中位数的过程和方法,进一步提炼和完善"如何求解一组数据的中位数"的一般方法,这样学生能够"跳一跳摘到桃子"最终得出结果,使学生感悟了数学的发生、发展过程以及数学的本质,发展了学生的数学核心素养.

本节课以一明一暗两条线索贯穿课堂教学活动的始终,明线是"工资问题",用以传授知识和方法,暗线是"中位数的发生、发展过程",以此渗透数学思想方法.设计的一明一暗两条教学线并驾齐驱,相辅相成,让学生由被动变主动,由知识方法的学习转变为能力和素养的发展,体验数学学习的快乐,同时又领悟了数学基本思想,积累了基本活动经验,这与新的课程标准提出的"数学核心素养"要求相一致.

第三章

课型解读与教学实践

数学学习的过程首先从事实抽象到概念形成数学对象,再到概念间的联系,也就是命题与规则的学习,进一步研究数学对象的性质和判定,并通过命题的综合和联系形成结构化、系统化的认识,这往往通过复习课来实现,最后解决数学问题或实际问题,即通过知识与方法的拓展进行深度迁移.

概念教学要引导学生在已有的前概念基础上建构新概念,理解新概念的本质含义,在概念的形成和应用过程中感悟概念的背后凝练着丰富的思想方法、文化和价值观,形成观念、提升意志力和品格.学习命题法则,不仅需要掌握如何揭示命题背后的思想方法和大概念,更是培养学生逻辑推理素养的重要途径.复习课是"温顾而知新"的认知重构活动,其核心任务是构建命题间的结构体系,创设综合性、开放性的问题情境,让学生经历高阶思维活动,纵向加深扩宽认知结构,横向联系达成深度理解,从而发展思维的丰富性与联系性;而数学拓展课的核心任务是构建复杂情境下问题解决的认知挑战,通过知识的远迁移输出解决问题.

本章我们探讨素养导向下各种课型的核心任务与价值,分析基于高阶思维培养的本原性问题设计策略,并通过典型案例以例示理.

第一节　概念课的核心任务与本原性问题设计

概念源于现实又高于现实.概念学习基本要经历形象感知、建立表象、数学抽象等概念建构的过程,在概念联系中理解概念本质,而当概念成为数学对象后,要在数学世界或现实世界变式应用,就要回归到"抽象、表象、形象",因此概念具有"过程"和"结果"的两重性.

概念不仅具有"过程"和"结果"的两重性,还具有"人为性"和"为人性".概念教学要引导学生在已有的前概念基础上,理解新概念的本质含义,在概念的形成和应用过程中感悟概念的背后凝练着丰富的思想方法、文化和价值观,形成观念、提升意志力和品格.

概念教学中的问题设计,要让学生感受到概念学习的必要性,以及概念下定义的合理性,弄清概念本质,会运用概念解释问题进行迁移使用,最后在概念联系中达到"概念性理解水平",形成概念图式.

一、数学概念课的现状与问题

数学概念是数学大厦的基石,概念学习是核心素养的起点,是数学思维、交流的基本单元和工具.正确理解概念教学是概念教学设计和概念教学实施的基础.

数学概念或是源于对客观世界中的数量关系和空间形式的直接抽象,或是在已有数学理论上的逻辑建构.因此,我们一般把数学概念分为两类:一类是对现实对象或关系直接抽象而成的概念.这类概念往往能在现实世界中找到概念原型,如圆、三角形、四边形、角、平行、相似等.另一类是数学内部逻辑构造产生的纯数学抽象概念,如无理数、虚数等,在现实世界找不到客观实物印证,但它们是数学发展的源泉,是数学理论建构和推进的助力器.

我们要综合分析概念的来源、概念的定义方式、概念的本质内涵,采取恰当的教学方式,但是当下的概念教学存在两类主要问题:

(一)"情境过度",概念缺乏抽象与本质理解

由于初中学生的认知结构处于发展过程之中,在学习新知识时作为"固着点"的已有知识往往很少或者不具备,思维方式也以形象思维和经验型理论思维为主,因此在课堂上我们经常创设多种情境让学生经历概念的形成过程.但在实际的课堂教学中,有时存在"情境过度"和"去数学化"的倾向,有些概念往往停留在情境阶段.概念源于生活的数学抽象又高于

生活,我们要避免学生把生活概念和数学概念"混为一谈",要让学生理解概念的内涵,否则学生只能够孤立地记忆概念,而不能够运用联系的观点灵活地应用概念.

(二)"重结论、轻过程",缺乏概念形成过程的体验

有些教师把概念看成是定论,重结果轻过程、重灌输轻引导,采取"一个定义、三项注意"的讲授式教学方式,没有对数学概念理解的基础上进行大量解题操练,用"解题替代理解".特别是在一些如实数这样没有"概念原型"的这类概念,往往缺乏通过数学内部的矛盾或问题引入,从分给学生时间和空间体会概念产生的必要性和概念逻辑建构、概念如此下定义的合理性.

无怪乎张奠宙先生曾说:"西方在数学教学中强调理解、理解、再理解,而我国则是练习、练习、再练习."事实上,由于缺乏过程性的体验,造成学生对概念无法达到本质性的理解,缺乏爱学、会学、乐学的态度,对数学产生畏难情绪.

究其原因是有些教师缺乏对概念的前端分析,对数学概念的理解不到位,缺乏一定的整体性和高观点的认识,教学时跟着感觉走.所以许多教师需要提升数学概念教学法的认识,提升揭示数学知识所蕴含的科学方法和理性思维过程的能力和"技术".

APOS理论是美国数学教育家杜宾斯基(Dubinsky)提出建构主义学说.他将数学概念的建立分为:Action(操作)-Process(过程)-Object(对象)-Scheme(图式)四个阶段,它体现了数学概念所特有"过程和对象的双重性",既表明了数学概念建构的层次,还指明了概念建构成功的结果就是概念图式的形成.

"活动的操作":即概念的引入阶段,在深入进行概念的前端分析的前提下,是以学生学习经验和生活经验为基础,基于学情与认知规律,设置合理丰富的"活动",让学生亲身经历,主动建构,对概念形成较直观的理解.

"过程的内化":即概念的定义阶段,是对"活动"进行思考,通过思维压缩和一定的抽象活动得出概念的特有性质,从而初步形成概念的一般定义的"过程".脱离具体的情境并上升为心理操作,如果操作不当会造成情境过度而"去数学化".

"对象的建立",也就是概念的分析阶段,是对"活动"与"过程"的升华,将抽象出的概念赋予其形式化的定义及符号,使其达到精致化,成为一个具体的"对象",将内化了的心理操作简化、归纳、抽象、概括,此时主要的教学活动是对概念的正反例辨析,概念的要点化促进概念关键性属性的理解.

"图式的形成",也就是概念的运用阶段,对形成的概念对象的实体化或对象化,是"对象"阶段中概念本质和概念体系进一步的理解、揭示和实例化,即把握概念的本质,要对概念教学的过程和方法进行压缩、提炼再抽象,以便促进概念的理解从事实性理解上升到本质性

理解,最终要形成综合的心理图式的过程.在教学中往往需要对已有概念和新概念进行联系和比较,在概念系统中认识新概念.

每一个数学概念,往往需要从由过程开始,逐步抽象出本质属性,从而转变为对象的认知过程,最终两者在认知结构中相互依存,与其他相关数学概念共同形成相互关联且稳定的"概念网络".教师可根据 APOS 理论制定概念教学目标和教学策略,安排教学活动,也可以用它对概念学习结果进行评价.

二、素养目标导向下数学概念课的核心任务与学习价值

(一)素养视角下概念教学的基本任务

学习概念的目标与任务,首先要能感受到概念学习的必要性;其次,概念教学要让学生理解概念下定义的合理性,弄清概念本质和其他概念的关联,会运用概念解释问题进行迁移使用;最后在概念联系中达到"概念性理解水平",形成概念图式(图 3 - 1).

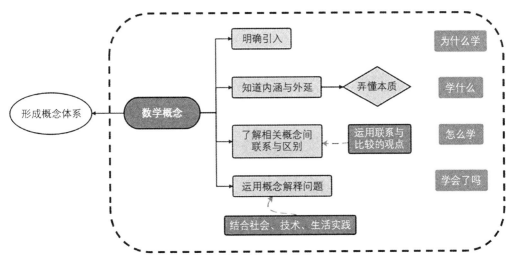

图 3 - 1 概念学习的目标与任务

(二)素养视角下概念教学的基本过程

从素养视角再次审视,数学概念教学的任务不是"讲概念",而是让学生在问题与情境中"悟概念".每个数学概念都包含着一些人甚或是人类在一段时空里的探索、质疑、研究和发现,包含着思辨或实证,内蕴着价值与信念,而这些努力和过程最终凝练、沉淀为概念.教师要带着学生们亲近概念,回归生活、回溯历史、回应当下,让学生在问题情境中感受到概念引入的必要性,体验概念抽象的过程性、体会数学概念定义的合理性.让学生在操作与观察、实

验与猜想、分析与综合、归纳与概括中经历概念的抽象过程,通过素材加工与情境的设计,带领学生走入概念呈现的有限文字蕴含的概念形成背后的数学文化.基于概念教学的特征,我们形成了概念教学的"三阶段七环节"的基本教学过程与教学样态(图 3 - 2).

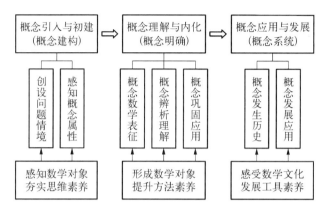

图 3 - 2　概念教学的基本过程与样态

1. 概念的感知与初步建构——夯实数学的思维素养

素养视角下的概念教学,首先是创设问题情境,让学生经历形象感知、建立表象、数学抽象等概念初步建构的过程;感知概念属性,让学生学会数学地思维、数学地表达,夯实基本的数学思维素养(直观想象和数学抽象),用数学的眼光看现实世界,夯实基本的思维素养.

数学概念的产生有两个主要途径:现实生活的需要和数学内部逻辑构造的结果.前者是基于数学知识的现实原型,或现实需要引入;后者是基于数学知识上下位关系以旧引新.在设计教学情境时,除了让学生亲身感知问题,更需要的是促使学生积极展开思考、从现实情境中去发现数学,其根本目的是从"引课"走向"引思".关注情境的典型性、适度性、有效性,可以基于概念抽象的现实原型创设生活情境引入、基于概念学习的动机创设趣味情境引入、基于概念的感性积累进行操作活动引入、基于数学概念间的联系进行联想类比概念引入、基于数学知识发展的需要创设矛盾冲突引入.

2. 概念的理解与内化——提升数学的方法素养

在概念巩固和运用中,理解概念下定义的合理性,将概念的理解要点化,通过正反例理解概念的内涵与外延,用数学的思维方式思考问题,通过推理或计算分析解决问题,从中感悟方法,理解概念本质,提升思维的严谨性、深刻性和批判性,感悟和理解数学内部所蕴含的精神、思想、观念和意识,提升数学的方法素养.

3. 概念的应用与发展——发展数学的工具素养

当概念成为数学对象后,要在数学问题中进行应用,回归到"抽象、表象、形象",体会数学在现实世界的工具作用,形成观念、提升意志力和品格.在概念发展系统中感受概念文化,蕴含思想方法和背后的价值观,认识数学与社会的关系,了解数学的方法价值、文化价值和应用价值,发展学生的数学工具素养.

三、概念课中本原性问题的设计策略

在概念教学中,教师要重构概念学习的过程与评价,加强概念的前端分析,揭示概念教学目标设计的新内涵,从概念地位、概念呈现、概念本质、概念引申拓展、概念发展史等多个维度进行概念解析,教师自己在明确"概念图式"的基础上再去确定目标,设计概念获得的评价表现,进而设计概念的教学过程.

基于逆向设计理论,可以从内容与内容解析、目标与目标解析、目标检测设计、学情分析与问题诊断、教学支持条件分析、教学过程设计与实践、问题与反思六个方面进行形成教学设计的新规准(如表 3-1).

表 3-1 《初中数学概念教学设计过程》模板

结构框架	要素
内容与内容解析	研习课标、明晰要求,整体把握内容;研读教材—分析意图,挖掘学科素养;概念图谱、内涵外延、思想方法、概念历史、定义方式、挖掘思维价值与德育价值
目标与目标解析	用了解理解掌握以及行为动词经历体验探究等表述目标,对其表现和行为进行适当分解
目标检测设计	学习评价关注点、作业评价
学情分析与问题诊断	分析学情—确定起点,梳理认知经验;障碍预测,追因分析
教学支持条件分析	支持工具、搭脚手架 信息技术、任务单等
教学过程设计与实践	设计过程—抓住知识明线,方法暗线,素养眼线,把握重要节点,合理设计情境—问题—活动
问题探讨与反思	得与失:学生的问题、教学的问题、延展的问题

而概念教学中的问题设计,要围绕着概念的形成过程,进行有效的问题驱动,从而最终让学生获得概念.接下来,笔者以上教版教材九年级第二学期的《加权平均数》①为例,进行

---

① 《加权平均数》为徐汇中学朱元苑执教,徐晓燕指导的课例,获十二届全国教育学会教学展评优秀课

阐述，以例示理.

（一）基于概念本质，创设孕育"概念原型"的情境提出问题

数学概念的产生主要是源于现实世界的抽象或是数学内部的逻辑构造.教师要先厘清概念本质和基本要素，才能创设好的问题情境.设计问题情境时可以从以下方面思考：如何引发兴趣和冲突、找到现实世界中的概念原型、基于概念本质找到新旧概念间的逻辑与关联，基于概念框架和联系视角整体考虑情境的可变性和问题的发展性.

例如平均数是加权平均数的"源头"，而加权平均数的两个构成要素是数据（数的大小）和数据的"权"（数的多少），我们设置本原性问题"一组数据中，数据的大小和多少是如何影响数据的平均值的？"为中心来统领平均量的学习.在加权平均数的概念导入时，通过身高情境提出条件不完备的问题唤醒和引发原有的前概念和错误概念，隐含新概念的原型，为引入的必要性创设合情合理的情境，通过情境变式引发问题链的提出，从而有序地引导学生建构新概念.

【加权平均数概念——问题 1】

问题 1： 关注青少年身高，已知某班级男生平均身高为 170 厘米，女生平均身高为 160 厘米.能否算出全班同学的平均身高？

追问： 需要添加哪些条件？

设计意图： 由学生熟悉的"全班同学平均身高"问题引入，调动学生原有的学习经验，通过条件的不完备，引发学生的已有认知与实际情况的冲突，发现这一问题不能通过列式 $\dfrac{170+160}{2}=165$ 求出全班同学的平均身高.复习平均数的意义，即需要用全班同学的身高总和除以班级总人数，引发学生思考需要添加男生和女生人数条件，初步感受平均数的影响因素，孕育"权"，为达成"理解'权'的意义"的教学目标，为后续进行探究与思考打下基础.

（二）基于概念形成，情境问题变式构建"问题链"发展

教师要对概念构成要素进行概念学习进阶的结构分解和重组，根据学情进行结构化系列化的"情境问题链"设计，不断诱导学生在解决问题中合理衍生出新问题，从而实现概念的进阶建构的思维路径.值得一提的是，创设的问题与情境要处于学生的"最近发展区"，分解为合适的"概念进阶"，学生才能在概念起点的基础上实现概念的获得.

【加权平均数——问题 1 变式 1】

有以下三种情况：（1）1 班女生人数为 20 人，男生人数为 30 人；（2）2 班女生人数为 30

人,男生人数为 20 人;(3) 3 班男生、女生人数均为 25 人. 在不计算的前提下,你能大致估计班级所有同学的平均身高吗? 说说你的理由.

追问:结果和你的估计是否吻合?

表 3 - 2

	总人数	男生人数	女生人数	全班同学平均身高(厘米)
1 班	50 人	30 人	20 人	$\dfrac{30 \times 170 + 20 \times 160}{50} = 166$
2 班	50 人	20 人	30 人	$\dfrac{20 \times 170 + 30 \times 160}{50} = 164$
3 班	50 人	25 人	25 人	$\dfrac{25 \times 170 + 25 \times 160}{50} = 165$

【加权平均数——问题 1 变式 2】

增加以下两种情况:(1) 某年级女生人数为 160 人,男生人数为 240 人;(2) 某校女生人数为 600 人,男生人数为 900 人. (计算后形成表 3 - 3)

追问 1:观察表 3 - 3 中的三种情况,你有什么发现?

追问 2:为什么男女生人数不同,平均数却相等呢?

表 3 - 3

	总人数	男生人数	女生人数	所有同学平均身高(厘米)
某班级	50 人	30 人	20 人	$\dfrac{30 \times 170 + 20 \times 160}{50} = 166$
某年级	400 人	240 人	160 人	$\dfrac{240 \times 170 + 160 \times 160}{400} = 166$
某学校	1 500 人	900 人	600 人	$\dfrac{900 \times 170 + 600 \times 160}{1\,500} = 166$

在加权平均数的课例中,围绕平均身高问题的情境,运用控制变量的方法,保持男女生平均身高不变的前提下,让"人数"这一数据"从无到有""从有到变",不断自然地衍生出新问题:人数是如何影响平均数的? 到底是什么影响了平均数的值? 如何将平均数计算公式进行变形才能体现出"权"? 计算平均身高一定需要添加具体的人数吗? 通过这些基于情境提出的问题链,形成孕育"权"、感知"权"、明晰"权"、理解"权"的概念学习进阶. 问题环环相扣,

理解层层递进,从定性感知数据出现的次数对平均数结果的影响力大小,形成加权平均数的数学化定义进行定量的符号表达.

(三) 基于概念理解,"诱错性"问题情境引发质疑思辨

概念的建构与理解是一个教师主导、学生为主体的双向互动的过程,通过教师有目的情境创设与引导,学生不断地反省和抽象去除遮蔽、消除误解、达成共识、揭示本质,大量隐性知识通过课堂充分的交流、活动和互动中逐渐显性化、清晰化,学生建立情境中的现象与数学对象的基本要素的联系,逐步"建构"概念对象.

【加权平均数——问题2】

问题2: 对于"须控制青少年上网时长"这一热点话题.

如图3-3,通过抽样调查,已知A网站和B网站认为"这个话题重要"的用户所占百分比,分别为74%和62%,A网站和B网站参与评价的用户数分别为a人和b人.求这两家网站所有客户中认为"这个话题重要"的客户所占比例.

图3-3

追问: 以下是同学们的三种列式,你认为正确吗? 说说你的理由.

(1) $\bar{x} = 30 \times 74\% + 50 \times 62\%$,(2) $\bar{x} = \dfrac{30 \times 74\% + 50 \times 62\%}{30 + 50}$.

(3) $\bar{x} = \dfrac{30}{30 + 50} \times 74\% + \dfrac{50}{30 + 50} \times 62\%$.

设计意图: 加权平均数中.数据可以是以各种形态呈现的.可以是百分数,而数据的"权"也可以是各种形态,但其本质是数据个数与总数的占比,是一个百分数.通过这个问题设计来加强对概念内涵的把握,同时渗透保护视力的宣传.

【加权平均数——问题3】

热点话题: 许海峰在1984年奥运会上为我国获得首金,2021年奥运会,我国杨倩同样在射击项目上获得本届奥运会首金,掀起射击训练热潮.

问题3: 教练通过本次射击训练(共50发)了解小明目前的射击水平.

(1) 你能根据图3-4中提供的信息,估计小明本次训练的平均成绩吗?

追问: 在8环附近,是更靠近7环,还是靠近9环? 为什么?

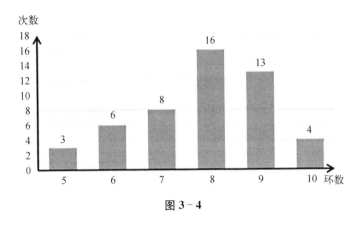

图 3 - 4

（2）请计算小明本次训练的平均成绩，并与你的估计比较.

设计意图：通过奥运"首金"这一热点话题，增强学生民族自豪感，培养爱国主义情怀. 由两个数据的问题推广为多个数据，学生根据数据权的大小直观感受，估计结果在 8—9 之间，计算得出的平均值 7.84 与估计存在明显差异，引发学生思考产生偏差的原因. 在多个数据的情况下，更好地体会每个"数据"和"权"对平均数的共同作用，初步建立理性的数据观.

加权平均数中，问题 2 的情境，把"数据"以"百分数"的方式呈现进行诱错帮助学生在复杂的情境中正确把握哪个是数据，哪个是权. 而问题 3 为了帮助学生脱离"数据控制不变，感受权"的情境，设计从两个到多个数据，运用条形统计图的表征方式进行情境的创设，设计先估值再计算验证的活动，通过数值差异造成强烈的认知冲突，让学生在试错中不断进行概念辨析，理解概念的本质内涵与外延.

（四）基于概念应用，开放性问题情境互动交流促进理解

概念成为一个数学对象后，要通过迁移应用来进行数学概念和模型的强化和泛化. 此时问题情境应当是现实的、有趣的和富有挑战的，教师运用情境的目的更多的是扩展概念的应用性理解. 这类情境最好有一定程度的"情境干扰"，让学生在现实世界的问题解决中反思和评估方法的复杂优劣性、实际上的可行性和可操作性中，多角度提出问题. 许多现实问题可能是不一定有标准答案的，"君子和而不同"，同学们在互相交流互动中获得数学解决现实问题的通透感和愉悦感.

【加权平均数——问题 4】

问题 4：某网站想招聘一名网络维护员，人事部门分别从创新能力、计算机能力和沟通能力三方面，了解候选人的综合能力. A、B、C 三名候选人的测试成绩（百分制）如表 3 - 4 所示.

表 3-4

候选人	创新能力	计算机能力	沟通能力
A	80	70	88
B	69	90	55
C	87	80	67

(1) 如果你是人事主管,你会选谁? 为什么?

追问:既需要综合考虑三方面能力,又最看重计算机能力,如何体现三项能力对综合评分的不同影响力呢?

(2) 人事部门的四个方案如下,结果如表 3-5 所示.

方案一:三项能力成绩分别按照 3∶4∶3 计入综合评分.

方案二:三项能力成绩分别按照 3∶5∶2 计入综合评分.

方案三:三项能力成绩分别占综合评分的 20%,60% 和 20%.

方案四:三项能力成绩分别占综合评分的 10%,70% 和 20%.

表 3-5

候选人	创新能力	计算机能力	沟通能力	综合评分			
				方案一	方案二	方案三	方案四
A	80	70	88	78.4	76.6	75.6	74.6
B	69	90	55	73.2	76.7	78.8	80.9
C	87	80	67	78.2	79.5	78.8	78.1

追问:四个方案都是计算机能力权重最大,得到的结果一样吗? 你有什么发现?

设计意图:问题 4 是"人才选拔"情境下的生活实际问题,激发学生思考量化数据"重要程度"的方法,感受实际问题中可以通过给数据"赋权",体现每个数据对平均数影响力大小. 在实际生活中体验加权平均数的意义和作用,初步建立统计观念. 通过对四个"赋权"方案的对比分析,感受"赋权"方案体现设计者的个人价值观. 体会"赋权"需要多方面考量斟酌,才能体现合理性和公正性,进一步建立理性的数据观. 用数据解释问题,彰显学习"加权平均数"的价值.

"加权平均数"问题 4 中,学生在"选拔人才"的情境中思辨性地进行"赋权"活动和任务,充分表达与交流,互相质疑与评价,不断将问题中内隐的交流过程外显化,通过定性感知到定量计算相结合,越辩越清晰,思考赋权背后的价值取向,体会如何让数据说话,让数据说真话,初步建立理性的数据观.

(五) 基于概念图式，创设综合问题情境，拓展时空延展思考

概念具有过程与结果的两重性，概念的理解是逐步螺旋式上升的. 一方面通过小结，图式化建立概念联系，揭示本质. 另一方面，课堂的时间是有限的，我们可以运用信息技术手段，通过视频方式进行中国古代有关"权重"与"权力"的数学史分享，追溯历史，联系古今，也可以介绍现实世界概念应用与发展，布置查阅资料等课后长作业，引导学生探索未来，从概念体系和概念图式的视角理解和探索概念，体会概念背后的思想方法和文化.

【加权平均数——课堂小结】

回顾本节课学习过程和解决的问题，说说你的收获体会.

设计意图：什么是权？为什么要学加权平均数？通过问题引发学生回顾反思本节课的学习过程和问题的解决，形成图 3-5 所示的概念图，发挥学生的主观能动性，培养学生归纳和总结知识的能力.

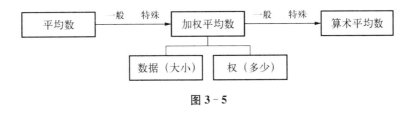

图 3-5

由上可见，有效的问题与情境不仅要丰富的内涵，更重要的是具有"问题"的诱导性、发展性和探索性. 在教学中，厘清概念的构成要素，寻找现实的概念原型，将两者有效结合，精心创设问题情境，基于学习进阶设计"问题链"，引导学生建立情境和数学对象之间的关联，提出有意义的数学问题并予以解决，以情境建立数学对象—学习者的关联，以问题驱动思考，以任务与活动促成能力，以知识结构关联与迁移运用促成素养形成. 当然，"教是为了不教"，基于情境提出的问题要朴素自然、本原，这样才能尽快从教师的"问题引导学习，驱动学生思维"到"学生自主提问，开展自主创新"过渡.

案例分享　**《平面直角坐标系(1)》**①

一、课例研究背景分析

(一) 学习意义和价值的高观点分析

平面直角坐标系是沪教版七年级第一学期教材的最后一章内容，平面直角坐标系是沟通

---

① 课例执教者：刘颖.

几何与代数的桥梁,也是将来更广泛范围的数形结合、数形转化的理论基础,是以后进一步学习函数、三角函数及解析几何等内容的必要知识,对数学内容的发展起到转折性的作用.

平面直角坐标系的概念是初中数学众多概念中的核心概念,平面直角坐标系下定义的方式具有典型性和代表性.它是规定性的概念,因此阐述规定性概念的必要性和合理性就成为了必不可少的环节,规定的必要性指为什么要规定,即平面上的点的表述,规定的合理性指这样规定的道理.通过其中的两个基本问题,已知点求点坐标和已知坐标描点,感受这个概念在现实世界中的具体模型,沟通数学和生活间的联系.

平面直角坐标系概念的形成过程还蕴含了丰富的思想方法:1. 类比,将数轴的概念类比到平面直角坐标系的概念;2. 转化,把平面中的点的表示转化为坐标轴上的点的表示,也就是二维到一维的转换;3. 数形结合,平面直角坐标系中的点和有序实数对之间的一一对应关系.因此平面直角坐标系的教学非常值得探索和研究.

(二)基于高阶思维方面想做的尝试

六年级时学生已经认识了数轴,知道数轴上的点与实数有一一对应的关系,数轴到平面直角坐标系是从一维空间过渡到二维空间的过程.如果创设充分的现实情境以及问题,激发学生自主思考,类比迁移自主建构出建立二维的平面直角坐标系,要求学生有较强的抽象思维能力和表达能力,需要一定的学习活动进行支撑.其中难点和重点在于学生是否能在基于概念原型创设的关联情境中抽象出平面直角坐标系这一概念和规则,能够将已知数学命题推广到更一般的情形,能够在情境中选择和运用数学方法解决问题;能够用恰当的例子解释抽象的概念和规则,能够理解和构建点坐标与有序实数对的关系;能够理解用数学语言表达点的坐标的概念、规则;在交流过程中,能够用平面直角坐标系这一一般概念解释具体的现象.

(三)目标与分析

1. 经历密码问题、看电影找座位以及教室内找座位的实际例子得到要表示平面内点的位置需要两个有序实数的过程,体会数学对象与现实生活的联系.

2. 类比联想不在同一直线上的点,需要画两条数轴才能表示平面内的点,从而构建平面直角坐标系的过程,理解平面直角坐标系及其相关概念,掌握点和坐标的相互对应转化.

3. 在概念抽象的过程中和游戏活动中感受数学与生活的联系,激发学习的兴趣,进一步体会类比的方法,感受数形对应的思想.

4. 通过短视频了解直角坐标系建立的历程.感受笛卡尔的探索精神,增强对数学的求知欲.

教学重点:自主建构平面直角坐标系的概念.

教学难点:理解平面直角坐标系内的点与有序实数对的一一对应关系.

二、课例的整体设计思路

任务设计：平面上的点的位置如何用数学的方法确定,用数学的语言表达?

任务 1：生活中如何唯一确定一个点的位置?

任务 2：生活中如何表达平面中点的位置?

任务 3：数学中怎样建立规则,能唯一确定和表达点的位置?

本原性问题："数学中,如何在平面上确定点的位置,并用符号表达?"

基本问题链设计：

情境 1：编码与解码

问题 1：如何确定表格中汉字的位置进行解码?

问题 2：如何根据表格中汉字的位置进行编码?

问题 3：确定表格中汉字的位置用到了什么数学原理?

情境 2：电影院寻座

问题 4：4 排 3 座和 3 排 4 座是同一个位置吗?

问题 5：表达一个点的位置需要几个维度?

情境 3：教室里寻座

问题 6：如何描述和老师在同一直线位置上的同学的位置?

问题 7：如何描述和老师不在同一直线位置上的同学的位置?

情境 4：描点与坐标

问题 8：如何根据点的位置写出点的坐标?

问题 9：如何根据点的坐标描出点?

三、教学过程设计

(一)创设情境,引发思考

活动 1：编码与解码—"如何确定表格中汉字的位置?"

(1) B3 表示什么字?

(2) 请破译下列密码：A5 D1 C4 E2(开拓进取).

(3) 编制密码：自强不息(D3 A2 E5 C1).

问题：我们是如何确定汉字的位置呢?

设计意图：感受确定方框内字的位置的方法,是两条直线相交有且只有一个交点.

活动 2："如何表示影院内的座位位置?

(1) 你能找到电影票上"4 排 3 座"所指的位置吗?

(2) "4 排 3 座"和"3 排 4 座"是同一个座位吗?

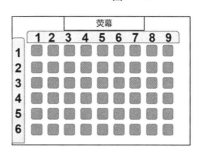

5	开	武	中	才	不
4	班	汇	进	奋	学
3	爱	人	斗	自	向
2	强	一	数	初	取
1	徐	上	息	拓	砺
	A	B	C	D	E

图 3-6

图 3-7

问题：为了表示电影院内座位的位置，需要从几个维度来描述？

设计意图：感受为了描述电影院内的位置，需要从两个维度来描述.

活动 3：如何表示教室内的座位位置？

（1）以老师为基准，描述 A、B 两位同学的位置.

（2）以老师为基准，描述方向和距离，你想到了哪个数学知识？

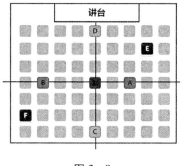

图 3-8

（3）旧知回顾：① 数轴是规定了原点、正方向、单位长度的一条直线；② 数轴上的点与实数一一对应.

（4）如图 3-8，如何描述 C、D 两位同学的位置？

（5）如图 3-8，如何描述 E、F 两位学生的位置？

设计意图：一方面，复习数轴，增加纵向数轴搭脚手架；另一方面再次感受：描述教室内座位的位置，需要建立左右、前后两个维度.

（二）概念讲解，获取新知

提出问题，引出新知：数学上，如何表示平面内的点？

师生共同从特殊到一般，描述平面直角坐标系的建立与相关概念.

具体操作用有序实数对表示直角坐标平面内的某一点 A 与任意一点 P 的方法、讲解坐标的概念.

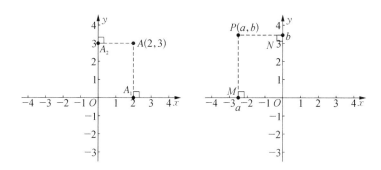

图 3-9

在前三个活动启发下，学生自主构建平面直角坐标系，在概念形成过程中感受平面直角坐标系概念下定义的必要性和定义的合理性.

（三）内化新知，深化理解

1. 写出图 3-10 中直角坐标平面内点的坐标.

小结：平面直角坐标系内，根据点的位置写出点的坐标的方法.

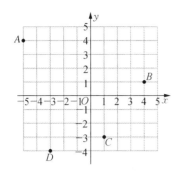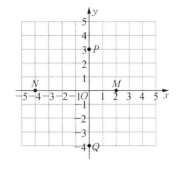

图 3 - 10

2. 在平面直角坐标系中，描出下列各点．

$$A(3, -2.5)、B\left(-1\frac{1}{3}, 1\right)、C(-3.5, 0)、D(0, 2)$$

小结：平面直角坐标系内，根据点的坐标描点的方法．

归纳：平面直角坐标系内的点与有序实数对（坐标）是一一对应的．

设计意图：落实由点写坐标的方法，从直观上体会由点到坐标的对应关系．落实由坐标描点的方法；感悟、体会、归纳有序实数对（坐标）与平面内的点的一一对应．

（四）了解历史，感受精神

小视频：《笛卡尔与平面直角坐标系》

设计意图：感受自己探究学习和数学家建立概念的历史相似性，增强学习的兴趣和自豪感．通过平面直角坐标系的历史简介，了解笛卡尔的探索精神，增强对数学的求知欲．

（五）小结拓展，新知回味

平面直角坐标系内的点与有序实数对（坐标）是一一对应的，与之前所学的数轴上的点与实数之间的一一对应关系是类似的．

四、问题探讨与反思

（一）创设"概念原型"的情境，经历"具象—表象—抽象"的概念形成过程

通过方格字、电影院找座位的实际生活情境，学生从自己切身生活实际经验中感悟生活中一个位置的确定是蕴含着"坐标"思想的．从密码游戏中初步感受平面内一个点的位置产生的本质是两条直线相交；再通过影院座位问题感悟点的位置在一定的规则下对应有两个数，且它们是有序的，与此同时渗透（直角）坐标系建立的规定．

情境三在情境一、二的基础上，逐步抽象出平面直角坐标系的概念，以座位的描述引入，激发学生的学习兴趣，同时也勾起了学生解决问题的欲望．通过对左右方向上点的位置的描述，复习数轴的建立过程，从而使得数轴上的点与实数建立了一一对应关系．再通过前后方向上的情境，从学生习惯的水平方向上的数轴过渡到竖直方向上的数轴的建立，为类比构建平面直角坐标系埋下伏笔.之后通过创设的问题情境的变式,E、F 两个位置的描述让学生意识到要用两个实数表达平面中的一个点,从而需要建立两个方向上的数轴,从而抽象出平面直角坐标系,形成有序实数对来描述平面内的点的位置的认识.随后通过左右、前后方向等实际场景感受互相垂直定义的合理性,通过基准点的选择感受原点重合的合理性和必要性,从而给出平面直角坐标系的概念.

一个概念的现实背景或显示模型往往是一些特例,通过座位的特例去形成概念,可以使学生在感性材料基础上获得对概念的初步认识,同时由感性逐步上升到理性,达到对概念多背景意义下的认识.

(二)感受概念背后的思想方法与文化积淀,进行学科价值的情感滋养

孟建伟在《从知识教育到文化教育——论教育观的转变》中提到,文化取向的教学"关注的不仅仅是知识,而且包括知识在内的整个文化;不再以知识为中心、以知识为本,而是以人为中心、以人为本;不再仅仅局限于让学生学习和掌握现有的知识,从而成为旧知识的接受者,而是让学生受到包括知识在内的整个文化的全面熏陶,从而不仅是旧知识的接受者,而且是新知识的创造者".

因此本节课最后通过小视频《历史上的数学家——笛卡尔》,让学生感受笛卡尔的探索精神,增强对数学的求知欲,同时感受自己探究的过程和数学家建立概念的过程的相似性,增强学习自豪感.小结部分除了复习本节课的知识、经历的过程,再次引导学生反思概念规定的合理性.最后指出平面直角坐标系的引入在数学史上有着非常重要的意义,是沟通几何与代数的桥梁.另外,平面直角坐标系只是建立数形关系的其中一个工具,后续还会学习其他知识.

所以本节课有意识地结合平面直角坐标系的教学内容,将数学文化渗透到日常教学中去,引导学生了解数学的发展历程,认识数学在科学技术、社会发展中的作用,感悟数学的价值,提升学生的科学精神、应用意识和人文素养.

案例分享　《认识二元一次方程组(1)》①

一、课例研究背景分析

(一)学习意义和价值的高观点分析

"二元一次方程"是上教版六年级数学上册第三章的内容,课程标准对本节的具体要求是学生经历从实际问题中抽象出二元一次方程(组)的过程,并会解简单的二元一次方程组,了解二元一次方程、二元一次方程组及其解等有关概念,并会判断一组数是不是某个二元一

---

① 课例执教者:巩金万.

次方程(组)的解.

二元一次方程是继一元一次方程后又一个刻画现实世界的有效数学模型,它既是一元一次方程知识的延伸和拓广,又是今后学习一般线性方程组及平面解析几何等知识的基础,具有承上启下的作用.

学生通过体会模型思想,通过对实际问题的分析,探索具体问题中的数量关系,能根据数量关系列出方程,体会方程(组)是刻画现实世界有效模型,树立模型观念,建立符号意识.列方程(组)解应用题是一种解决数学问题的重要思想方法,突显了方程作为一种数学模型的重要特征.

(二) 基于高阶思维方面想做的尝试

学生已经掌握了一元一次方程的有关知识,所以本节课的学习可以类比一元一次方程的"元"和"次"去发现并得出二元一次方程的概念.学生从熟知的"鸡兔同笼"经典问题出发,感受中国古代数学文化的智慧,用不同的方法建立数学模型解决问题,通过观察和类比概括出二元一次方程(组)的概念,在分析与比较中提升抽象概括的能力,树立模型意识,体会方程是刻画现实世界数量关系的有效模型.

对学生来说,对二元一次方程(组)解的理解是有困难的,尤其是对二元一次方程组解的理解,本节课尝试引导学生分析同一字母所代表的含义,再通过列举数值、表格分析等活动,突破难点.

(三) 目标与分析

1. 通过对实际问题的分析,进一步体会方程是刻画现实世界数量关系的有效模型.能自主思考,分析现实情境中的数量关系,通过设未知数,建立方程模型,提升分析问题、解决问题的能力.

2. 理解二元一次方程、二元一次方程组及其解等概念,会判断一组数是不是二元一次方程组的解.认识二元一次方程(组),会判断一组数是不是二元一次方程组的解.提高对"元"和"次"的认识,提升类比分析和抽象概括的能力.

教学重点:理解二元一次方程、二元一次方程组及其解等概念,进一步体会方程的模型思想,树立模型观念.

教学难点:对二元一次方程组的解的理解.

二、课例的整体设计思路

情境与问题:"鸡兔同笼"中鸡兔各几何? 你能用几种方法解决?

任务分解:

任务 1:探究二元一次方程的概念;

任务 2:探究二元一次方程组的概念;

任务 3:探究二元一次方程的解的概念;

任务 4：探究 二元一次方程组的解的概念.

本原性问题：如何分析"鸡兔同笼"问题中的数量关系,并把它数学化？

问题链设计：

任务 1：探究二元一次方程的概念.

问题 1：能否设两个未知数来表达这个问题？需要用几个式子来表达？

问题 2：你能给刚刚列出来的方程取个名字吗？试试看？

问题 3：观察下列方程,它们是二元一次方程吗？为什么？

问题 4：同学们,你们能给二元一次方程下个定义吗？

任务 2：探究二元一次方程组的概念.

问题 5：方程 $x+y=35$ 与 $2x+4y=94$ 中的 x、y 所代表的对象相同吗？

问题 6：用一个方程能刻画问题中的情景吗？

问题 7：同学们能不能给二元一次方程组下个定义呢？

任务 3：探究二元一次方程的解的概念.

问题 8：你能找到适合方程 $x+y=35$ 的 x、y 的值吗？

问题 9：你是怎样思考的?

问题 10：你能类比一元一次方程的解,说一说什么是二元一次方程的解吗？

任务 4：探究 二元一次方程组的解的概念.

问题 11：你能用什么样的方法找到适合方程组 $\begin{cases} x+y=35, \\ 2x+4y=94 \end{cases}$ 的 x、y 的值？请利用表格探究.

三、教学过程设计

(一) 创设情境,引入新课

问题与情境 1：我国古算名题"今有鸡兔同笼,上有三十五头,下有九十四足,问鸡兔各几何?"你能解决"鸡兔同笼"问题吗？能用几种方法？

设计意图：以经典的古算题"鸡兔同笼"引入,激发学生的学习兴趣和解决问题的方法的多样性.期待学生用算术方法、一元一次方程或者二元方程组的方法解决问题,回忆一元一次方程的学习内容(定义、解法、应用),通过方法的比较,引发思考,从而顺理成章地引出章标题.如果学生没有列出二元,可以引导学生观察问题中有几个未知量、几个等量关系,列出二元方程从而导入课题.

(二) 探究新知,形成概念

探究活动 1：二元一次方程的概念.

问题与情境 2：五只雀、六只燕,共重十六两,雀重燕轻,互换其中一只,恰好一样重,问雀燕各几两？

教师设问：你是否能用两个未知数来表达这个问题？需要用几个式子来表达？

设每只麻雀重 x 两，每只燕子重 y 两．根据共重十六两，可列方程：$5x+6y=16$，若互换其中一只恰好一样重，可列方程：$4x+y=5y+x$．

设计意图：以《九章算术》的燕雀问题引入，不仅可以激发学习兴趣，让学生再次经历建模的过程和体会博大的数学文化．在问题情境中，如果有学生认为用一元一次方程也可以解答，教师要肯定其做法，并将答案保留下来，放到第二节二元一次方程组解法的学习中去，让学生更有学习的好奇心与积极性．

教师设问：你能给刚刚列出来的方程取个名字吗？试试看？

$$x+y=35；5x+6y=16；$$
$$2x+4y=94；4x+y=5y+x．$$

设计意图：让学生根据观察和已有的经验初步给刚刚所列的 4 个方程取名字，学生根据一元一次方程的学习经验给它们取名二元一次方程，如果学生说不出来的情况下引导学生可以类比一元方程给它们取名，让学生进一步感知方程．

教师设问：观察下列方程，它们是二元一次方程吗？为什么？

$$\frac{1}{x}+y=9；3x+4y=z；3xy+4y=yz．$$

设计意图：根据刚刚取名之后的二元一次方程，对二元一次方程进行再认识，引起学生的认识冲突，给后面下定义清除障碍，弄清二元一次方程的本质属性，让学生能够对次数和方程的本质有一个更清晰的认识．

教师设问：同学们，你们能给二元一次方程下个定义吗？

设计意图：由数学情境挖掘数学本质属性，去掉问题背景，发现所列方程的共性，概括出二元一次方程的概念，即含有两个未知数，并且所含未知数的项的次数都是 1 的方程叫做二元一次方程．教师引导学生剖析概念中的关键词，体会"所含未知数的项的次数"，进一步加深对概念的理解．

例 1. 下列方程是二元一次方程吗？为什么？

$$2a+3b=13；m^2-n=10；\frac{1}{x}+2y=5．$$

探究活动 2：二元一次方程组的概念．

设问：上面的方程 $x+y=35$ 与 $2x+4y=94$ 中的 x 所代表的对象相同吗？y 呢？其中的某一个方程能刻画问题 1 的情景吗？

学生活动：学生思考后回答 x、y 的含义分别相同，并指出分别代表什么含义．一个方程不能表达问题 1 的情境.

归纳: x、y 的含义分别相同,并且一个方程不能完全表达这个问题,必须用两个方程才能去表达这个问题,也就是 x、y 必须同时满足这两个方程,把它们用大括号联立起来,得 $\begin{cases} x+y=35, \\ 2x+4y=94, \end{cases}$ 这样就组成了一个二元一次方程组. 同样的道理可得 $\begin{cases} x-y=2, \\ x+1=2(y-1). \end{cases}$

设问: 那同学们能不能给二元一次方程组下个定义呢?

设计意图: 引导学生体会两个方程中 x、y 所代表的对象分别相同,且需要同时满足两个方程. 从而得出二元一次方程组的概念:像这样,共含有两个未知数的两个一次方程所组成的一组方程,叫做二元一次方程组. 通过对概念中关键词的分析,体会"共"的含义,进一步巩固对概念的理解.

教师活动: 根据学生初步总结出来的概念,补充较特殊的方程,引起认知冲突,完善概念.

$$(1) \begin{cases} x+y=5; \\ x-2=0. \end{cases} \qquad (2) \begin{cases} a+2b=5; \\ a+c=3. \end{cases}$$

设计意图: 经历认识冲突后进一步完善概念,培养学生发现问题的能力.

例 2. 下列方程组是二元一次方程组吗? 为什么?

$$(1) \begin{cases} x-2y=1, \\ 3x+5y=12; \end{cases} \quad (2) \begin{cases} x^2+y=1, \\ x-3y=12; \end{cases} \quad (3) \begin{cases} x-7y=1, \\ 3x+5z=12; \end{cases}$$

$$(4) \begin{cases} x=1, \\ y=12; \end{cases} \quad (5) \begin{cases} x-\dfrac{2}{y}=1, \\ 2x+5y=12; \end{cases} \quad (6) \begin{cases} 2a+3b=1, \\ a-b=12. \end{cases}$$

探究活动 3: 二元一次方程的解的概念.

问题与情境 3: 你能找到适合方程 $x+y=35$ 的 x、y 的值吗?

请同学们完成表格 3 - 6:

表 3 - 6

x							
y							

设问 1: 你是怎样完成表格的?

设问 2: 你能类比一元一次方程的解,说一说什么是二元一次方程的解吗?

学生活动: 学生先列举出 x、y 的值,并阐述方法:确定一个 x 值就能求出一个 y 值;确定一个 y 值就能求出一个 x 值,体会这样的 x、y 值可以找到无数组,然后完成表格. 学生找

到 x、y 的值,完成表 3-6.通过类比,概括二元一次方程解的概念:适合一个二元一次方程的一组未知数的值,叫做这个二元一次方程的一个解.

例 3. 下面 4 组数中,是二元一次方程 $2x + y = 10$ 的解的是(   ).

A. $\begin{cases} x = -2, \\ y = 6; \end{cases}$ B. $\begin{cases} x = 3, \\ y = 4; \end{cases}$ C. $\begin{cases} x = 4, \\ y = 3; \end{cases}$ D. $\begin{cases} x = 6, \\ y = -2. \end{cases}$

设计意图:巩固方程的解的概念,体会二元一次方程有无数个解.

探究活动 4:二元一次方程组的解的概念.

问题与情境 4:你能用什么样的方法找到适合方程组 $\begin{cases} x + y = 35, \\ 2x + 4y = 94 \end{cases}$ 的 x、y 的值吗?

利用表格 3-7 探究:

表 3-7

x							
y							

设计意图:学生由表格可观察出两个二元一次方程的公共解,很自然地引入二元一次方程组解的概念:二元一次方程组中各个方程的公共解,叫做二元一次方程组的解.二元一次方程组的解也是基于同一字母代表同一个含义,这样对于每个方程来讲相同字母才是一样的,教师应引导学生体会这一点.

例 4. 二元一次方程组 $\begin{cases} x + 2y = 10, \\ y = 2x \end{cases}$ 的解是(   ).

A. $\begin{cases} x = 4, \\ y = 3; \end{cases}$ B. $\begin{cases} x = 3, \\ y = 6; \end{cases}$ C. $\begin{cases} x = 2, \\ y = 4; \end{cases}$ D. $\begin{cases} x = 4, \\ y = 2. \end{cases}$

设计意图:学生独立思考及小组交流,代表讲述方法,说明理由.巩固二元一次方程组的解的理解.

(三)收获与思考

通过本节课的学习,你有哪些收获?

设计意图:通过回顾本节的知识和数学思想方法,发展学生归纳总结能力,发挥学生的主体作用.学生谈一谈还想学习的内容,为本章后续的学习埋下伏笔,形成知识体系.同时也是今后研究分式方程、一元二次方程基本的思路.

(四)布置作业,分层训练

请你自己编写一个二元一次方程组,并利用它编制一道数学应用题.

四、问题探讨与反思

（一）创设贯穿始终的问题与情境，精心设计概念学习的进阶

本节课是一节概念课，在教学活动中以"出示问题—解决问题—发现新知—探究新知（类比）—理解新知—应用新知"为明线，以"鸡兔同笼"问题的主要探究背景为暗线.让学生在学习活动中感受和经历二元一次方程和二元一次方程组的产生过程，让学生通过对《孙子算经》中的"鸡兔同笼"问题的分析，进一步体会方程是刻画现实世界数量关系的有效数学模型.在已有的一元一次方程的知识经验与活动经验的基础上探究二元一次方程和二元一次方程组以及它们的解的概念，在独立思考与小组合作交流的思辨空间中得出二元一次方程和二元一次方程组以及它们的解的概念，同时感受类比的思想，进而理解概念和利用概念解决问题.

（二）问题驱动"做中学"，提升自主学习能力

本节课重视发挥学生的主体作用，学生动脑动手动口，在实践中获得亲历体验，力求达到"做中学".运用"小组合作学习"模式，培养学生"自主探究、合作学习"能力，指导学生尝试自主学习，培养学生学习能力.学生学习评价设计科学、合理，面向全体学生，让不同的学生在原有的基础上均得到了发展，取得了很好的效果.具体体现在以下三个方面：

（1）通过古算名题《鸡兔同笼》感受中国古代数学文化的智慧，激发学生对数学的热爱和中国数学文化的认同感，鼓励学生积极探索在生活中努力将数学知识与生活实践相结合.通过探究二元一次方程组和二元一次方程组的解的过程，体验数学的抽象美、简洁美，激发学生学习数学的兴趣.通过观察、思考、交流、讨论，让学生学会交流与合作，形成合作与分享的意识.活动中教师在进行适当引导的同时，发现学生思维的闪光点，进一步培养学生的创新意识.

（2）在发现新知和探究新知的过程中，充分发挥学生的主体作用，在学生的"最近发展区"提问、追问，运用类比思维，引导学生建立原有知识与新知识之间的联系，引起学生的认知冲突，在实践中获得亲历体验，运用小组模式，培养学生自主探究、合作学习能力.

（3）在理解和应用新知时，让学生动脑动手动口，将学生的思维过程进行充分展示，通过辨析练习，使学生的思维不断被激发，在学生的各种质疑和纠错中，加深对概念的理解.

第二节　命题法则课的核心任务与本原性问题设计

数学命题（法则也是命题）是数学判断的陈述句或用数学符号联结数和表示数的句子的关系总称，是深化数学概念和解决数学问题的基础.通过将数学概念联接起来，数学命题形成了数学理论体系.学习命题法则，不仅需要掌握如何揭示命题背后的思想方法和大概念，

更是培养学生逻辑推理素养的重要途径.通过学习命题法则,学生能够经历表达数学命题、判断命题真假、加深理解数学知识方法的过程,从而有效提高自己的数学表达能力、逻辑推理能力、数学运算能力等核心素养.在这个过程中,学生能够更深入地理解数学概念,并将其应用于解决实际问题.这样的学习方式,有助于学生在未来更好地适应数学和其他学科的学习,提高自身的综合素质和能力.

　　本节将探讨命题法则学与教的基本模式、如何构建命题法则课"三阶段五环节"的教学模式、如何提炼教学内容结构化的一般观念并明确本原性问题的核心价值.随后归纳命题法则课的本原性问题设计策略:设置情境性问题引导命题的有效发现;设置策略性问题引导命题的猜想;设计交互式问题规范命题表达与证明;设计变式性问题灵活运用公式;设计反思性问题引导知识体系构建.

一、命题法则课的意义和功能

　　数学中的公理、定理、公式、法则、性质等的学习统称为命题法则学习,或者规则学习.[①]通过命题法则的学习,学生不仅能获取数学知识并提升解决问题的能力,还能有效提高逻辑推理和语言表达能力.通过对命题法则的结构体系进行深入理解和构建,学生能够更好地应用数学知识和创新.这种学习不仅有助于学生对数学知识的掌握,更有助于他们在实际生活中运用数学思想方法解决问题.

　　《义务教育数学课程标准(2022年版)》提出:在义务教育阶段,数学思维主要表现为:运算能力、推理意识或推理能力.通过经历独立数学的思维过程,学生能够理解数学基本概念和法则的发生与发展,数学基本概念之间、数学与现实世界之间的联系.[②]核心素养导向下的命题法则课,涉及数学概念之间的关系,如公式、定理、法则、性质等,它在多方面都具有重要的意义和价值.首先,命题法则课有助于发展学生的逻辑思维能力,通过命题的猜想、判断、推理和证明,学生能更深入地理解数学概念,逐步建立清晰的逻辑思维方式,促进对复杂问题的理解并形成有条理的思考习惯.第二,命题法则课有助于提高学生解决问题的能力,学生在命题的发现、证明、应用的过程中,需要不断运用已有经验和所学知识来分析问题、提出假设、验证结论,解决问题的同时又不断积累经验和知识方法,从而能够更好地应对生活中的各种挑战.第三,命题法则课有助于促进语言表达和沟通能力,命题法则要求学生能清晰准确地表达观点和思想,通过学习和实践,能发展学生的语言表达能力,更好地与他人沟通

---

　　① 胡晋宾.基于数学课程知识观的高中数学教科书编写策略研究[D].南京师范大学,2020.
　　② 史宁中.核心素养统领的数学教育——《义务教育数学课程标准(2022年版)》修订的理念与要点[J].小学教学(数学版),2022(Z1):4-12.

交流.第四,命题法则课有助于发展批判性思维,学生在对命题进行辩证分析、识别命题中的逻辑错误与矛盾之处时,能意识到学习中要避免盲从,形成独立思考、辨别是非的思维模式,发展批判性思维.第五,命题法则课有助于发展学生终身学习能力,命题法则课的学习过程强调学生主动参与和自主学习,在实践中锻炼独立探索、自主研究的能力,这些能力对于未来继续学习更加复杂抽象的数学问题至关重要,这些能力将伴随学生一生,促进他们不断适应新的知识和挑战,实现终身学习和成长.

命题法则的学习是一个通过归纳和演绎形成复杂命题网络的过程,具有形式化和公理化的特征.学生能够更好地理解和掌握数学概念,并能够运用这些概念来构建和解决复杂的数学问题.让学生经历真实的情境,激活学生原有数学认知经验,经历分析、归纳、整理等思维活动,发展思维的联系性;积累解决问题的经验,在归纳概括过程提升语言表达,通过反思总结建立完善的命题认知结构,发展思维的迁移性.

二、命题法则课的核心任务

命题法则课的核心任务是要掌握如何揭示命题背后的思想和大观念,通过经历和体验各种数学推理过程揭示数学概念间的关系,构建数学学科体系的框架.通过学习命题法则,学生经历发现和发明数学规律、判断并证明假设、归纳命题法则、应用命题、反思推理过程,能多角度、辩证地深入理解数学概念,掌握概念之间的关联,学生能用严谨的逻辑推理证实猜想,能独立思考和表达数学原理与方法,对数学知识有更深层的理解和把握,将学习过的知识系统化,从而构建数学知识结构体系,掌握有效地设计和解决数学问题的基本方法和策略,发展抽象思维与逻辑推理能力.

(一)命题法则学习的基本形式

在数学中,公理、定理、公式、法则和性质等概念的学习被统称为命题法则学习或规则学习.由于数学命题是由概念组合而成,包括概念的定义形式也是命题,这反映了数学概念之间的联系,因此,命题学习并不仅仅局限于概念学习,更重要的是体现在命题的应用方面.这意味着学习者需要理解这些命题的含义,并将其应用于解决实际问题,以培养他们的数学应用能力和推理能力.

奥苏伯尔将有意义学习分为五类:表征学习、概念学习、命题学习、解决问题的学习与创造学习[①].奥苏伯尔又将命题学习单独列为一类学习,而且根据原有观念(命题)与新观念的

---

① 周晓萍.评奥苏伯尔的"有意义言语学习理论"对学习心理学和教育实践的贡献[J].华东师范大学学报(教育科学版),1986(4):55-66.

关系,将命题学习的形式分为三类,即下位学习、上位学习和并列学习.①

1. 上位学习

上位学习是指在原来命题的基础上学习一个更加一般化的命题,使原来命题成为新的命题的特例,可以看作是一种弱抽象的关系.例如命题1:三边对应相等的两个三角形全等.命题2:三边对应成比例的两个三角形相似.前者是后者相似比等于1的特殊情形,因此从命题1到命题2的学习是上位学习.

上位学习也被称为总括学习.在上位学习中,已存在的概念 a_1、a_2、a_3 被视为新概念 A 的具体实例,这些实例同时也是与 A 相互关联的.上位概念 A 是根据一组新的、能够概括这些上位概念的关键特性来定义的.在这个过程中,新的信息被整合到已有的知识结构中,从而扩大了我们对某一主题或领域的理解.比如小学数学中概括运算定律和运算性质的学习,都是通过大量的数字的实际例子,比如 $3+5=5+3,35+75=75+35,121+356=356+121$ 等找到运算规律,总结加法交换律的运算法则 $a+b=b+a$,这样的过程都采用上位学习.在这个过程中学生需要从大量的具体实例中抽取出共同的、本质的特征,舍弃非本质特征,将数量关系中共同的、本质的属性抽象出来,再用符号将发现的一般规律进行表达.

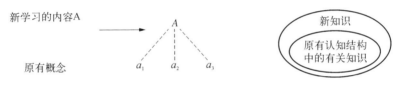

新学习的内容A → A a_1 a_2 a_3 原有概念

新知识 原有认知结构中的有关知识

图 3 - 11　上位学习关系图

新学习的知识在概括程度上高于原有认知结构中的有关知识,这种关系叫上位关系.② 例如从 $3\times10^5\times5\times10^4=15\times10^9$ 迁移类比到 $3a^5\cdot5a^4=15a^9$,再概括归纳出单项式×单项式的法则,这就是上位学习.上位学习需要学生对原来的知识进行结构分析和功能理解,从而抽象、归纳出更一般的命题,从数到式的学习大多都是上位学习,比如学生通过分数的乘除法、加减法运算法则,迁移、归纳、概括出分式乘除法、加减法的法则,就是上位学习.学生在学习过程中理解字母符号的各种意义和使用规则,知道代数式的运算本质仍然是数的运算,发展符号意识.

由于数学思想方法具有高度的抽象性,因此应该遵循从具体到抽象的教学原则.拿配方法的教学来说,学生需要先经历完全平方公式的推导过程,熟悉此公式在代数运算中的应用,然后从简单的数字系数的二次三项式开始,逐渐变化到字母系数,从对一个字母变元的

①　余文森.奥苏伯尔有意义言语学习理论的启示[J].比较教育研究,1993(3):38-43.
②　黄梅.奥苏贝尔的有意义接受学习理论在中学数学教学中的应用研究[D].云南师范大学,2006.

配方到针对一个代数式的配方,逐步在具体问题情境中对数量关系规律进行抽象,形成命题.

归纳推理和类比推理都是从特殊到一般的思维方式,是发现、提出、形成数学概念、法则、关系、猜想的重要方法.

2. 下位学习

下位学习是指新学习的命题是原来命题的特例,是与上位命题相反的学习方式,也是数学命题学习中常见的形式.例如在学习了平行四边形的性质以后再进一步学习矩形的性质,矩形的性质就是平行四边形性质的强抽象.新学矩形知识以后,矩形的特性和属性被纳入到平行四边形的范畴中,并未对平行四边形的本质产生根本性的改变.然而,这一调整却赋予了平行四边形更强的概括性和包容性,使其具有更广泛的适用性和迁移性.我们可以利用这种关系对平行四边形进行深入探究,挖掘平行四边形与矩形之间的联系:对角线相等的平行四边形被判定为矩形,而有一个内角是直角的平行四边形也被判定为矩形等.此外,矩形的特性和属性正在被逐步整合到平行四边形的知识体系中,从而丰富和扩展了原有的知识结构.这样,新的知识结构得以建立,平行四边形的理解和学习变得更加容易,对于其应用的发展也有着积极的推动作用.

把新知识归属于认知结构的适当部位,并使之相互联系的过程称为类属过程,通过类属过程获得有意义的学习就是下位学习.[①]例如,梯形面积计算公式可以通过割补拼合的方式转化为平行四边形,从而得出梯形面积公式 $S = \dfrac{1}{2}(a+b)h$,平行四边形的面积具有更强的概括性、包容性和广泛的可迁移性.

图 3 - 12

下位学习比上位学习更容易,学生从最一般性的知识中掌握具体的特殊的知识,相对于从具体的知识中理解一般性的知识更容易.例如,乘法公式(平方差公式、完全平方公式)就是多项式与多项式乘法法则 $(a+b)(m+n)=am+an+bm+bn$ 的下位知识,我们学完多项式与多项式相乘以后,再学习两个乘法公式,就是下位学习.学生能够运用数学推理解决

---

① 黄梅.奥苏贝尔的有意义接受学习理论在中学数学教学中的应用研究[D].云南师范大学,2006.

问题,将 m 和 n 特殊化得到的平方差公式和完全平方公式,学生能够通过推理建立所学知识的逻辑联系,形成初步的认知结构.

演绎推理是从一般到特殊的思维方式,是形成数学命题、判断命题真伪和进行证明的基本方法.学生在学习数学概念、基本事实、性质、法则的过程中逐步养成推理的习惯,不断提高语言表达的条理性和流畅性,命题法则的学习在演绎推理中有重要的意义和作用.

3. 并列学习

并列学习是指新命题与已学命题之间既非上位关系,也非下位关系,但在学习新命题时要用到已学过的命题,两者之间存在一种潜在的关系,或者两个命题在逻辑意义上等价,它们之间可以互相推出.[①]例如命题 1:同位角相等,两直线平行.命题 2:内错角相等,两直线平行.这两个命题是等价的,我们可以用任何一个命题作为先学材料,另一个作为后学材料,都是符合逻辑的.

新学习的概念 $A \longrightarrow B \longrightarrow C \longrightarrow D$ 原有的概念

图 3 - 13

当新概念与原有认知结构中的概念在学习中可能产生关联时,这种学习被称为并列学习.新概念 A 与 B、C、D 等原有概念并列,但 A 并不比 B、C、D 更广泛或更具体.例如,在学习分数的基本性质和比的基本性质时,学生通过类比除法的商不变性质来理解和掌握.新的概念(比的基本性质)与原有概念(分数的基本性质、除法的商不变性质)具有共同的关键属性.并列学习的关键在于寻找新定理与原有认知结构中相关定理的联系,使它们能够在一定程度上进行类比,建立不同命题之间的联系.通过应用、推广到其他相关情境,可以感悟到数学的通用性质和技巧.

总的来说,并列学习是一种将新概念与原有认知结构中的概念进行关联的学习方式,它有助于学生更好地理解和掌握新知识,同时也能巩固和扩展原有认知结构.通过寻找新旧知识之间的联系,可以更好地掌握数学通性通法,提高学习效果.

再例如,在学习立方根这一新知识时,它与原有的平方根概念并无明显的上下位或包含关系,两者是一种并列关系.学生通过类比平方根的定义、性质及其运用,逐步理解和掌握立方根的定义、性质及其运用.这样的学习方式不仅加深了学生对平方根的理解,而且通过类比和对比两种知识之间的异同,揭示了它们本质的属性,洞察了平方根和立方根背后的结构和规律,提高了学生的抽象思维能力.

再例如,原有的知识(直线和圆的位置关系)与新知识(圆和圆的位置关系)之间没有明

---

① 李文送.有意义学习的内涵、类型及原理[J].教书育人,2021(2):10 - 12,11.

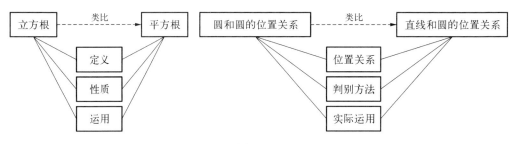

图 3 - 14

确的上下位或包含关系,它们是并列学习的关系.在学习过程中,首先回顾并复习直线和圆的位置关系的相关知识,包括其分类和判别方法.在此基础上,引导学生进行类比迁移和猜想:在平面内两个圆的位置关系如何?通过探索和活动,学生用类比的方法学习圆和圆的位置关系及其判别方法,并尝试将其应用于实际问题中.这样的学习方式不仅加深了学生对直线与圆的位置关系的理解,还帮助学生寻找出不同知识之间的联系和区别.在这个过程中,学生洞察了知识的本质属性,提高了抽象能力和数学表达能力.同时,他们也理解了概念和法则之间的联系和规律,建立完整的知识体系,为解决更复杂的问题打下坚实的基础.

在完整的数学课堂中,学习方式并非单一,而是根据新旧知识间的不同关系,主要分为上位学习、下位学习和并列学习三种类型.例如,在初中的一些运算法则教学中,通常采用先上位学习后下位学习的模式.例如先从具体计算过程概括出运算法则进行上位学习,然后再通过下位学习将法则运用于具体计算.因此,教学应根据不同知识间的关系,灵活选择合适的学习方法、教学方法和教学手段,以帮助学生提高学习效率,发展高阶思维和学习能力.这样,学生可以在学习过程中更好地洞察知识的本质属性,提升抽象能力和数学表达能力,并建立所学知识的横向和纵向联系,对知识进行提炼和重组,从而完善自己的认知结构.

(二) 命题法则教学的基本模式

命题法则教学主要有两种模式,一种是归纳的方式,即设置恰当情境,引导学生归纳出命题,这个叫做归纳命题;另一种是同化的方式,即通过学生认知和引导性的问题,发现命题,这个叫做同化命题.归纳命题教学方式关注学生分析、概括、归纳能力的培养,指向数学抽象、合情推理、直观想象和模型观念等数学核心素养.同化命题方式则更侧重培养学生推理能力、应用能力,指向演绎推理、直观想象等核心素养.

1. 归纳的教学模式

归纳是指利用归纳方式获得数学命题的教学形式.这种教学模式在初中的命题法则课中也最为常见,最为广泛.

归纳命题的教学模式的操作程序是:

第一步,构造问题情境,创设一个可以衍生命题的问题情境.也就是把要研究的命题还原成一个问题,用情境的方式来设计,构造问题情境.这个情境可以是实际问题的情境、数学史的情境、原有知识的情境等等.

第二步,在问题情境中,引导学生去感知、猜想、体验、概括、抽象,从而归纳出命题.

第三步,选择恰当的方法、用不同的表征来表达归纳出的命题.

第四步,分析证明思路,合情推理、演绎推理进行证明.

第五步,命题的应用,了解命题的结构和功能,巩固理解命题.

第六步,在命题应用的基础上,将命题结构化,从联系和发展的视角逐步形成命题域和命题系.

2. 同化的教学模式

同化是指学习者接受所要学习的新的知识内容后,新的内容与旧的内容互相影响,在已有知识体系中为新知识找到一个恰当的位置,把新知识纳入到已有知识结构中,重构知识结构,使新知识与旧知识融为一体.其实,同化的结果即是旧知识被改造了,原有知识结构被丰富和发展了,最后形成了新的知识体系.这样,新知识就被学习者所吸收、理解了,从而也就获得了真正的意义.那么,奥苏伯尔认为,学生能否真正地将新知识纳入到自己已有的知识体系中,原有的认知结构中是否存在着与新知识相互连接的内容起着关键作用.于是,教学需要注重教给学生如何构建一个好的认知框架.

从认知同化论出发,教师在准备教学设计的时候,一定要认识到已有的旧知识对新知识的学习所起到至关重要的作用.在传授新知识前,先了解学生掌握的知识基础如何,找到能够与新知识相联系的点,从而合理地设计教学,及时地与学生们一起复习与之有关的旧知识,有针对性地将新知识与旧知识巧妙地联系起来,有助于学生学习新知识.

同化方式的教学和操作程序是:

第一步,通过启发、协商、交流,从原认知中发现命题.

第二步,对比和类比并列知识,体会命题本质,对命题进行归纳和表达.

第三步,分析证明思路,合情推理、演绎推理进行证明.

第四步,命题的应用,了解命题的结构和功能,巩固理解命题.

第五步,在命题应用的基础上,将命题结构化,从联系和发展的视角逐步形成命题域和命题系.

三、命题法则课中本原性问题的设计思路

命题法则课的本原性问题驱动学习的根本价值在于让学生经历数学规律的"发明"或

"发现"过程,在经历和体验各种数学推理过程中发展策略性思维、批判性思维和创造性思维.在学习命题法则的过程中要首先明确"该命题来自于哪里",即为什么要学习该命题,它与哪些概念有关联.其次要了解"该命题是什么",即如何表达该命题,归纳概括命题.再次要知道"如何研究该命题",即用何种方法判断、证明这个规律.最后要解决"该命题学到什么程度",即该命题如何应用、延伸与拓展.

(一) 构建命题法则课"三阶段五环节"的教学模式

命题法则课教学的本原性问题设计要揭示命题的本质,从数学学科角度,让学生经历命题法则的发生形成过程,有利于逐步认识命题的内涵和外延,从不同角度认识概念间的关系,提出多样的问题从而反思归纳命题法则的构建过程.从学生认知角度,本原性问题设计应考虑学生的认知基础,符合学生认知习惯,善于激发学生认知冲突,激发学生探究热情.培养学生抽象、概括等策略型思维,反思、重构等批判性思维,拓展、创造等创新性思维,提升高阶思维,发展数学素养.构建命题法则课"三阶段五环节"的教学模式如图 3-15 所示:

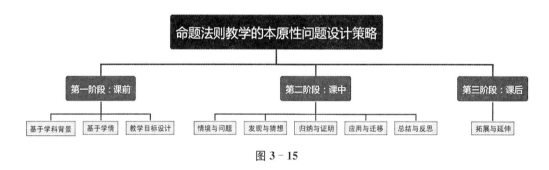

图 3-15

在命题法则课中,深度分析命题或法则内容本质以提炼学科观念,基于一般观念提取"本原性问题",作为课堂组织的中心,架构认知过程和高阶思维路径.以"本原性问题"为统领,设计逻辑联通、层次递进的学习活动,围绕着教学目标设计问题链,以学生在问题解决过程中的生成问题设计引导性问题,形成以本原性问题为核心的"问题化学习"设计思路,从而促进学生在老师与同伴的帮助下持续提出问题,自主构建问题系统,不断发现问题、提出问题、解决问题,寻找学习路径,发展学科思维.

(二) 提炼教学内容结构化的一般观念

基于上文的教学模式和设计流程,我们从数学的"一般观念"着手,阐述如何用本原性问题来整体规划知识结构体系."一般观念"是指与核心知识相关的研究问题的一般套路或模式.它包括一个具体知识领域内核心知识的研究内容、数学思想方法和基本思维策略方法等,是对知识发生、发展过程及其背后的数学思想的再概括.数学知识的联系主要包括纵向

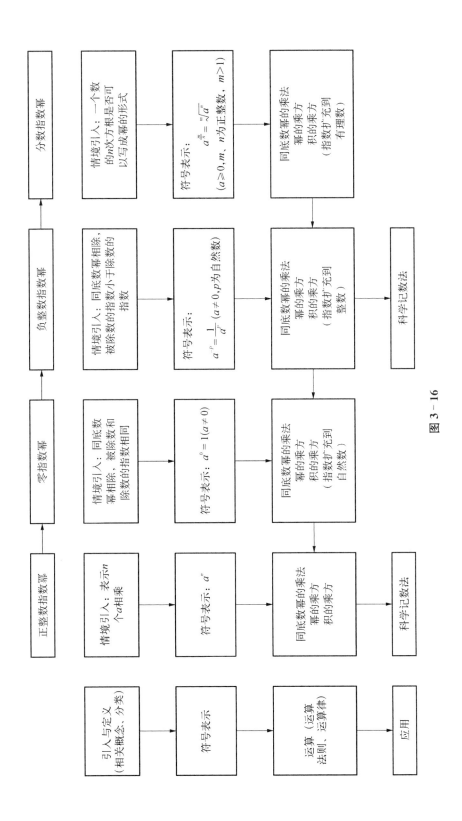

图 3 - 16

知识结构联系和横向知识结构联系.纵向知识结构联系是指单元内知识的研究过程,横向知识结构联系是指结构类似的不同单元知识之间的联系关系.[①]这些组织形式、思想方法和研究模式的一致性都集中反映了数学学科的"一般观念".

以《数与运算》中幂的相关知识模块为例,从纵向看幂的学习过程,都是从大量的数的运算中抽象出式的运算法则,对正整数指数幂、零指数幂、负整数指数幂、分数指数幂下定义,对其符号表示作规范,探究幂的运算法则和运算律,最后运用幂.这样的过程对应了本原性问题"如何研究幂".从横向看,每一种幂的定义、运算都是一致的,这分别对应了"为什么要研究幂""如何研究幂"等本原性问题,从而体现了用本原性问题系统整体架构幂相关模块知识体系的建构过程.

(三)明确本原性问题的核心价值

在命题法则课中,基于一般观念提炼本原性问题,以此整体架构知识体系的建构路径,其核心价值是:(1)命题法则的构建是有序的、进阶式的,在概念的相互联系中深化对命题、法则的理解,优化认知结构,建立层次分明、联系广泛的数学知识体系;(2)在分析命题的形成和发展过程中突出一般观念,让学生体会用相同的方法学习不同的核心命题,从而为知识体系的构建提供可迁移和参考的经验方法;(3)从知识到观念最后提炼成本原性问题体系,使命题法则变为有效学习的"问题化学习"活动,对学生自主发现命题、主动探究法则等学习方式的变革有突破性的意义.

四、命题法则课中本原性问题的设计策略

教师应综合考虑以下三个方面,设计具有逻辑性、层次性的问题链,围绕本原性问题,体现数学学科的整体性和一致性.

(一)情境性问题:引导命题的有效发现

命题法则教学中应让学生通过实践和推理等手段,经过独立思考、探索规律,建立猜想,获得命题.在命题教学中,教师需要引导学生调用已有学习经验和数学知识,启发思考.我们以《同底数幂的乘法》这节课的三个情境为例.

情境1:关联新知旧知,引发类比猜想.

问题1:我们学过哪些有理数的基本运算?

---

① 魏悦心,马云鹏.基于数学本质的小学数学课堂教学评价指标[J].教育测量与评价(理论版),2015(1):29-34.

问题 2：我们已经学习了整式的哪些运算？

问题 3：类比学习数的运算的学习过程，你认为接下来我们要学习整式的哪些运算？

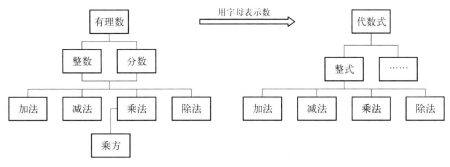

图 3 - 17

情境 2：聚合旧知，重构引发新知.

问题：你能从以下四个整式 a^2、a^3b、$a+ab$、a^2-ab 中任意选两个进行乘法运算吗？可以写出哪些算式？你认为整式的乘法可以分为哪几种类型？单项式与多项式相乘、多项式与多项式相乘该如何运算？

情境 3：情境关联实际，引发命题抽象.

2021 年 6 月 17 日，神舟十二号载人飞船发射成功并与天和核心舱完成自主快速交会对接，仅用时 6.5 小时. 与此前神舟十一号与天宫二号交会对接相比时间大幅缩短，这意味着中国的空间交会对接技术迎来了新的历史阶段. 飞船的飞行速度约为 7.9×10^3 米/秒，若以此速度飞行 104 秒，问飞船飞行了多少米？（用科学记数法表示）[①]

以《同底数幂的乘法》的法则课为例，创设三个情境：情境 1 基于学生已有知识的认知起点，类比数的运算的学习过程，迁移概括出整式运算的基本框架和学习流程，感受数与式的关系，引发学生回忆，激发学生对新知识的思考和探究欲望. 情境 2 引导学生发现整式的乘法运算可以通过转化，最终化归为同底数幂的乘法，从整式单元结构进行分析，体现单元的本原性问题整体架构下的课时本原性问题. 情境 3 从实际问题中抽象出同底数幂相乘的数学模型.

在问题发现和提出的引导环节，要着力培养学生的观察力和思考力，使学生能够从现实生活或数学问题的具体情境中，提炼出新的数学关系，进而构建自己的思维模型. 这一过程需要依托真实的生活场景或数学知识的发生过程，精心设计一系列具有启发性的问题，以构建有效的问题链. 在真实且富有深意的情境中，数学问题的本质愈加凸显，这将更有助于激发学生的高阶思维，充分调动他们的已有知识和经验，引发情感上的共鸣，引发认知冲突，从

---

① 杨梦娇."同底数幂的乘法"教学设计［J］.中国数学教育，2022(Z3)：10 - 14,17.

而鼓励学生主动、积极地从情境中识别、抽象出数学元素、数量或图形之间的关系.

(二) 策略性问题：引导发现并猜想命题

在情境与问题中引导学生进行数学猜想,需要教师深度理解数学知识体系,把握数学的本质,有意识地引导学生进行观察、分析、比较、概括等复杂思考,使学生在数学抽象和逻辑分析的过程中经历思维过程,进而逐渐揭示数学问题的本质,推动学生从直观经验向抽象思维过渡,同时培养他们的批判性、反思性思维以及逻辑推理能力.

例如《特殊的直角三角形的性质》的命题发现环节：

问题 1： 直角三角形是一般三角形的特殊化,那么一般的直角三角形能否继续对它特殊化呢？又如何特殊化呢？

问题 2： 对一般的直角三角形特殊化可以从两个维度分别考虑,首先从角的维度进行特殊化——即添加特殊角,那么你想把锐角特殊成多少度呢？那么它又具有哪些特殊的性质呢？

问题 3： 如果有一个角为 30° 的直角三角形,它又有什么特有的性质呢？

追问 1： 如何进一步挖掘出两边的数量关系呢？你会联想到什么？

追问 2： 根据勾股定理,你能进一步挖掘出三边的数量关系吗？

问题 1 类比直角三角形的研究方法,从学生已有知识和学习经验出发,提高学生迁移类比能力.问题 2 和 3 通过添加特殊条件,引导学生观察并进行几何直观猜想,提高学生的逻辑推理和逻辑表达能力.

(三) 交互式问题：规范命题表达与证明

命题法则的推导过程其实就是对概念内涵与外延的理解、探究过程、方法的概括归纳,是提高思维训练一种有效的方式.在命题法则教学中,我们要围绕本课时的本原性问题,通过问题的引导与递进,让学生经历命题法则的形成过程、推理过程,渗透其背后的数学思想方法,提高学生的逻辑思维能力.

《同底数幂的乘法》法则课：法则探究与证明环节.[①]

1. 根据乘方的意义计算下列各式,结果用幂的形式表示.

① $10^3 \times 10^4$； ② $10^m \times 10^n$ (m、n 是正整数)； ③ $a^3 \cdot a^4$.

2. 合作探究.

(1) 参考以上三个问题的解题过程,尝试计算 $am \cdot an$ (m、n 是正整数).

---

① 杨梦娇."同底数幂的乘法"教学设计[J].中国数学教育,2022(Z3)：10 - 14,17.

（2）比较计算结果与原式，底数和指数分别有什么规律？

（3）如何用数学符号语言表达其中的规律？

（4）在探究过程中，体会到了什么数学思想方法？

3．归纳结论：同底数幂相乘，底数不变，指数相加．

通过从数字到字母、从单个字母到多个字母、从计算结果到发现规律、从符号语言归纳到文字语言表达，在不断追问递进的过程中深化对算理的理解，并从具体到抽象，体会代数运算法则的探究方法，积累基本活动经验，关注知识的生成过程，发展抽象思维能力和代数推理能力．

（四）变式性问题：明确命题适用范围并灵活运用

在推广和应用数学命题法则的过程中，我们需要不断强化练习．因此，在例题的选择上，应该注重其关联性和变式，对命题法则以及问题进行多角度、多层次、多情形的变化，使得条件或结论的形式或内容有所调整，但本质特征保持不变．这样的教学方式有助于学生加深对命题法则的理解，同时也能发展学生的发散思维能力、化归与迁移能力．

《9.7 同底数幂的乘法》法则课：应用环节．

例题 1：计算下列各式，结果用幂的形式表示．

(1) $6^5 \times 6^6$；

(2) $\left(-\dfrac{1}{2}\right)^3 \left(-\dfrac{1}{2}\right)^2$；

(3) $x^5 \cdot x^4$；

(4) $(a+b)^2 \cdot (a+b)^3$；

(5) $y \cdot y^2 \cdot y^4$；

(6) $(x-y)^3 \cdot (x-y)^4 \cdot (x-y)^2$．

通过解决第（1）—（4）题，初步学会运用同底数幂的乘法法则进行计算，在发现底数 a 可以是单项式也可以是多项式的过程中加深对法则的理解．同时，渗透"从一般到特殊"的数学思想方法．通过用不同的方法解决第（5）（6）题，生成法则的推广并归纳验证．

例题 2：计算下列各式，结果用幂的形式表示（小组合作完成）．

(1) $(-6)^3 \times 6^2$；　　　(2) $(-a)^3 \cdot a^2$；　　　(3) $(b-a)^3 \cdot (a-b)^2$．

追问：观察这三道小题，变化的是什么？不变的是什么？

从建立法则到运用法则，关注例题选择的关联，通过变式性问题的设计，初步形成"特殊、一般、特殊"的认知规律，为后续自主探究幂的乘方和积的乘方的法则提供学习方法．

（五）反思性问题：引导知识体系建构过程的应用与创新

如果说学习之后，在大脑中没有形成知识之间的关联以及知识与方法之间的联系，没有系统的知识和方法的总结，那么就不可能形成合理的知识结构和认知结构，也就不可能灵活地去解决实际问题.所以,在命题法则教学中,总结反思也是不可缺少的重要环节.通过总结与反思,学生可以对学习的命题法则进行梳理归纳,完善认知结构,改进学习方法,建构合理的知识结构和认知结构,并反思学习过程中的经验和教训,提高学生的自我计划、自主实施、自我反思能力,实现学习的进阶.

例如《线段的垂直平分线》命题课:课堂小结环节.

回顾今天的学习过程,

(1)本节课我们学习了什么新定理?

(2)运用定理时要注意什么?

(3)在学习过程中,我们是如何得到这些定理的? 运用了哪些数学思想方法?

(4)我们分别从哪些角度研究了垂直平分线的定理和逆定理?

(5)你认为我们接下来会研究什么内容? 又从哪些角度来研究呢?

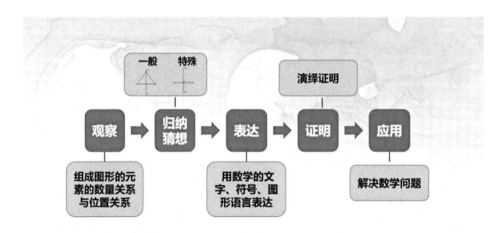

图 3 - 18

回归命题法则的本原性问题,通过引申性问题的设计,与学生一同对所学的知识和方法进行系统地概括和总结,完善命题法则的概念体系,引导学生在获得新的命题法则后,将其与相关的命题法则联系到一起,并进行归纳总结,构建自己的概念体系,不断加深对于命题法则概念的理解,为后面的学习奠定基础.如图3-18,通过回顾探究线段垂直平分线定理及其逆定理的学习过程,系统地建构研究几何图形性质的一般方法,为之后研究其他图形性质积累学习经验,发展类比迁移和自主建构的学习能力.

教师应综合考虑以下三个方面,设计具有逻辑性、层次性的问题链,围绕本原性问题,体现数学学科的整体性和一致性.同时,教师还应注重培养学生的数学观察能力、数学思考能力和数学语言表达的能力.

具体来说,教师需要:

(1)以命题为载体的问题设计:教师要深入理解数学命题法则的核心概念和原理,从大单元的角度顶层设计本单元及本课时的本原性问题,可参考数学命题的提出方法,如从实际问题提出、过渡性提出、归纳式提出等,设计能够引导学生从不同角度思考和探究数学命题法则的问题.

(2)以学生为中心的问题设计:以学生实际的经验和认知水平为基础,设计能够调动学生积极性主动性的问题,由易到难,由具体到抽象,引导学生揭示命题的本质,获得经验,发展推理能力、抽象能力和模型意识.

(3)注重问题的启发性和开放性:命题法则课的本原性问题要能够激发学生的思维活动,能鼓励学生提出自己的观点和想法,通过合作探究提升对数学命题法则的理解和应用,再进行评价和反馈.

案例分享 **《乘法公式的探究》**①

一、课例研究背景分析

(一)学习意义和价值的高观点分析

数学符号作为一种特殊的数学语言,在人们进行推理、运算以及解决问题等过程中都发挥着重要的作用.同时,数学符号通常可以将抽象的问题通过形象、简单的形式准确而清晰地表达出来,便于人们进行交流和学习.②新课标强调代数式可以描述现实问题中的数量关系,经历用代数式表述数量关系和变化规律的过程,掌握运算规律,体会模型思想,建立符号

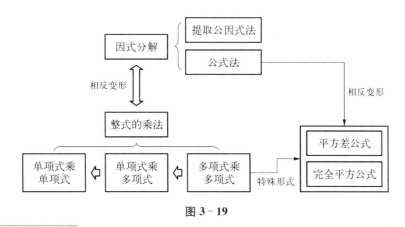

图 3-19

---

① 课例执教者:徐晓燕.
② 孙延洲,宋承洋.数学命题的变革:知识、能力、素养——2020 年中考"数与式"专题命题分析[J].中国数学教育,2021(Z1):15-20,33.

意识.学生在具体的情境中从数学的角度发现问题和提出问题,并综合运用数学知识和方法解决简单的实际问题,可以增强应用意识,提高实践能力.

学习的过程是"复习多项式的乘法的学习历程—探究多项式乘法的特殊情况—乘法公式的归纳、表达、证明—公式的应用与拓展",这样从一般到特殊的过程是代数运算规律的常见过程,学生从一般的多项式乘法到特殊的乘法公式的探究过程中提升抽象能力和推理能力,在用不同语言表征乘法公式、用图形、符号文字语言表达规律的过程中发展逻辑表达、符号意识与交流能力,在应用和延伸过程中提升运算能力并构建知识体系.

（二）基于高阶思维的思考与尝试

本案例在学生已掌握整式的乘法（单项式乘以单项式、多项式乘以单项式、多项式乘以多项式）的基础上进行探究,以餐桌面积计算的实际情境问题展开,感悟生活与数学的联系,经历从一般到特殊,提出具体的乘法公式可能特殊的情况,在概括与表达的过程中培养抽象概括的策略性思维;用数学符号表达、计算公式,在比较、分析、优化完善的过程中培养迁移运用的策略性思维;在用图形语言、文字语言、符号语言的多种表征中培养学生的抽象推理的策略性思维,在应用公式解决问题后将结论、经验应用到新情境中解决新问题,将复杂综合的问题化归为简单问题,培养学生收敛解构的批判性思维.通过以问题导入教学内容、教学案例层次化呈现与多知识点融合等方法使学生进一步体会数学的生活化.本课例采用真实的单元活动与问题设计,学生通过"明确实际问题、转化数学问题、归纳命题法则、应用并拓展乘法公式",体会"从特殊到一般"的数学思想,提高分析、解决实际问题的能力.简而言之,从实际情境到数学建模中发展学生的策略型思维、从公式证明与应用反思中发展批判性思维.

（三）目标与分析

教学目标:

1. 复习多项式乘法法则及其文字叙述、符号语言、图形验证,体会用三种语言表达同一个数学公式,提升逻辑推理能力.

2. 经历平方差公式、完全平方公式的推导过程,理解它们与多项式乘法的关系,体验"从一般到特殊"的研究问题的方法、感悟数形结合的数学思想.

3. 经历公式变式的过程,感受"发现问题——提出问题——解决问题"探索方法,培养创新思维.

教学重点:乘法公式的自主探究.

教学难点:用"图形验证乘法公式"并说明理由.

二、课例的整体设计思路

教学任务设计与分解:"多项式乘以多项式有什么特殊情况?"

任务1:回顾多项式乘法的学习经历;

任务 2：乘法公式的探究；

任务 3：乘法公式的归纳、表达、证明；

任务 4：乘法公式的应用与延伸.

深度分析初中数学"数与式"内容本质、学科思想方法和数学观念后，我们确定"如何研究代数式的运算法则?"为"本原性问题"进行统领，设计了"多项式乘以多项式有什么特殊情况"为课时核心问题，围绕整节课的推进预设了六个问题架构整节课的学习过程：

问题 1：回顾多项式乘法的学习经历，你有哪些体会?

问题 2：两个一次二项式相乘，还有什么特殊情况?

问题 3：如何表达多项式乘法的特殊情况?

问题 4：你会用图形验证与表达公式吗?

问题 5：你会选择正确的公式计算吗?

问题 6：还可以从哪些角度思考乘法公式?

学生围绕这六个问题，所经历的思维过程是：首先从复习知识与方法中抽象出情境里的数学问题、数学思想方法，然后对特殊的多项式乘法进行探究，用数学符号建立规则，并用多种语言进行表达和验证，再应用乘法公式，进一步发展运算能力、抽象能力和推理能力，发展符号意识，在深度体会数学知识内部从一般到特殊的研究方法后进一步延展，再迁移到更一般的情况.

图 3 - 20

三、教学过程设计与实践

（一）课前导入

同学们好，很高兴今天和大家共度 40 分钟的学习时光，同学们对下面两幅图有所了解吗?

牛顿被苹果砸了,发现了"万有引力".毕达哥拉斯去朋友家做客,看到地板精美的图案,发现了"勾股定理".为什么其他人做不到呢? 因为还没有学会打开正确的思维方式! 数学学习怎么样打开数学的思维方式呢? 今天这节课就让我们一起体验.

图 3 - 21

(二) 回顾反思,梳理方法

环节 1:回顾多项式与多项式相乘的法则的学习历程.

问题导入:大家看教材截图,我们根据厨房桌面矮柜的问题,引发了一个什么数学问题? 多项式与多项式相乘的法则是什么? 我们是如何得到的?

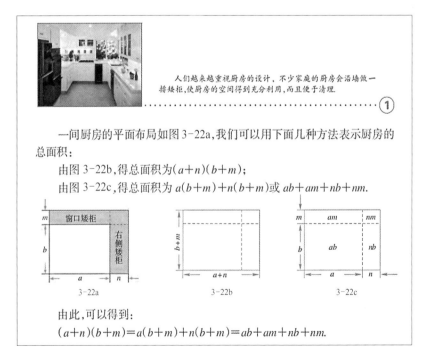

图 3 - 22

师生共同归纳：数学是研究数量关系和空间形式的科学，我们通过厨房的矩柜问题引出了一个多项式乘以多项式的运算问题，然后运用两种不同的方式表达同一个同形的面积得到了运算结果，然后又用乘法的分配律和交换律进一步证明了结论正确性.

　　设计意图：回顾上节课的引入情境，复习多项式与多项式相乘的法则，并回忆多项式的乘法法则运用到了转化的数学思想，将新问题转化为已学过的知识来解决，同时多项式乘法还可以利用长方形的面积问题说明，再次感受数学是研究现实世界空间形式与数量关系的科学，可以用文字语言、符号语言、图形语言来进行表达，让学生体会数学的思维方式和表达方式.

　　环节 2：回顾学习特殊多项式乘法的经历，引出问题.

　　请大家看图片，上节课刘老师家的餐桌由于人口增加不够用了，由边长为 a 厘米的正方形扩张为长方形，长和宽分别增加了 m、n 厘米.

　　问题 1：从这个厨房餐厅桌面扩张的问题，实际研究了什么数学问题？

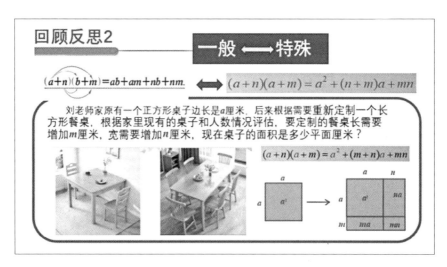

图 3－23

　　问题 2：这个多项式乘法和我们刚才复习的多项式乘法之间有什么关系？

　　设计意图：由原情境进一步引发问题，将原来的多项式 $(a+m)(b+n)$ 问题变为了 $(a+m)(a+n)$，再次感受数学符号语言与图形语言的不同表达，随后通过提问引发学生对"一般—特殊"的感悟和体会，并联想接下去要学习的知识.

　　（三）问题驱动，自主探究

　　环节 1：特殊的多项式乘法探究.

　　问题 1：我们知道 $(a+b)(c+d)=ac+ad+bc+bd$. 当两个多项式的首项是一样的时候，产生了一个比较特殊的多项式相乘结果 $(a+m)(a+n)=a^2+(m+n)a+mn$，你觉得接下来我们会学习什么知识？你们会提什么问题？

生 1：两个二项式相乘，还有什么特殊情况呢？

生 2：如果后面一项也相同，或者后面一项是相反的情况？

师：结果是什么？你如何计算出这个结果？

问题 2：还有其他特殊情况吗？结果是什么？如何计算出的？

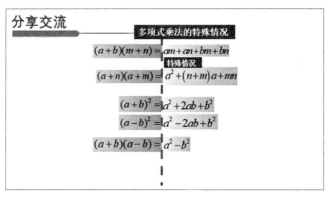

图 3 - 24

设计意图：通过之前一般到特殊的经验回顾，引导学生自主探究更特殊的多项式乘法的情况，在出现两数和的平方、两个数的和与这两个数的差的乘积以后，通过对式子特征的分析，进一步引导还有两数差的平方，引出本节课的主题：乘法公式. 让学生进一步体会，乘法公式是多项式乘法的特殊情况.

环节 2：乘法公式的符号语言、文字语言表达.

问题 1：我们刚才从一般到特殊发现的结果，数学语言有文字语言、图形语言、符号语言. 我们来看一下这些式子该如何简洁地表达？

问题 2：式子是符号语言，那么文字语言又该如何表达呢？

问题 3：两个完全平方公式之间有什么关系？

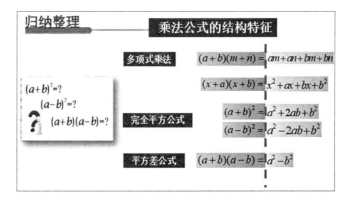

图 3 - 25

设计意图： 让学生规范符号语言，并且不断完善、简化文字语言的描述，感受数学语言的魅力，并且在不同的表达过程中熟记公式．两数和与差的完全平方本质上是同一个公式，通过反思性的提问，让学生体会公式内部的区别与联系，进一步理解公式内涵．

环节3： 乘法公式的图形表达与公式验证．

问题1： 我们说数学是研究空间形式和数量关系的，它的表达是有图形语言、文字语言、符号语言的，你能用图形来表达与验证公式吗？

问题2： 两数和的平方容易让你联想到什么？两数积又可以用什么量来表达？

问题3： 请你在练习本上画一画，看看能否通过图形的面积来说明这些公式是成立的？

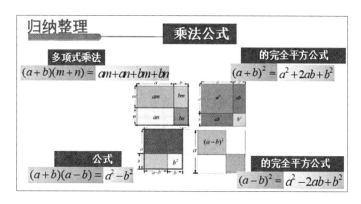

图 3-26

设计意图： 学生在复习旧知时已经复习了从局部和整体两个维度表示同一个图形的面积验证多项式相乘的法则，因此可以根据已有经验对乘法公式进行图形表达与验证，在此过程中需要教师耐心点拨，同学相互提点，尤其是两数差的完全平方公式，可以借助教具或动画来辅助说明．

（四）认清结构，公式运用

环节1： 正确使用乘法公式．

例1： 你会选择正确的公式计算下列各式吗？

① $(3x+2)^2$；② $(2x+y)(2x-y)$；③ $(6x-5)^2$．

例2： 下面是小马同学的计算结果？你觉得对吗？

① $(a+b)^2 = a^2 + b^2$；② $(a+2b)^2 = a^2 + 2ab + 4b^2$；

③ $(a-2b)^2 = a^2 - 4ab - 4b^2$；④ $(7-a)(7-a) = 49 - a^2$．

环节2： 一般与特殊变式应用．

思考1： 如何计算下列各式？可以从哪些角度思考？

① $100\dfrac{1}{100} \times 99\dfrac{99}{100}$；② $101^2 + 2 \times 101 \times 99 + 99^2$．

设计意图：运用完全平方公式和平方差公式进行求解；同时让学生意识到其本质是一般和特殊的关系，公式里的字母可以是特殊的数，也可是单项式或多项式．

思考2：如何计算下列各式？从哪个角度思考？

① $(x+y+2)(x+y-2)$；② $(a+b+c)^2$．

环节3：抓住要素，拓展延伸．

问题1：你会算 $(a+b+c+d)^2$ 吗？怎么思考？

问题2：你会算 $(a+b)^n$ 吗？又该怎么思考？

设计意图：公式运用的部分是三个层层递进的环节，环节1旨在让学生会根据题目的特征选择正确的公式，并计算正确．环节2旨在锻炼学生观察、比较、判断、表达的能力，抓住公式的关键要素，学会灵活运用公式．环节3让学生意识到公式的延展本质上是抓住多项式的项数和次数两个要素进行延展，将两个二项式相乘拓展到两个三项式相乘．

(五) 小结反思

问题：我们今天学习了什么？我们是如何探究的？

设计意图：回顾知识的同时，回顾本节课的学习进程，体会从一般到特殊，再从特殊推广到一般，并再次体会数学可以用文字语言、符号语言、图形语言来表达，感受数学的魅力．

四、问题与反思

(一) 以联系为核心，整体架构乘法公式的认知结构

从代数式的概念到运算进行回顾，逐步把学生引导到本节课的课题上，为学生建构研究数学对象提供了框架结构，对所学知识有预见性，学生对于接下去要学什么能够心中有数，在过程中具有逻辑性，探索时具有方向性，思维上也会有主动性，本节课的逻辑框架对提高教学效率、质量起到了关键的作用．

(二) 以情境创设和提出有效问题为途径，深刻理解和迁移运用

从一般的多项式乘法，到特殊的多项式乘法，再进行一般的推广，从次数、项数上进行推广，对学生从一般到特殊、从特殊到一般的思维训练是非常好的示范．结构性、连续性、发展性是发展学生核心素养的核心载体．数学的连续性的发展结构并不是靠碎片化的知识点教学、大量刷题所能够完成的，在具体教学过程中，要把抽象、归纳的机会留给学生，只有建立起知识体系，建立系统性的知识结构，学生掌握的知识才具有可用性、可发展性、可创造性．

一、课例研究背景分析

(一)学习意义和价值的高观点分析

本章属于图形与几何模块,可分为三个单元:第一单元是几何证明举例,关注学生基本逻辑语言、演绎推理思考方式的形成;第二单元是线段的垂直平分线和角的平分线,关注互逆命题(定理)、轨迹等知识的掌握;第三单元是直角三角形,关注直角三角形有关性质的学习,注重演绎推理的演练.本节课属于第二单元.

在本单元中,线段的垂直平分线定理的逆定理发现过程需要《逆命题、逆定理》一课提供的逆向思考意识;同时,线段的垂直平分线与角的平分线无论在定义、定理的表述与互逆定理的结构等方面都具有相似性,因此这两节课之间属于并列关系,可以类比两者内容与学习方法开展教学.此外,线段的垂直平分线也是本单元最后一节《轨迹》学习的主要载体之一,因此本节课内容起到了上联下延、串联起知识结构的作用.

学生之前所学的全等三角形判定与性质为本节课学习提供了解决问题的思考基础;在平行线性质与判定的学习,以及在认识了逆命题逆定理之后,学生初步形成了逆向思考图形特点的意识.由此,在本节课中证明线段的垂直平分线定理,发现其逆定理会比较水到渠成.

然而,从图形对称性的角度来整体认识性质、聚焦垂直平分线上的一个点来探究性质、从以该点为端点的两条线段数量关系切入获得性质,这对学生要求较高,这需要课堂内设置相应活动,通过问题启发,激发学生的几何直观和空间观念.

(二)基于高阶思维的思考与尝试

线段垂直平分线定理的探究过程是一个典型的数学基本活动过程,整个性质的学习过程有助于学生形成"从观察入手,从具体问题或特殊问题出发,逐步归纳探索得出规律和一般性结论,并试图验证或证明"的数学思考方法.

(三)目标与分析

教学目标:

(1)初步掌握线段的垂直平分线定理和逆定理,能运用它们解决简单的几何问题.

(2)通过观察、猜想、表达、验证等环节经历线段垂直平分线性质的研究过程,积累研究几何图形性质的经验.通过演绎推理得到逆定理,增强逆向思维意识,进一步发展几何直观和推理能力.通过观察具备相同特征的点动成线,初步体会集合思想.

---

① 课例执教者:汤雪川.

（3）通过猜想与论证、交流与评价、反思与质疑、加强合作学习，发展批判性思维与创新思维.

教学重点：掌握线段的垂直平分线定理及其逆定理.

教学难点：垂直平分线性质定理逆定理的证明.

二、课例的整体设计思路

本节课通过在引入环节设计相应问题，引导学生回顾研究几何图形性质的不同角度，即从构成几何图形的基本元素（点、线、角）、特殊线段之间的数量关系或位置关系角度思考，从几何图形的对称性角度思考，进一步加深对几何图形性质研究角度的认识.

教学过程中的问题设计，既是对学生思维的引领，也是突破学生思维卡点的工具，同时还是对学生解决问题方法的指导. 例如，在探索新知环节的问题串引领学生一步步经历数学活动的过程，帮助学生更好地积累数学活动经验；再例如，新知巩固环节的问题串给出了一般分析几何证明题的路径，为学生独立完成几何证明题搭好了思考与分析问题的脚手架.

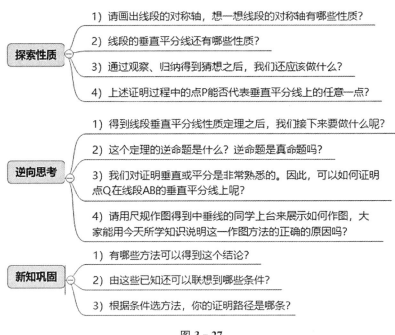

图 3－27

三、教学过程设计与实践

环节1：回顾引入

问题：线段有哪些性质？我们可以从哪些角度来研究图形的性质？

设计意图：回顾学习几何图形性质的不同角度，线段的轴对称性和中心对称性，引出本节课研究的对象.

环节 2：探索性质

问题 1： 请画出线段的对称轴，想一想线段的对称轴有哪些性质？

设计意图： 在画图过程中感受线段与其垂直平分线之间的特殊关系，画中垂线也为后续用逆定理说明尺规作图的合理性埋下伏笔.

问题 2： 线段的垂直平分线还有哪些性质？

猜想： 线段垂直平分线上的任意一点到这条线段两个端点的距离相等.

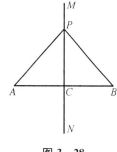

问题 3： 通过观察、归纳得到猜想之后，我们还应该做什么？证明一个命题为真命题的一般步骤是什么？如何证明这个命题为真命题？

已知：如图 3 - 28，直线 MN 是线段 AB 的垂直平分线，垂足为点 C，点 P 在直线 MN 上.

图 3 - 28

求证：$PA = PB$.

问题 4： 上述证明过程中，点 P 能否代表垂直平分线上的任意一点？随着点的运动，我们的证明过程能否涵盖了所有垂直平分线上的点？

定理： 线段垂直平分线上的任意一点到这条线段两个端点的距离相等.

符号语言： 若 MN 垂直平分 AB，点 P 在 MN 上，则 $PA = PB$.

若 $PC \perp AB$，$AC = BC$，则 $PA = PB$.

设计意图： 聚焦线段的垂直平分线上的一点和线段的端点，用数学的语言描述结论，探索并得到性质；培养批判性、反思性思维，提升逻辑推理能力.

环节 3：逆向思考

问题 1： 得到线段垂直平分线性质定理之后，我们接下来要做什么呢？

问题 2： 这个定理的逆命题是什么？逆命题是真命题吗？

逆命题：如果一个点到一条线段两个端点的距离相等，那么这个点在这条线段的垂直平分线上.

已知：如图 3 - 29，$QA = QB$.

求证：点 Q 在线段 AB 的垂直平分线上.

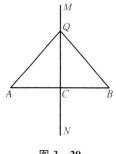

问题 3： 我们对要证明一个点在一条线上比较陌生，而证明垂直或平分是非常熟悉的. 因此，如何证明点 Q 在线段 AB 的垂直平分线上呢？

逆定理：和一条线段两个端点距离相等的点，在这条线段的垂直平分线上.

图 3 - 29

符号语言：若 $QA = QB$，则点 Q 在线段 AB 的垂直平分线上.

设计意图： 反过来研究，得到线段的垂直平分线定理的逆定理，获得创新的一种方法（逆向思考）；培养反思性思维，增强不确定因素情况存在下的分类讨论意识.

问题4： 刚才在画线段垂直平分线时，有同学是用尺规作图来作的，请这些同学上台来展示一下是如何作图的，大家能用今天所学知识说明这一作图方法的正确的原因吗？

设计意图： 通过联系新旧知识，用新知解释作图原理，感受逆定理的应用.

讲解： 组成线段 AB 的垂直平分线的所有点和 A、B 两点距离都相等（图3-31）；反过来，和 A、B 两点距离相等的所有点组成线段 AB 的垂直平分线（图3-31）.（几何画板运动演示）线段的垂直平分线可以看作是和这条线段两个端点的距离相等的点的集合.

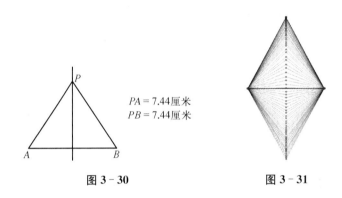

$$PA = 7.44 \text{厘米}$$
$$PB = 7.44 \text{厘米}$$

图 3-30   图 3-31

设计意图： 利用互逆定理渗透集合思想，为后续轨迹一课做铺垫.

环节4： 知识巩固

例题1 已知：如图3-32，CD 垂直平分 AB，AB 平分 $\angle CAD$.

求证：$AD \parallel BC$.

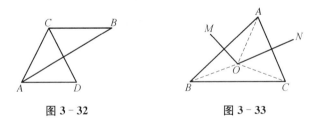

图 3-32   图 3-33

例题2 已知：如图3-33，在 $\triangle ABC$ 中，OM、ON 分别是 AB、AC 的垂直平分线，OM 与 ON 相交于点 O.

求证：点 O 在 BC 的垂直平分线上.

设计意图： 例题1是对性质定理的应用，是七年级"角平分线＋等腰三角形→平行线"模型的再现，此处将等腰三角形的条件替换为垂直平分线，将旧规律与新命题进一步联系起来,加深学生对垂直平分线的性质定理的理解. 例题 2 是性质定理与逆定理的结合使用,需要学生掌握定理本质后灵活运用.

环节 5:反思小结

回顾今天的学习过程,你学习到了什么? 有什么感受和体会?

四、问题与反思

本节课主要以问题作为驱动,促进对相关内容的理解,同时在师生互动中关注学生的数学表达. 整个过程中的问题设计,既是对学生思维的引领,也是突破学生思维卡点的工具,同时还是对学生解决问题方法的指导. 探索性质环节的问题串引领学生一步步经历数学活动的过程,积累数学活动经验;逆向思考环节的问题 3 提供了一种证明点在线上的方法,拓宽了学生几何证明的视角;新知巩固环节的问题串给出了一般分析几何证明题的路径,为学生独立完成几何证明题搭好了思考与分析问题的脚手架.

第三节　复习课的核心任务与本原性问题设计

复习,顾名思义是再次学习,是把已经学过的知识加以整理巩固,它有重复性和新的习得. 通过对所学过的基础知识和基本技能的系统复习,不仅能唤醒学生对知识的记忆,还能加深对知识的理解,提升应用知识的能力,实现更高层次上的知识内化,从意义建构向能力生成跨越.

复习课不同于新授课的探索发现,也有别于习题课的巩固应用,它承载着"回顾与整理、归纳与迁移"的独特功能,在整个教学活动中是承前启后的重要环节.

一、复习课的问题与原因分析

(一) 问题分析

教师对复习课往往较为轻视,日常的研究、思考都较少,因而对于复习课的理解和定位也存在偏差. 大部分数学教师对于复习课的理解存在如下问题:

(1) 重解题,轻提炼,重复"做"的练习

一般情况下,数学课复习以问题为依托,问题是开展复习教学的主要工具,但是当前的复习课,较多数学教师采用题海战术,让学生进行大量的习题训练,反复练习一个题型,将复习课变成了习题课,缺乏对问题解决过程的总结、提炼.

（2）重讲授，轻反馈，忽略"学"的关注

目前在初中数学的复习课中，教师没有寻找合适的问题作为载体，忽视情境创设，对于复习的知识点泛泛而论，难以使学生亲身经历知识梳理和自主建构知识网络的过程，而学生在学习中存在的问题和困难是什么较少有教师去关注. 复习课上，一些数学成绩好的学生很容易跟上教学的进度和难度，复习兴趣浓厚，在课堂上认真思考，积极参与；而另外一部分数学学习成绩差的学生，对已经学过的知识掌握本来就没有到位，在课堂中仅仅是机械敷衍地完成练习，很少回答教师的问题，与教师和同学的互动少，无法实现复习课的目标要求.

（3）重结论，轻过程，缺乏思维进阶

初中数学复习课，应当是学生的思维从回忆、发散到提高的一个过程，教师在这一过程中首先要根据复习内容，合理设置问题，能够注重学生数学思想和数学思维能力的培养. 有的教师经常在复习课上使用题组、变式训练，但往往没有从学生的认知规律出发，题组难度设置不当，缺乏必要的梯度；有的老师为了追求课堂的"高效率"，快速推进教学进程，对于问题的解决往往只关注结论，而忽略了学生的思维过程，对于问题的设置缺乏梯度，学生的思维缺乏进阶.

（二）原因分析

1. 教师自身的知识结构不全面

要提升复习课的有效性，除了改变教师对复习课的态度和观念外，还和教师自身的知识结构有密切关系.

（1）部分教师尤其是职初期教师对教材不熟悉，对初中数学内容结构、涉及的数学思想不了解，可以对教材中某个具体内容进行分析、讲授，但是无法对整个单元的内容进行结构重组和思想方法的提炼.

（2）部分教师对复习内容的重难点不清晰，选择的例题缺乏典型性和代表性，难度上缺乏梯度，讲评时较少关注学生的思维障碍是什么，导致学生盲目刷题.

（3）部分教师的信息技术能力较弱，或是学校的硬件设施较差，教师在复习课上仍然使用传统的"一支粉笔、一块黑板"，较少利用多媒体资源，复习课的容量较少，呈现方式单一，效率较低，学生兴趣缺乏.

2. 课前、课中、课后缺乏系统思考

（1）课前准备不足

大多数教师在进行复习课的准备时，较为重视复习课上使用的例题、习题的选择或编制，忽略了对学生认知起点的分析和思考，更缺乏对复习课教学目标、教学重难点的准确定

位,没有重视学情分析和复习内容的分析,只是把复习课当成习题课来准备.

（2）课中教学环节缺失

复习课教学过程中,教师往往以解题为主要内容,不像新授课那样重视课堂教学各环节的设计,忽略了情景创设,对于课堂问题的预设也不到位,教师与学生缺乏有效的课堂对话,学生也没有参与或感受有效的课堂活动,复习课演变为老师"讲"＋学生"练"结合的模式,成了简单的习题堆砌,学生只是学到了如何解题,而不知道为何要这样解题.

（3）课后缺乏针对性的反馈巩固或延展

一般复习课后的作业以成套的习题为主,对于课堂中出现的错误矫正、方法提炼和能力提高都缺少针对性的巩固练习,也缺少一定的拓展视野的长作业.

二、核心素养导向下复习课的核心任务与价值

（一）复习课的核心任务与价值

《义务教育数学课程标准（2022 年版）》明确落实立德树人的根本任务,确定了核心素养导向的课程目标. 在核心素养导向下,数学学习要求学生学以致用,在复杂真实的情境中运用数学知识解决问题. 特别强调的是,数学教师要准确把握此次课程修订的重要理念,即课程内容的结构化. 课程内容的结构化理念要求教师要转变教学方式,从以学科知识为本转向以学生立场为本. 在实际教学过程中,课程内容的结构化要因地制宜,因校情和学情而异.

核心素养导向下的复习课是一种"温顾而知新"的认知重构活动,其核心任务是构建命题间的结构体系,即通过创设一系列综合性、开放性的问题情境,让学生经历比较、分析、整理等思维活动,建立具有一定层次的知识网络,纵向加深扩宽认知结构,横向联系达成深度理解,从而发展思维的丰富性与联系性;并在归纳和概括数学思想方法解决问题的一般路径中,通过反思与总结循序渐进地建立数学思想方法体系,实现从"四基"走向"四能"的跨越,从而发展思维的迁移性.

（二）复习课的常见课型

根据复习课的任务和目标的不同,我们把复习课一般分为以下四种常见课型（图 3 - 34）.

1. 唤醒整理型

复习任务：通过创设问题情景,激发学生联想,唤醒学生所学知识,使其全面回忆,深入理解,熟悉已学的知识.

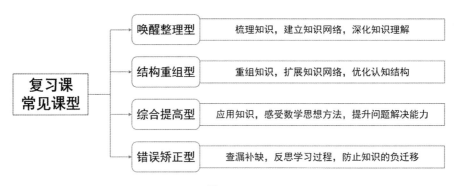

图 3-34

课型结构：问题情境与任务＋回忆整理知识＋完成基础练习＋讨论交流归纳＋完成知识网络的构建＋针对性的练习.

教学过程：提供问题情境与任务,由个体或小组通过回忆或讨论整理所学知识,完成基础练习;通过讨论交流,互相启发,捕捉知识间的联系和区别;利用文字、符号、图表等形式,对知识进行梳理,形成网络;再经过教师的引导,师生、生生之间互相质疑,互相补充,完成知识网络的构建;最后进行针对性的练习与反馈.

这种类型主要用于单元、毕业、升学考试第一轮的复习.

2. 结构重组型

复习任务：在唤醒整理型复习的基础上,让学生在更大范围和更高层次上厘清知识脉络及纵横联系,从学科基本结构的高度上去掌握知识,从而提高学生学科认知结构的层次.

课型结构：确立知识模块＋回忆梳理与练习＋讨论交流＋建立三维网络式知识结构＋迁移应用.

教学过程：先将所要复习的知识分解为相对独立的模块,然后对每一块内容的复习通过回忆、梳理、整理后,再进行有针对性的练习,知识的整理与练习交替进行,以夯实基础;通过讨论、讲解、归纳,鼓励学生自己整理知识结构图表,把相同知识按不同方式组合,形成不同的知识结构;最后在迁移应用的过程中自觉地去掌握知识结构.

这种类型主要用于期中、期末以及毕业、升学考试第二轮的复习.

3. 综合提高型

复习任务：通过综合情境或问题的解决,沟通知识与现实生活的联系,激发兴趣;掌握运用所学知识解决实际问题的方法和技巧;发展学生的思维能力、分析和解决问题能力,以及迁移应用能力.

课型结构：创设问题情境＋探索整理＋汇报交流＋反思评价＋总结梳理＋类化练习.

教学过程：创设沟通知识与现实生活的联系,综合情境或问题,学生在解决问题的过程中带动复习整理,交流、反思、评价、体会知识结构之间的内在联系,总结、提炼思考与解决问题的方法、一般规律、注意事项等;引导学生运用方法和规律进行探究性练习.

这种类型主要用于期中、期末、毕业、升学考试第三轮的复习.

4. 错误矫正型

复习任务:查找知识和技能中的缺陷并及时反馈矫正.

课型结构:练习+讲评+纠错+变式.

教学过程:通过课堂练习、课外作业等,对错误点和缺漏的点,教师针对具体题目在概念、规律、思维方法、解题技能上进行重点讲解;学生自己纠错、归纳总结,然后通过变式训练,深化对问题的理解,防止知识负迁移.

这种类型的复习课在各种类型的复习中普遍使用.

(三) 核心素养导向下复习课"三阶段七环节"的教学模式的建构

核心素养导向下的复习课要经历知识回顾、知识重组、知识运用等知识建构的过程.通过纵向回顾知识的学习过程,横向理解知识之间的联系,建立横纵相连的知识体系,实现知识结构的重构,感悟数学的一般观念,感受用数学的眼光观察与思考世界,夯实基本的思维与方法素养;通过对运用知识解决问题过程的反思与总结,将问题解决的基本步骤一般化、程序化,并用自己的语言表达操作要领、步骤方法和适用范围,感受用数学的语言表达,体会数学的工具性与严谨性,从而形成理性思维.基于复习课的基本特征,我们建构了复习课"三阶段七环节"的教学模式,如图 3-35 所示.

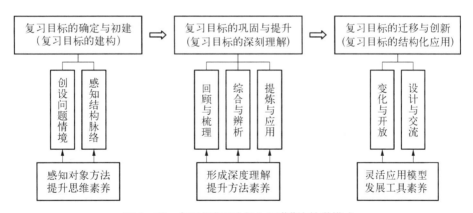

图 3-35 复习课"三阶段七环节"的教学模式

(四) 复习课本原性问题设计思路

"本原性问题"的设计,对教师提出了较大的挑战,教师要在整体把握大概念和单元核心问题的基础上研究如何根据教学目标与学生特点,设计和开展本原性问题驱动课堂教学.

下面将剖析本原性问题的设计思路.整个设计思路的研究包括建构复习课的教学模式,提炼课程内容结构的一般观念,以及明确本原性问题的核心价值.只有对学科的教学模式和体系架构等基本情况有所了解,教师才能提炼出反映学科本质的最有价值的本原性问题.

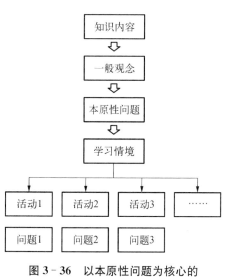

图 3-36 以本原性问题为核心的教学设计路径

1. 提炼内容背后的一般观念或大概念

在复习课中,深度分析单元或模块内容本质以提炼学科观念,基于一般观念提取"本原性问题",作为课堂组织的中心,架构认知过程和高阶的思维路径.以"本原性问题"为统帅,设计逻辑相连、层层递进的学习活动,围绕着教学目标设计驱动性问题,以学生在问题解决过程中的生成问题设计引导性问题,形成以本原性问题为核心的"问题化学习"设计思路(图 3-36),从而促进学生在老师与同伴的帮助下持续提出问题,自主建构问题系统,在问题系统化、系统图式化、图式可视化中去建构知识体系,寻找学习路径,发展学科思维.

我们从数学的"一般观念"着手,阐述如何用本原性问题来整体规划知识结构体系."一般观念"是指与核心知识相关的研究问题的一般套路.它包括某一个具体知识领域内核心知识的研究思路、研究内容、研究方法等等,是对知识发生、发展过程及其反映的数学思想方法的再概括.数学知识是对客观世界数量关系和空间形式的概括性认识,具有很强的系统性和逻辑性.数学知识的联系主要包括纵向知识结构联系和横向知识结构联系.纵向知识结构联系是指单元内知识的研究过程或者结构相同的单元知识之间的关系,即"条状知识链";横向知识结构联系指的是结构类似的不同单元知识之间的联结关系,即"块状知识".这些知识的组织形式、思想方法和问题提出与解决步骤的一致性都集中反映了数学学科的"一般观念".

以《代数方程》模块为例,如图 3-37,从纵向看方程的学习过程,都是从实际问题中抽象量以及量与量之间的等量关系,引入符号表达关系从而得到方程,基于方程的代数结构进行定义以及一般形式的表达,基于等式性质和代数式运算原理进行求解,最后运用方程解决实际问题.这样的过程对应了本原性问题"如何研究方程?".从横向看,每一种方程的引入、定

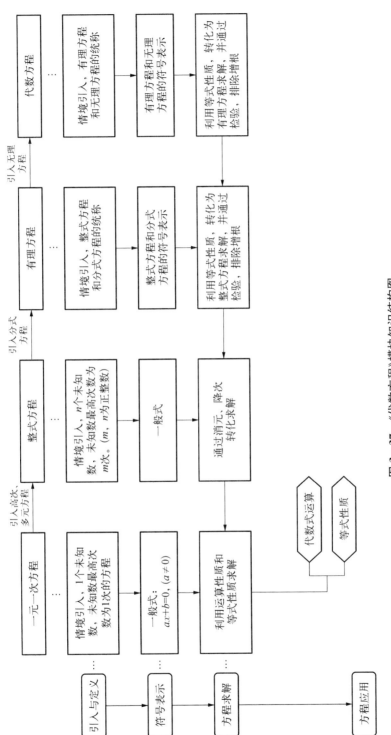

图 3 - 37 《代数方程》模块知识结构图

义、解法以及应用过程都是一致的,这分别对应了"为什么要研究方程?""如何定义方程?""方程思想究竟是什么?""如何应用方程解决实际问题?"等本原性问题,从而体现了用本原性问题系统整体架构方程模块知识体系的建构过程.

2. 明确本原性问题的核心价值

如图3-38所示,在复习课中,基于一般观念提炼本原性问题,以此整体架构知识体系的建构路径,其核心价值是:(1)知识体系的建构是有序的、进阶式的认知重构活动,在梳理知识的相互联系中深化对知识的理解,优化认知结构,建立层次分明、联系广泛的数学知识体系;(2)在分析知识的形成和发展过程中突出一般观念,让学生体会用相同方法学习不同的核心知识,从而为知识体系的建构方法提供可迁移的经验;(3)从知识到观念最后提炼成本原性问题体系,使复习活动变为有效学习的"问题化学习"活动,这对学生的自主复习、主动建构等学习方式的变革有突破性的意义.

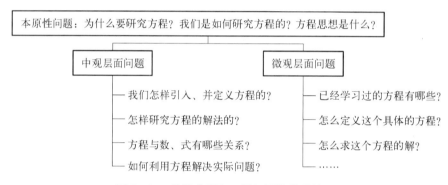

图3-38 代数方程复习课问题结构设计图

三、复习课中本原性问题的设计策略

在设计思路明确的前提下,本原性问题的设计要关注三个方面,即知识内容、学生认知和教师教学.教师要综合均衡这三个方面,设计以本原性问题为统帅的问题链,从而体现数学学科的整体性和一致性,培养学生运用所学知识解决实际问题的关键能力,提升其核心素养.

(一)开放性问题:引导知识的有序回顾与重构

复习课是对已有知识的再认识过程,回顾与提取相关知识是复习课的基础.所谓认知线索,是指激活学生记忆、导向学生信息提取、启发学生思考的心理参照.在复习课中,结合学生认知线索创设开放性的情境,能够帮助学生直接指向相关核心知识,为后续知识重组提供

框架,启发学生思考.我们以《代数方程的复习》①的知识疏理环节为例:

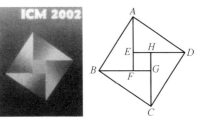

图 3-39　会标与赵爽弦图

问题情境:图 3-39 是 2002 年在中国北京召开的国际数学家大会的会标,是中国古代著名的"赵爽弦图".四边形 $ABCD$ 是正方形,它由四个全等的直角三角形拼成,中间的四边形 $EFGH$ 也是正方形.如果正方形 $ABCD$ 的面积为 13,正方形 $EFGH$ 的面积为 1,求图中直角三角形的两条直角边长.

问题 1:这个图形由哪些线段组成?这些线段之间有怎样的数量关系?

问题 2:根据未知量的不同设法,你能列出哪些方程或方程组来解决这个问题?

通过师生的共同交流讨论,可以推理出问题中直角三角形的两条直角边之间有三个等量关系:① 它们的差为 1;② 它们的积为 6;③ 它们的平方和为 13.可以利用其中任意一个等量关系将未知量符号化,利用另一个等量关系将等量关系方程化,列出方程;也可以利用其中任意两个等量关系,分别列出方程,再联立得方程组.涵盖了初中阶段所有类型的方程和方程组详细解法如下:

解法 1:设短直角边为 x,长直角边为 $x+1$,$x(x+1)=6$.

解法 2:设短直角边为 x,长直角边为 $x+1$,$x^2+(x+1)^2=13$.

解法 3:设短直角边为 x,长直角边为 $\dfrac{6}{x}$,$x+1=\dfrac{6}{x}$.

解法 4:设短直角边为 x,长直角边为 $\dfrac{6}{x}$,$x^2+\left(\dfrac{6}{x}\right)^2=13$.

解法 5:设短直角边为 x,长直角边为 $\sqrt{13-x^2}$,$x+1=\sqrt{13-x^2}$.

解法 6:设短直角边为 x,长直角边为 $\sqrt{13-x^2}$,$x\sqrt{13-x^2}=6$.

解法 7:设短直角边为 x,长直角边为 y,$\begin{cases} x=y-1, \\ xy=6. \end{cases}$

解法 8:设短直角边为 x,长直角边为 y,$\begin{cases} x=y-1, \\ x^2+y^2=13. \end{cases}$

解法 9:设短直角边为 x,长直角边为 y,$\begin{cases} x^2+y^2=13, \\ xy=6. \end{cases}$

通过问题 1、2 引导学生抽象数量关系,引入符号表达,通过不同方式设元,建立多种方程

---

① 课例执教者:王卫军.

或方程组来解决问题,从而将方程知识的回顾孕育在问题解决过程中,为后续理解方程及各类方程之间的关系做好铺垫.

(二)策略性问题:引导知识结构层次化的重组

在知识回顾之后就要将学生思维引向知识重组.知识重组是拓展认知结构、优化知识体系、建立知识联系、导向深度理解的重要认知活动.知识体系的建立需要自主化、层次化、系统化,这需要在复习课中基于知识的关联处设计策略性问题,引导学生在整理、归纳、反思过程中对知识进行有序的重组,才能促进学生理解数学学科一般观念,自主建构知识体系,实现思维的进阶.

以方程为例,"引入方程—方程的概念—方程的解法—方程的应用"这就是方程模块的"条状知识链",也是《代数方程》复习课的顺序.在解决问题1、2之后,需要在知识重组环节对比各类不同的方程,设计如下问题:

问题3:上述这些方程如何进行分类? 分类的标准是什么?

问题4:每一类方程是如何进行定义的? 对于方程的定义方式你有什么新的发现?

问题5:方程的分类与代数式的分类、数的分类之间有怎样的联系?

其中问题3引导学生回顾各类方程的概念,对方程进行有序分类.问题4通过对比每一类方程的定义,理解数学定义方程的方式方法,从而以"如何定义方程?"这一本原性问题聚合"代数方程的概念"这一"块状知识",建立横向知识联系.各类方程的概念与代数式的概念紧密联系,代数式的概念又指向了数的概念,因此自然引向问题5,引导学生贯通数、代数式、方程三者之间的联系(图3-40),从方程的局部知识走向整个代数领域的知识体系,从而凸显知识背后共同的思维方式,发展思维的关联性.

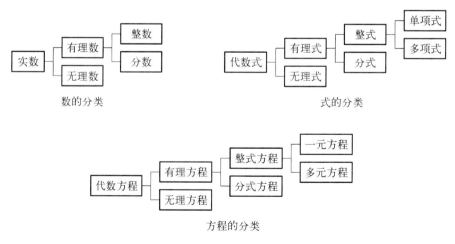

图 3 - 40 数、式、方程知识结构比较图

"解方程的教学是体现数学高阶思维培育的",具体表现在以下三个方面.首先,解方程的过程体现了数式运算及其运算律在解方程过程中的一致性,体现了代数运算"知算理、明算法"的规则意识,指向了代数推理的能力;其次,解方程的过程就是不断地化繁为简的过程,降次和消元是基本策略,体现的是化归的数学思想方法;第三,解方程的过程蕴含了算法思想,即"依据方程形式挖掘信息—定义、公式、法则的准确运用—选择合理的运算方法—简化运算".在新课学习中,每一类方程或方程组的求解是单独展开的,学生对解方程背后蕴含的数学思想方法理解不深,因此需要在复习课程中进行归纳.基于此,我们设计了以下问题:

问题6:如何求解上述方程?

问题7:这些方程求解过程分别运用了哪些数学知识?蕴含了怎样的数学思想方法?

问题8:这些方程的求解过程有哪些基本步骤?

通过这三个问题,帮助学生从整体上建立代数方程解法之间的联系,体会背后的数学思想方法、思维,并进一步强化解方程的运算与数、代数式的运算之间的联系,为将来学习更复杂的方程解法积累经验(图3-41).

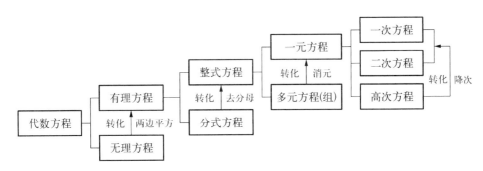

图 3-41 代数方程算法思想的转化结构图

(三) 归纳式问题:引导知识运用策略的概括与迁移

数学思想方法是数学的灵魂,在新课学习中学生已经体会各种数学思想方法,但对于数学思想方法作用于问题解决过程的一般步骤以及用语言进行归纳解释说明还缺乏经验,这就需要在复习课中,基于数学思想方法的抽象设计归纳式问题,引导学生对知识运用策略的一般过程进行概括与归纳,并通过情境变式进行迁移以帮助学生形成数学思想方法体系.

方程模块最重要的数学思想方法即运用方程解决实际问题.在《代数方程》复习课的数

学思想方法概括环节设计了归纳式问题链:

问题9:对于这个问题情境,为什么想到用方程求解?用方程解决实际问题的一般步骤是什么?

问题10:用方程解决实际问题的过程中有哪些核心要点?

问题11:列方程的过程与列代数式的过程进行比较,有哪些联系与区别?

通过三个问题,逐步引导学生总结列方程解决问题的一般步骤为"审、设、列、解、验、答",归纳出方程解决问题的一般思路(图3-42),总结出方程建模的作用、步骤和要点(表3-8).

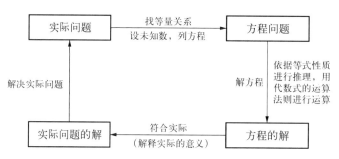

图3-42 方程解决问题的一般思路结构图

表3-8 方程解决问题的流程表

作　　用	操 作 步 骤	核 心 要 点
根据基本的数量关系,建立已知量和未知量之间的联系,利用等式的性质求得未知量的值	找等量关系:问题中有哪些量,哪些已知,哪些未知,确定基本的数量关系,和相关的数量关系	语义解析和符号表示
	设未知数:分析相等的两个量的决定要素,用字母表示未知量	
	列方程:用不同的代数式分别表示两个相等的量,用等号连接	
	解方程:依据等式性质及代数式运算法则进行推理和运算	推理运算
	解答:检验结果,解释实际意义,得到问题的解	语义解释

(四) 反思性问题:引导知识体系建构过程的应用与创新

知识体系的建构过程是逐步螺旋式上升的,在经历了知识提取、知识重组、知识运用等活动后,通过反思性问题引导学生进行回顾与总结,帮助学生从横向或者纵向单一维度的知识关联走向横纵贯通的知识体系建构,并且通过问题设计将视野从单元整体结构拓展到课程视野下整个数学体系内,引导学生建立更广泛的知识联系,从而由"问题引导知识建构的建立"走向"运用结构自主学习",实现学习方式的改变.例如课堂小结环节:

问题 12:方程是按照怎样的顺序来研究的?

问题 13:方程是怎样引入的? 方程是如何定义的? 方程是如何求解的? 方程又是如何应用于实际生活中去解决实际问题的?

问题 14:你觉得方程的这些研究方法还可以研究哪些数学知识?

问题 12、13 呼应了用本原性问题整体架构方程知识体系的建构,以问题情境形式能有效激发学生主观能动性,让学生自主建构知识体系.问题 14 指向体系建立的核心价值之一即在课程视野下寻找与方程研究思路、方法相类似的知识进行类比迁移.值得一提的是,课堂上学生都提出了用研究方程的方法研究不等式,从而建立了如下学习方式类比途径(图 3-43).

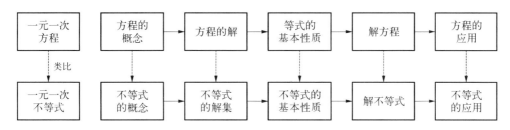

图 3-43 类比方程研究不等式的学习途径流程图

案例分享 《一次函数》①

一、课例研究背景分析

(一)学习意义和价值的高观点分析

《一次函数》是沪教版八年级第二学期第二十章的内容,是初中数学课程内容中"数与代数"领域中函数板块的一个重要内容.它与正反比例函数、一次方程不等式都有着紧密的联系,是进一步学习二次函数及其他函数的基础,也是解决实际问题的关键数学工具.一次函数的学习主要从数和形两个角度展开的,首先让学生对一些具体的一次函数图像进行观察与思考,从中发现"沿着轴正方向来观察,直线是上升还是下降"这一几何特征与 k 的正负有

---

① 课例执教者:郑逸南.

关,由此归纳出一次函数图像的直观性质;然后进行抽象概括,用代数语言描述一次函数的性质,进而再通过建立一次函数模型解决实际问题,在此过程中学生体会到要用运动变化的观点来认识和理解函数概念,也要用运动变化的观点来分析和处理函数问题,体验数学源于生活又服务于生活,从而认识学习一次函数的实际应用的价值.一次函数的学习有助于学生进一步理解函数的概念,是培育学生几何直观、推理能力、计算能力、模型观念等核心素养的重要载体.

(二)基于高阶思维的思考

本案例是初中阶段函数学习的重要章节.对函数的深入理解和后续学习至关重要.本节复习课的定位不仅仅在于对一次函数概念、性质和应用的简单回顾上,而是希望通过活动与问题解决,有序引导学生逐步建立知识体系,同时在探究、交流的过程中深化对一次函数这一基本模型的认知和运用,形成对经验、方法的迁移和运用.从学习进阶来看,从一般函数的概念——正反比例函数——一次函数——二次函数——高中函数内容,体现了从简单到复杂的学习顺序.从初中阶段的"关系说"——高中阶段的"对应说"体现对抽象思维的逐步培养.从知识结构来看,一次函数同样遵循概念——图像——性质——应用的研究路径.从知识间的联系来看,一次函数与一元一次方程、一元一次不等式简称三个"一次".从代数结构看是相同的.因此用函数的观点理解一元一次方程与不等式的意义,就是当 $kx+b=0$、$kx+b>0$、$kx+b<0$ 时,三种不同的状态.从函数图像来看,一元一次方程的解就是函数图像在 x 轴上所对应的横坐标.一元一次不等式的解集合分别是函数图像在 x 轴上方或下方所对应的横坐标的集合.用函数图像解决方程与不等式的求解问题,比代数法更加直观、简便.其中蕴含的数形结合、对应思想.既是学生知识与能力螺旋上升的体现,也是思维能力逐步提高的表征.从思想方法来看,函数蕴含了数形结合、模型、对应等数学思想.从学科观念来看,要形成用函数观点描述现实世界的观念.从哲学思考来看,函数还体现了运动与静止的辩证统一(图 3-44).

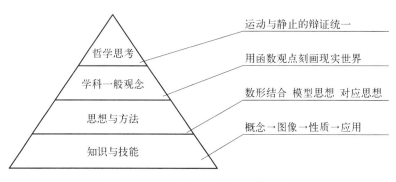

图 3-44 一次函数复习的思维进阶

（三）目标与分析

教学目标：通过开放性问题，梳理一次函数的知识，形成一次函数知识网络，归纳研究函数一般方法．从函数观点揭示二元一次方程组的解的几何意义，将含参二元一次方程组解的问题转化为一次函数图像交点问题．感受数学知识间的内在联系、加深对数形结合数学思想的领悟．

教学重点：

（1）建构一次函数的知识体系，归纳研究函数的一般方法．

（2）用函数观点感受一次函数与一次方程（组）、一次不等式的内在联系，关注数学学习的整体性．

教学难点：通过函数图像的运动，直观解决二元一次方程组解有关问题．

二、课例的整体设计思路

本课例基于开放性的问题链，分别从单一的函数解析式、函数图像特征或交点坐标出发，自然而然地唤醒学生的知识记忆，在沟通知识的内在联系中，由点及面地建构一次函数单元的知识体系，充分体验一次函数图像的性质中"以数定形""以形析数"的思想方法．其次，立足单元知识体系，通过运用函数观点认识一次函数与一元一次方程的解、一元一次不等式解集的几何意义，用函数的观点直观解决二元一次方程组的解的问题，深入理解知识间的内在联系，感受数学的整体性与一致性．

基本问题设计：

问题 1：由函数解析式 $y=-2x+4$，能获得哪些信息？

问题 2：根据下列条件：直线 l 与 x 轴的夹角为 $45°$，y 随着 x 增大而增大，且经过点 $A(0,m)$，能获得哪些信息？

问题 3：根据图 3 – 45 中的图像信息，能解决哪些问题？

问题 4：根据图 3 – 46 中的图像信息，能解决哪些问题？

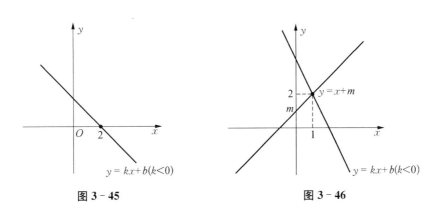

图 3 – 45　　　　　　　　　图 3 – 46

问题 5：已知关于 x、y 的方程组 $\begin{cases} y = -2x + 4 \\ y = x + m \end{cases}$ 的解中 $x > 0$ 且 $y > 0$，求 m 的取值范围.

问题 6：回顾今天这节课，你对一次函数有哪些新的认识？

问题 7：通过对一次函数的学习，对你以后学习新的函数有哪些借鉴和启发？

三、教学过程设计与实践

环节 1：基于知识网络自主建构，设计开放性问题情境.

【情境与问题】

问题 1：由函数解析式 $y = -2x + 4$，能获得哪些信息？

问题 2：根据下列条件：直线 l 与 x 轴的夹角为 $45°$，y 随着 x 增大而增大，且经过点 $A(0, m)$，能获得哪些信息？

【典型对话 1：以数解形，研究函数】

师："由函数解析式 $y = -2x + 4$，能获得哪些信息？"

生 1："这是一次函数."

师："怎么判断这是一次函数？"

生："解析式形如 $y = kx + b \ (k \neq 0)$ 的函数是一次函数."

师："还能获得其他方面的信息吗？"

生 2："一条直线，且经过第一、二、四象限；y 随着 x 的增大而减小."

师："怎么判断它经过的象限及增减性？"

生 2："$k < 0, b > 0$."

师："如何画出这条直线呢？"

生 3："求直线与坐标轴交点，两点确定一条直线."

生 4："根据平移，由正比例函数 $y = -2x$ 向上平移 4 个单位."

【典型对话 2：以形助数，研究函数】

师："根据下列条件：直线 l 与 x 轴的夹角为 $45°$，y 随着 x 增大而增大，且经过点 $A(0, m)$，能获得哪些信息？"

生："$k > 0$；因为 m 的值不确定，直线经过一、二、三或一、三、四象限."

师："能求出直线 l 的解析式吗？"

生 1："求出直线与 x 轴交点坐标，运用待定系数法，求出函数解析式."

生 2："由题意，直线 l 与直线 $y = x$ 平行，确定 k 的值."

【典型对话 3：运动视角，研究函数】

师："如图 3-46 这是一条确定直线吗？"

生:"参数 m 的值不确,直线的位置不确定,直线 $y=x+m$ 上下平移."

师:"有特殊位置吗?"

生:"$m=0$ 的时候,即 $y=x$,是一个正比例函数."

师:"直线 $y=x+m$ 可由直线 $y=x$ 上下平移得到,m 的值决定平移的方向和距离."

设计意图:问题1是一个开放性问题,从函数解析式出发引导学生进行发散性思考. 从数到形:由函数的代数结构,确定函数的类型. 根据函数的类型,由解析式中参数的特征,确定函数图像的特征,进而得到函数的性质. 从定义到图像到性质,是函数研究的一般顺序,也体现了函数知识结构的建构过程.

问题2也是一个开放性问题,从函数图像的特征出发,运用待定系数法,求函数解析式. 从参数的特征出发,由 k 确定、b 不确定,引导学生从图形运动的视角看待函数图像. 以上两个问题旨在引导学生体验以数定形、以形析数.

环节2:基于知识的内在联系,设计比较性问题情境.

【情境与问题】

问题3:根据图 3-45 中的图像信息,能解决哪些问题?

问题4:根据图 3-46 中的图像信息,能解决哪些问题?

【典型对话4:联系观点,理解函数】

师:"根据图 3-45 信息,能解决哪些问题?"

生1:"直线 $y=kx+b$ 与 x 轴的交点坐标即当 $x=2$ 时,$y=0$."

生2:"求方程 $kx+b=0$ 的解;求关于 x 的不等式 $kx+b>0$、$kx+b<0$ 的解集."

师:"怎么根据图像解决以上问题的?"

生:"一次函数 $y=kx+b$ 在 x 轴上方(或下方)部分对应的横坐标的取值范围,就是关于 x 的不等式 $kx+b>0$(或<0)的解集的几何意义."

师:"根据图 3-46 信息,能解决哪些问题?"

生:"可求 $x+m=kx+b$ 的解,关于 x 的不等式 $x+m>$(或 $<$)$kx+b$ 的解集."

师:"如何求解?"

生:"直线 $y=x+m$ 在直线 $y=kx+b$ 交点横坐标的值;直线 $y=x+m$ 在直线 $y=x+m$ 上方(或下方)部分对应的横坐标的取值."

师:"$(1,2)$ 既满足 $y=x+m$,又满足 $y=kx+b$,说明什么问题?"

生:"可求方程组 $\begin{cases} y=x+m, \\ y=kx+b \end{cases}$ 的解."

师:"为什么?"

生:"交点坐标同时满足解析式 $y=x+m$、解析式 $y=kx+b$,就是同时满足解析式对应

的方程 $y = kx + b$、方程 $y = kx + b$，即方程组 $\begin{cases} y = x + m, \\ y = kx + b \end{cases}$ 的解．"

设计意图：问题 3 从一个一次函数图像 x 轴的交点坐标出发，从数与形两个维度感受了一次函数图像与一元一次方程、一元一次不等式的联系．再从特殊到一般，在问题 4 中从两个一次函数图像的交点坐标出发，从数形结合感受了一次函数图像与二元一次方程组的联系．对于具有内在联系的不同的主题下的数学对象，也可以找到一条"主线"，将其编制成一个整体．借助于数形结合思想，在函数这个"大概念"的统摄下，把方程、不等式看成是函数在某种特定状态下的特性，从而彰显数学的整体性、系统性，克服知识碎片化、方法单一化及认识表层化的问题，为后续迁移应用函数观点解决更复杂的问题作铺垫．

环节 3：基于知识的迁移应用，设计挑战性问题情境．

【情境与问题】

问题 5：已知关于 x、y 的方程组 $\begin{cases} y = -2x + 4, \\ y = x + m \end{cases}$ 的解中 $x > 0$ 且 $y > 0$，求 m 的取值范围．

【典型对话 5：转化迁移，应用函数】

师："根据条件，你有什么想法解决该问题？"

生 1："根据六年级的学习，通过代入消元解含参二元一次方程组．"

解：由题意，可得

$$\begin{cases} x = \dfrac{4-m}{3}, \\ y = \dfrac{4+2m}{3}, \end{cases} \quad \begin{cases} 4-m > 0, \\ 4+2m > 0, \end{cases} \quad \therefore -2 < m < 4.$$

师："非常好，那么我们再来思考一下这个带参数的二元一次方程组的问题，如果从函数的角度来看，它等价于什么问题呢？"

生 2："从函数视角，这个问题等价于已知直线 $y = -2x + 4$ 与直线 $y = x + m$ 的交点在第一象限，求 m 的取值范围．可根据以下步骤：

① 画出图像；

② 借助问题 2 中直线 $y = x + m$ 的运动规律；

③ 找到含参一次函数图像在运动过程中的临界位置，确定直线的运动范围．"

解：临界位置 1：$m = 4$ 临界位置 2：$m = -2$ $\therefore -2 < m < 4.$

师："请说说看两种方法有哪些区别？"

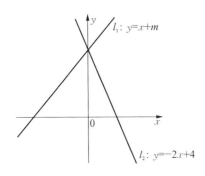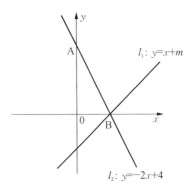

图 3 - 47

生 3："利用代数方法,就是体现消元的思想,用代数计算解决问题,好处是比较直接,好想,但计算过程比较繁琐."

生 4："利用图像法,就是体现数形结合的思想,用函数图像解决问题,好处是计算简便,但目前我们不大容易想到."

设计意图:在学习函数之前,方程与不等式都是静态的.在学习函数之后,这些数学对象都有了对应函数的图像,具备了几何特征.因为两个一次函数图像的交点坐标和对应的二元一次方程组的解是等价的,因此六年级学习的含参二元一次方程组问题可以转化为一次函数图像交点问题.随着对知识结构的重构,建立了新观点,产生了新视角.因此,可以数形结合地分析问题、解决问题.而问题解决的多重视角体现的是数学知识之间的联系,其核心是数学中的化归思想以及数学的整体性与一致性.

环节 4:基于知识技能的整体把握,设计归纳梳理性问题.

【情境与问题】

问题 6:回顾今天这节课,你对一次函数有哪些新的认识?

问题 7:通过对一次函数的学习,对你学习新的函数有哪些借鉴和启发?

【典型对话 6:归纳梳理,再识函数】

师:"回顾今天这节课,你对一次函数有哪些新的认识?"

生 1:"这节课我除了复习了一次函数的概念、图像和性质之外,我认识到一次函数和一次方程和不等式有着密切的关联,我们可以利用一次函数来解决一次方程和一次不等式的问题."

师:"非常好,还有补充吗?"

生 2:"我觉得我有点理解了一次函数是从运动的角度来研究数学问题,而以前我们学习的方程、不等式都是从静态的角度在研究问题."

师:"通过对一次函数的学习,对你以后学习新的函数有哪些借鉴和启发?"

生3:"我知道了研究函数的一般流程应该是从概念,到图像,再到性质,以后如果再学习新的函数,也应该按照这个研究方式去研究它."

生4:"我学到了数形结合是研究函数、方程和不等式的有用工具,要多多利用."

设计意图:复习课的目的不仅仅是将已学的概念、定理的简单重复,而应该帮助学生形成一种主动的、批判性的学习方式——即在理解的基础上,能够批判地学习新知识,并能将它们融入原有的认知结构中,建立起新知识和原有知识之间的联系,丰富或重构原有认识结构,进而实现新知识的迁移运用,在新情境中解决问题的学习.[①]学生通过归纳梳理引导,在深刻理解一次函数的学习内容、学习方式的基础上,对已学知识和后续学习进行分析、评价、反思,在形成知识结构的同时,达成思维的进阶.

四、问题探讨与反思

(一)联想与建构——设计开放性的问题链

本文在建构单元知识结构图时,并没有直接进行回忆旧知.而是通过设计了一系列开放性问题,给学生创设联想的原点,鼓励学生进行发散性思考.

1. 从函数的解析式出发,能获得哪些信息? 函数的定义方式、函数的图像与性质、函数图像的画法等.

2. 从一次函数图像的特征,能获得哪些信息? 函数解析式的求解思路、图像的运动规律.

3. 从一次函数图像与 x 轴的交点坐标,能解决什么问题? 一次函数与一元一次方程、一元一次不等式的联系.

4. 从两个一次函数图像的交点坐标,能解决什么问题? 一次函数与二元一次方程组的联系.

这些问题起点低、入口宽、层次分明,从一个函数解析式、一条直线或一个交点坐标,由

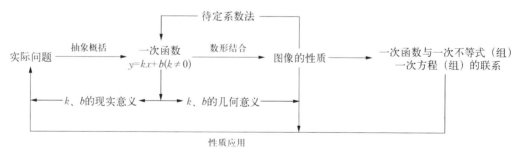

图3-48 一次函数知识结构图

---

① 张浩,吴秀娟.深度学习的内涵及认知理论基础探析[J].中国电化教育,2012(10):7-11,21.

点及面地建构出一次函数单元的知识体系,同时也体现了学生对单元知识的领会程度.通过以上开放性情境,能够自然而然地唤醒学生的知识记忆,在沟通知识的内在联系中,培养学生的思维品质.学生通过对联想成果进行再关联、再重构,再次经历、感悟知识生长发展的过程.

(二)联系与重构——知识之间的内在联系

在完成知识梳理之后,学生不仅对本单元的新知识进行建构,同时还包括对原有经验的改造和重组.不仅能认识到一个数学对象的研究过程,也能认识到同一主题下的数学对象有类似的研究过程,感受知识体系在结构上的关联性和一致性.[①]例如:研究正反比例函数、一次函数、二次函数等初等函数都遵循从定义、图像、性质、应用的研究路径.对于具有内在联系的不同主题下的数学对象,也可以找到一条"主线",将其编制成一个整体.例如在函数这个"大概念"的统摄下,把方程、不等式看成是函数在某种特定状态下的特性,从而彰显数学的整体性、系统性,克服知识碎片化、方法单一化及认识表层化的问题.

(三)迁移与应用——激发学生的学习兴趣

从学习结果看,深度学习是通过将新知识体系与原有知识和个人经验有机结合,进而实现知识的迁移和问题的解决.迁移与应用式是深度学习中重要的学习方式,也是检验学习结果的最佳途径.教师引导学生立足新视角、新观念分析问题、解决问题,并能在新情境中"举一反三",这都将大大激发学生学习的主动性、积极性,进而提升解决实际问题的能力.

案例分享 《锐角三角比》[②]

一、课例研究背景分析

(一)学习意义和价值的高观点分析

《锐角三角比》是沪教版九年级第一学期第二十五章的内容,是初中数学课程内容中"图形与几何"部分中的一个重要内容.它与直角三角形、相似三角形有着紧密的联系,是进一步学习三角学的基础,也是解决实际问题的关键数学工具.锐角三角比的学习主要从定量方面研究在形状确定的前提下,一个直角三角形中任意两边的比的不变性.这样的研究线索更加清晰地体现了角度和边之间的相互变化关系.利用这一关系可以通过建立直角三角形模型,结合推理与计算解决实际问题.锐角三角比的学习有助于学生进一步理解三角形的性质,是

---

① 章建跃. 数学学科核心素养导向的"单元一课时"教学设计[J]. 中学数学教学参考,2020(5):5-12.

② 课例执教者:陈飞.

培育学生几何直观、推理能力、计算能力、模型观念等核心素养的重要载体.

（二）基于高阶思维的思考

本案例是初中阶段直线型几何图形的收官之章. 本节复习课的定位不仅仅在于对锐角三角比概念、计算和应用的回顾上，而是希望通过活动与问题解决，有序引导学生逐步建立知识体系，同时在探究、交流的过程中深化对直角三角形这一基本模型的认知和运用，形成对经验、方法的迁移和运用. 在此过程中进一步体会其中蕴含的研究问题、分析问题、解决问题的一般方法，从而达到提升学生的思维层次，培养其策略型思维、批判性思维以及创新型思维的目的.

（三）目标与分析

教学目标： 在经历解决实际问题的过程中，复习锐角三角比的概念和解直角三角形等有关知识，深度理解以直角三角形为主线的相关知识结构.

通过活动设计与问题解决，进一步提升应用直角三角形模型解决实际问题的能力，学生几何直观、推理能力、模型观念等关键能力.

教学重点： 在解决实际问题的过程中，逐步形成以直角三角形为主线的相关知识结构.

教学难点： 在复杂的实际情境中构建多个直角三角形模型解决问题.

二、课例的整体设计思路

问题情境设计：

任务 1： 如图 3-49，你能根据本章学习的内容判断当 $\alpha = 45°$，小狗在 FG 的台阶上是否还能晒到太阳？请说明理由？

任务 2： 你能测出广告牌顶部到地面的距离 AB 吗？

本原性问题："我们为什么要学习锐角三角比？"

"我们又该如何学习锐角三角比？"

设计意图： 在本原性问题："我们为什么要学习锐角三角比？""我们又该如何学习锐角三角比？"的统领下，我们首先确定本节复习课的两个学习任务，即任务 1：在实际情境中抽象出可解的直角三角形模型解决实际问题. 任务 2：在实际情境抽象出可解的斜三角形模型解决实际问题. 然后围绕着这两个学习任务，创设了与之对应的两个问题情境与基本问题链，通过对任务 1 的分析与解决，在完成对本章知识结构构建的同时，帮助学生进一步体会本章学习的意义与价值；进而再通过任务 2，引导学生体会在实际问题中如果没有直接可解的直角三角形模型，我们是如何利用直角三角形模型来构建新的模型解决问题. 学生在解决这个任务的过程中经历了从"寻找模型"到"构造模型"的过程，提升了学生对知识运用迁移、自主构建的能力，从而提升学生的高阶思维.

基本问题设计：

问题 1：如何判断小狗是否能晒到太阳？

从数学的角度来看,要解决的核心问题是什么？

问题 2：为什么这个直角三角形是可解的？ 还有哪些元素也可求？

问题 3：这些直角三角形还缺少哪些条件才可解？ 缺少的条件是否有联系？

问题 4：解两个同高的直角三角形其本质是在解什么三角形？

问题 5：我们是如何利用锐角三角比这一工具来解决实际问题的？

问题 6：利用锐角三角比测高和利用相似三角形测高有哪些区别与联系？

三、教学过程设计与实践

环节 1：基于本原性问题,创设问题情境.

【情境与问题】

如图 3-49 所示,巨型广告牌 AB 背后有一看台 CD,台阶每层高 0.3 米,且 $BC=17$ 米,现有一只小狗睡在台阶的 FG 这层上晒太阳,设太阳光线与水平地面的夹角为 α,当 $\alpha=60°$ 时,测得广告牌 AB 在地面上的影长 $BE=10$ 米,过了一会,当 $\alpha=45°$,问小狗在 FG 这层是否还能晒到太阳？ 请说明理由($\sqrt{3}$ 取 1.73).

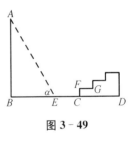

图 3-49

问题：如何判断小狗是否能晒到太阳？ 从数学的角度来看,要解决的核心问题是什么？

【典型对话 1】

师："判断小狗是否能晒到太阳,本质上要判断什么？"

生："就是要看光线 AE 是否会照射到 FG."

师："非常好,那么从数学的角度来看,要解决的核心问题是什么？"

生 1："当 $\alpha=45°$ 时,通过解直角三角形 ABE 来判断斜边 AE 与直线 FG 的交点位于点 F 的左侧还是右侧."

生 2："我觉得也可以通过联结 AF 并延长,通过计算这个时候光线与地面的夹角的三角比来和 45°作比较."

设计意图：本环节通过生活情境的设置引入,提出光线照射的实际问题,学生在解决该问题的过程中需要经历剥离无关信息、提出合理假设、对实际问题进行数学抽象、最后用数学语言清晰表达问题的过程.

环节 2：基于问题线索,设置开放性问题梳理知识结构.

【活动与问题】

活动：请根据你的合理假设利用锐角三角比的知识解决该问题.

问题：图中哪个三角形是可解的？你还可以求出该三角形的哪些元素？

【典型对话 2】

师："你是利用哪个可解的直角三角形来求解的？"

生 1："延长 GF 交 AE 于 H，交 AB 于 K，解 $Rt\triangle AKH$ 可求 KH 的长."（图 3-50）

师："$Rt\triangle AKH$ 为什么是可解的？这个三角形中有哪些信息是已知的？"

生 1："易证 $\angle AHK = \angle \alpha = 45°$，$AK = AB - BK = 10\sqrt{3} - 0.3$，已知一边一角，可解."

师："非常好！所以对于 $Rt\triangle AKH$，它的三边、两个锐角及各锐角三角比就都可以解决了.还有其他做法吗？"

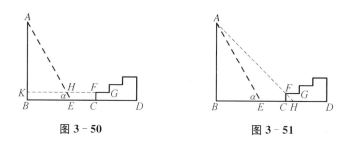

图 3-50   图 3-51

生 2："我是通过联结 AF 并延长，交 BD 于点 H，然后解 $Rt\triangle ABH$ 来求 $\angle AHB$ 的三角比."（如图 3-51）

师："$Rt\triangle ABH$ 为什么是可解的？这个三角形中有哪些信息是已知的？"

生 2："$AB = 10\sqrt{3}$，再利用 $FC \parallel AB$，可得 $\dfrac{CH}{BH} = \dfrac{CF}{AB}$，求出 CH，进而得知 BH，已知两边，所以可解."

设计意图：在学生们利用已找到的可解直角三角形模型来解决问题的过程中，通过问题设计，有序引导学生回顾锐角三角比的内部知识及相关知识的联系.通过问题："为什么这个直角三角形是可解的？"可以帮助学生回顾可解直角三角形的基本条件；通过问题："这个直角三角形中还有哪些元素也可求？求解的依据是什么？"可以帮助学生复习直角三角形中元素间的相互联系，并进一步理解锐角三角比反映的是直角三角形中的边角的定量关系；通过问题："我们还定义了哪些三角比，从边角关系的角度，你还有什么想法？"可以帮助学生在回忆锐角三角比的完整概念的同时，关注到这些三角比之间的内在联系，达到对概念的深刻理解.

通过设计这些思辨性问题，帮助学生在解决问题的过程中有序构建如图 3-52 的知识结构，使学生头脑中的数学知识系统化、整体化.同时在综合应用这些知识解决问题的过程中体会锐角三角比的学习价值，深化对概念、方法的理解.

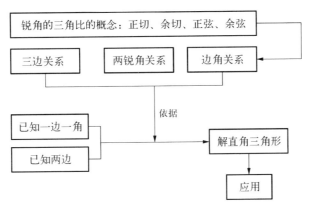

图 5–52

环节3：基于自主建构，设计挑战性问题探索知识的运用与迁移.

如图 3–53 所示，湖中央有巨型广告牌 AB，在对岸有一矩形观景平台 $CDQP$，该平台的高度 PC 和顶端宽度 PQ 都可直接测得，由于广告牌下布置有半圆形花坛，无法直接观测广告牌底部 B，而从 C、P、Q 三点可看到广告牌顶部 A，现提供的测量工具有皮尺和测角仪，请你根据现有条件充分利用观景平台设计一个测量广告牌顶部到地面的距离 AB 的方案，具体要求如下：

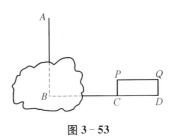

图 3–53

(1) 在所给图形上画出你设计的数学模型图，并将应测数据标记在图形上；

(2) 距离用 a、b 等表示，角用 α、β 等表示；

(3) 根据你测量的数据计算广告牌顶部到地面的距离 AB.

（结果用字母表示，测角仪高度忽略不计）

问题：在当前背景下，你还能求出广告牌的高度吗？

追问1：在解决这个问题时，你的障碍在哪里？

追问2：那么在目前的条件下，有哪些量（边或角）是可测的呢？

追问3：这些直角三角形还缺少哪些条件才可解？缺少的条件是否有联系？

追问4：比较以上这两种方法，能否发现其本质其实是在解什么三角形？

【典型对话3】

师："在解决这个问题时，你的障碍在哪里？"

生1："由于我们无法到达广告牌的底部，所以 CB 无法测量，这样我就找不到可解的直角三角形."

师："那么在目前的条件下，有哪些量（边或角）是可测的呢？"

生2："矩形平台的各边可测."

生 3:"因为点 A 可见,如果把测角仪放在点 C,还可以测得 $\angle ACB$ 的大小."

生 4:"既然测角仪可放在点 C,那么也可以放在点 P、Q、D,那么诸如 $\angle ADB$、$\angle APH$ 等都可测得它们的大小了."

师:"非常好,那么大家想一想,能否利用这些可测的边和角,构造可解的三角形来解决问题呢?"

生 2:"这些可测的边、角好像都无法构成一个可解的直角三角形."

师:"嗯,好像确实如此,那么大家看看你们找到的这些直角三角形还缺少哪些条件才可解呢? 而这些缺少的条件是否有联系呢?"

生 1:"我想到了,我可以利用可测的角 α、β 画出两个直角三角形,分别是 Rt$\triangle APH$ 和 Rt$\triangle ABC$,虽然这两个直角三角形因为缺少边,都不是直接可解,但由于边 AB 和边 AH 的差是可知的,所以利用方程思想可以设 $AB=x$,则 $AH=x-b$,这样在 Rt$\triangle APH$ 中,$AH=PH \cdot \tan\alpha$,即 $PH=\dfrac{x-b}{\tan\alpha}$,而在 Rt$\triangle ABC$ 中,$AB=BC \cdot \tan\beta$,即 $BC=\dfrac{x}{\tan\beta}$,又因为 $PH=BC$,所以 $\dfrac{x-b}{\tan\alpha}=\dfrac{x}{\tan\beta}$,所以 $x=\dfrac{b \cdot \tan\beta}{\tan\beta-\tan\alpha}$"(图 3-54).

师:"非常好,单个的直角三角形不可解,我们就利用两个直角边有关联的直角三角形解决问题. 还有哪位同学有想法?"

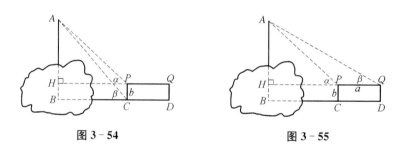

图 3-54   图 3-55

生 2:"和上面方法类同,我可以通过 Rt$\triangle APH$ 和 Rt$\triangle AHQ$ 来求得 AH,进而再求得 AB"(图 3-55).

师:"比较以上这两种方法,同学能否发现其本质其实是在解什么三角形?"

生 3:"我发现其实这两种方法就是去寻找可解的一般三角形,通过添高后就是前两位同学找的 2 个直角三角形了."

设计意图:本环节的最大的障碍就是根据可测边和角,找不到直接可解的直角三角形,为了帮助学生能突破该难点,通过设计了引导性问题层层推进,引发学生思考.

通过追问 1,让学生在完成作图抽象的过程明确我们面对的困难具体是什么? 为什么我们学过数学知识、模型不能解决该问题? 通过追问 2、3,帮助学生建立已知条件和可解直角三角形模型的联系,进一步寻找有可能解决问题的目标三角形.例如图 3 - 54 中,我们可以引导学生发现在 Rt△APH 和 Rt△ABC 中有可测的角 α、β,但缺少可测的直角边或斜边,而在图 3 - 55 中,Rt△APH 和 Rt△AHQ 中同样有可测的角 α、β,但还是缺少可测的边;进而引导学生观察图形中缺失的边长之间是否存在联系呢,学生容易发现,图 3 - 54 中 Rt△APH 和 Rt△ABC 的两条直角边 PH 和 BC 是相等的,而边 AH 和边 AB 虽然都不可测,但它们的差是可测的,也就是 $PC = b$,同样图 3 - 55 中的 Rt△APH 和 Rt△AHQ 有一条公共的直角边 AH,而边 HQ 和 HP 的差也是可测的,即 $PQ = a$,此时进一步启发学生的思考,根据目前图中的等量关系及相关的已知量和未知量,你能联想到什么应对的经验吗? 学生此时就容易说出可以通过设 x 的方式,表示出各未知量,最后通过建立方程来解决问题.这里蕴含着方程思想.最后通过追问 4,通过对以上两种方法进行比较,帮助学生理解表面上看是借助方程思想,利用了 2 个直角三角形解决问题,但其本质其实是斜三角形的确定.

学生在教师问题的引导下通过对已有经验和模型的调取,通过比较它们之间的联系,自主建构问题解决的方法,积累了解直角三角形的策略经验,深刻体会了在问题解决过程中的方法迁移,完成对本节课难点的突破与思维的进阶.

环节 4:基于知识技能的整体把握,设计回顾比较性问题深化理解.

【活动与问题】

设问 1:回顾今天这节课,我们是如何利用锐角三角比这一工具来解决实际问题的?

设问 2:你觉得利用锐角三角比测高和利用相似三角形测高有哪些区别与联系?

【典型对话 4】

师:"回顾这节课,我们如何利用锐角三角比这一工具来解决测高问题的?"

生 1:"我们把实际问题首先转化为数学中求线段长度的数学问题,进而通过解直角三角形来求出线段的长度."

师:"利用锐角三角比测高和利用相似三角形测高有哪些区别与联系?"

生 2:"我觉得利用相似三角形测高需要构造两个形状一样的三角形,需要测量的条件会多一些,实际的误差也会大一些,而利用锐角三角比这一工具只需要构造一个可解的直角三角形即可,一般只需获得 2 个条件(至少一边)即可."

生 3:"虽然利用相似三角形测高从步骤上来讲有点繁琐,但锐角三角比相关概念的获得,我们当初是借助相似的知识加以证明的,所以我觉得相似三角形是锐角三角比的基础."

师:"大家讲的都非常好.从定义上看,锐角三角比反映的是直角三角形中的边角关系;对于锐角 A 每一个确定的值,三角比都有唯一的值与它对应,反映了函数的对应思想.从研究方法上,锐角 A 的三角比的值唯一确定的依据是其所在的直角三角形都是相似的,而相似三角形具有对应边成比例的性质.通过今天一系列的探究我们会发现数学学习的过程就是一个不断转化的过程,数学新知的产生正是在这样的转化中不断发展进化的."

设计意图:在本节课的小结环节,通过对研究历程的回顾和对前后章节知识的比较,可以帮助学生对于"锐角三角比"学习的意义和价值有更进一步的认识.从定义上看,锐角三角比反映的是直角三角形中的边角关系;对于锐角 A 每一个确定的值,三角比都有唯一的值与它对应,反映了函数的对应思想.从研究方法上,锐角 A 的三角比的值唯一确定的依据是其所在的直角三角形都是相似的,而相似三角形具有对应边成比例的性质,这个过程就是一个不断转化的过程,数学的发展正是在这样的转化中不断进化的.学生在回顾实际问题解决的过程中进一步加深对本章知识结构和学习路径的理解,体会其中蕴含的分析、解决问题的一般方法和观念,体会将本章内容的经验、方法如何进行迁移和运用,提升学生的观察、思维与表达能力,培育学生的核心素养.

四、问题探讨与反思

(一)以问题设计为纽带,整体架构复习课的认知结构

复习课需要帮助学生梳理知识,建立知识、方法和思维间的联系,形成清晰的认知结构,进而转化为一种内在一般观念,整体培育数学核心素养.本节课通过追问 1 的设计在学生解决问题的过程中有序引导学生逐步回忆锐角三角比章节的相关知识,在此过程中,学生既进一步理解到锐角三角比反映的是直角三角形的边角的定量关系,体会到它与直角三角形中其他性质的联系与区别,明白学习它的必要性,同时在帮助学生总结如何根据条件选择合适的方法解直角三角形的过程中体会它与之前相似三角形、全等三角形等知识的关联,从而以知识为线索建立联系,提升认知;通过对锐角三角比学习经历的回顾和之前知识的比较,让学生意识到我们学习几何的一般思路就是经历研究对象的确定(定义)—发现要素间的关系(猜测性质)—证明这一关系(证明性质)——性质应用这样一种过程,虽然我们的研究对象在变,但研究方法和研究思路是不变的,从而以方法为线索建立联系;通过对活动与问题的设计,逐步引领学生通过有序梳理,完成对知识、技能的理解和简单应用,从而形成结构化的认知.

(二)以问题解决为途径,提升学生对知识迁移运用

复习课的内容是学生已学过的,如何让学生感受到旧的知识也能带来新的启示和体验呢?本案例以追问 1、2 的解决为途径,以问题探究为学习方法,以研究方法的内在一致性为线索,系统地引导学生主动参与到不断探索和研究的过程中.学生在这个过程中可以逐渐体会到,虽然已经学过本章的知识,但是在面对问题解决时,对于如何将数学知识、思想方法以及解题经验灵活应用于实际问题的解决上,学生还需要进一步提升认知并积累经验.借助问题变式的手段,创设思维挑战,以此启迪学生的思考与创新能力.学生的思维过程从对知识

和技能的初级应用,历经对复杂问题的剖析与转换,最终达成实际问题的解决,实现了知识和方法的迁移与应用,使学生的思维层次跃升至分析、评估与创新阶段,从而实现思维的升华.

第四节　拓展课的核心任务与本原性问题设计

为了提升学生的数学能力,初中阶段开展了拓展性课程的开发和实施,作为初中数学课程的延伸和补充,拓展性课程是学生进行差异性学习的前提条件. 为了促进数学教师对于数学拓展性课程的课堂教学策略和案例实施的研究,本书中把拓展性课程实施过程中的课堂教学模式定义为数学课堂教学的主要课型之一——数学拓展课,即综合运用数学内部知识的问题解决以及综合运用各学科知识的问题解决,把教材中每个章节的结尾处提供的"拓展""阅读材料"和"探究活动"文本以及自主开发的区域资源或校本资源作为单元的拓展课教学内容,开展高阶思维视角下拓展课的本原性问题设计研究.

一、拓展课的意义和功能

初中数学是数学的重要组成部分,它直接影响着学习者的核心素养的发展,包括抽象能力、运算能力、几何直观、空间观念、推理能力、数据观念、模型观念、应用意识和创新意识,特别是应用意识和创新意识以及问题解决能力的培养和提升,是新时代对人才提出的新要求,是高阶思维的主要表现.

《义务教育数学课程标准(2022 版)》指出:数学课程内容的设计应当体现结构化特征,课程内容的组织,重点是对内容进行结构化整合,探索发展学生核心素养的路径,课程内容的呈现,要注重数学知识与方法的层次性和多样性,适当考虑跨学科主题学习,根据学生的年龄特征和认知规律,适当采取螺旋式的方法,适当体现选择性,逐渐拓展和加深课程内容,适应学生的发展需求.

对接新课标,本书中研究的数学拓展课体现了综合使用数学学科内部知识解决来自现实世界的数学问题,以及综合性地运用包括数学在内的各学科知识解决现实世界中的复杂问题,呈现这些数学知识的使用方法和功能,实现知识的输出,即"用数学". 教师可以通过设计情境和问题,让学生参与实践活动或问题解决,掌握数学知识的使用方法,感受数学知识、思想、方法在解决实际问题中的价值和作用,帮助学生感受数学思维在解决实际问题中的重要意义.所以,数学拓展课基本都具备以下的两点特征:一是以数学学科为基础,对学科知识加以完善与补充;二是在教学过程中指向学生的核心素养,引导学生用数学思维、数学方法、数学知识去发现问题、探究问题、解决问题.

二、数学拓展课的核心任务及目标

基于数学拓展课的特征,我们确定了数学拓展课的核心任务是——构建复杂情境下问题解决的认知挑战,围绕这一核心任务,我们认为数学拓展课的基本任务及其目标定位如下:

(一)促进学生高阶思维的培养及深层次的知识迁移能力

数学拓展课属于知识拓展类课程,旨在从数学史、数学文化、数学方法等各方面拓展学生的知识面,是对单元知识的有效补充,但是知识类拓展课程也容易异化为基础性课程内容的练习巩固与延伸.拓展性课程应着力于提高学生的综合素质.初中数学拓展课是发展学生核心素养的有效载体,在数学拓展课中,通过构建复杂情境,围绕具有挑战性的学习主题,通过独立思考,互动交流中逐渐形成的思维品质其实就是高阶思维能力的培养,同时也实现了深层次的知识迁移.

(二) 满足不同层次学生的学习需求

学生在前面单元知识的学习过程中,由于态度、能力、习惯等各种因素逐渐形成对单元内容理解的差异,也就是学生认知结构的差异,而每个单元后面的阅读材料或是探究活动往往都是对本单元学习内容的补充或是延伸,通过拓展课的教学设计与实施过程中,构建差异化方案,开发有层次性的课程内容以满足学生的不同发展需求,在拓展课教学过程中设计有层次的问题链,让所有学生全身心参与,获得良好的数学学习体验.

(三) 发展学生的应用意识和创新意识

数学是应用科学的基础,数学应用不但带给人们实用的技术,更是一种通识,一种基本的能力、态度和价值观.在数学教育中,数学应用要着眼于学生数学思维品质与数学精神的全面提高,为培养学生核心素养服务.数学教育家弗赖登塔尔(H. Freudenthal)曾指出,应从两个方面来理解数学应用,既要重视从实际问题中提取数学概念和原理,又要重视用数学概念和原理处理实际问题.数学拓展课以学生为主体,选取多样的形式(如在真实问题情境、开放题中)应用数学知识、结论、数学语言、数学思想方法乃至数学精神去解决问题,从而培养学生的数学应用价值观,实现数学应用意识的内化,进一步增强学生的数学应用能力.

三、拓展课中本原性问题的设计策略

(一) 关联目标定位,问题的设计体现教学的评价

"本原性问题的设计"是围绕目标的行动,是有意图的计划和执行.而拓展课因为其本身在单元学习中的特殊性,它的课堂教学目标应该是基于"单元教学目标"而确定的,同时由于拓展材料的知识内容通常都不是核心内容,所以一般不要求学生对拓展课中习得的知识"掌握、理解、运用".相反,学生在学习过程中对于学习方法的"体验、感受、感悟",对于学习能力和思维能力的"培养、提升",是大部分拓展课的主要教学目标,在"评价先于设计"的教育理念指引下,目标作为预期的学习结果,对教学过程具有导向作用,并为教学评价提供标准和依据,伴随学习的整个过程,贯穿教学的始终.因而在本原性问题的设计中应该体现对于学生学习过程的关注,问题的设计应当指向表现性目标和过程性目标.

例如,"在探究一个三角形被分割成两个等腰三角形的条件"(此材料为七年级第二学期第十四章《三角形》中的探究活动二)这节课中,教学目标定位是:(1) 在分割等腰三角形的活动过程中,体会知识的运用和数学思考的方法;(2) 经历探索条件的实践过程,发展推理能力,体会分类讨论的思想方法,感受数学的科学性.

围绕这节课的目标定位,设计问题串:

问题 1:怎样设计一个三角形,使得这个三角形能被一条直线分割成两个等腰三角形?

问题 2:怎样有序探究这个问题?

问题 3:经历了本节课的探究过程,你有哪些收获?

(二) 规划学习路径,问题的设计体现思维的进阶

众多研究表明,学习路径不仅是学生学习达到既定目标的轨迹,也包括目标实现过程中教师的一系列教学活动,也就是说学习路径是学生学习和教师教学融为一体的活动.高阶思维视角下的数学教学,研究学习路径能够帮助教师了解学生的思维过程和方式,从而能根据学生认知水平和特点设计教学问题,对发展学生的思维具有重要的价值.

在研究拓展材料的学习路径时,应关注学生在本单元中的学习方式和已经初步形成的知识结构,结合拓展材料中的知识内容及教学目标,制定规划本节课的学习路径,从学生的认知起点出发,关注学生思维的进阶,通过有层次的问题链设计,推动学生的思维发展.

例如,"'边边角'能判定三角形全等吗?"(此材料为七年级第二学期第十四章《三角形》

中的阅读材料)这节课中,通过课前作业的反馈,发现大多数学生对于教材中的阅读材料理解起来比较有困难,对于边边角不能判定三角形全等这一知识点很明确,但是对于阅读材料中提供的探究方法完全不能理解,因而需要教师在课堂教学中通过有层次的问题链设计,逐步推进学生对于阅读材料理解的深度,在探究的过程中促进思维的发展,基于在"全等三角形判定"这一单元学习中,始终以尺规作图画三角形来研究全等三角形的判定定理这一学习方式,确定本节课的学习路径为在教师问题驱动下,通过改变"边边角"中角的对边与邻边的大小关系,画出不同的图形进行验证.

(三)凝炼核心问题,问题的设计体现知识的本质

核心问题也就是本原性问题,是指在学科基本问题的引领下,依据学科在本课时的重点问题,充分考虑学生的起点问题后,产生的课堂统领性问题,它处在学生认知起点和学科观念的连接点上,又能够体现学科本质.

在日常教学中,所有的问题解决应该围绕着核心问题展开,教师依据课堂学习目标及任务,对学生生成的诸多问题进行了凝炼,转化为单元的核心内容,主题清晰,目标明确.但是有些问题是在学生认知结构不断重建的过程中产生的具有创造性的、批判性的综合性的问题在日常的课堂教学中常常被忽略,在高阶思维视角下,这些问题往往更能促进学生思维水平的发展,因此对此类问题不应该简单抛弃或淡化,而是可以作为课后拓展、探究.例如"'边边角'能判定三角形全等吗?"①(此材料为七年级第二学期第十四章《三角形》中的阅读材料)这节课中,从单元教学的视角来看,这是对于本单元关于全等三角形判定方法的反思和补充,有利于学生更好地理解并掌握本单元的核心知识——全等三角形判定定理.从结构化教学的视角来分析,本节课是对于单元知识结构的补充和完善,在全等三角形这一单元中作为最后一个教学内容,是在学生已经充分掌握并能应用全等三角形判定定理解决相关问题的基础上,进一步对于"边边角为什么不能判定三角形全等,以及在哪些特殊条件下边边角能够判定全等"的问题进行探讨,帮助学生在高观点下认识数学的本体性知识,符合学生的认知结构.

(四)设计问题结构,问题的设计架构课堂的结构

数学特别讲究结构,一节课、一个单元,有了一个清晰合理的结构,就容易学、容易理解、容易记忆、容易迁移,因此结构的思维方法,就是数学的思维方式.

---

① 陈飞.在"破"与"立"中提升数学学科能力——"'边边角'能判定三角形全等吗?"拓展课课例分析[J].上海课程教学研究,2016(11):29-33.

课堂问题间一般都存在相互的联系,这种联系一般表现为某种关系,如包含关系、并列关系、递进关系等,而课堂的各个环节之间也是相互联系的,这些相互之间的联系共同形成了课堂的结构.

基于拓展课的课堂教学结构,我们形成了拓展课课堂教学的问题结构模型:

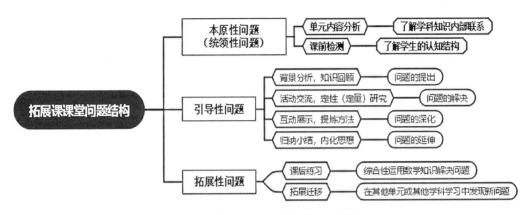

图 3‐56　拓展课课堂教学问题结构

例如"'边边角'能判定三角形全等吗?"中,通过问题结构的设计,联结起课堂教学的各环节,课堂问题结构如下:

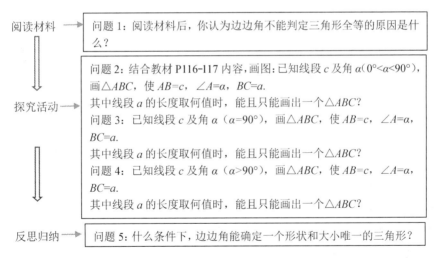

图 3‐57

四、拓展课课堂教学结构的内涵

拓展课的主要任务构建复杂情境下问题解决的认知挑战,我们选取了一节"阅读材料"

类的拓展课以及一节"探究活动"类拓展课来对拓展课课堂教学结构的内涵加以说明.

（一）了解学生认知起点，为课堂统领性问题的提出做好铺垫

课前准备环节是通过学生的提前反馈为教师了解学生认知起点，为问题提出做好铺垫重要一环.

[案例1：探究一个三角形被分割成两个等腰三角形的条件（角的维度）]

课前准备：请你设计一个三角形，使之能被分割成两个等腰三角形，并画出分割直线.

学生表现：

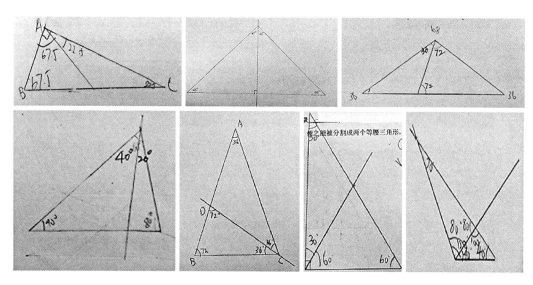

图 3-58

设计意图：一是为了说明有的三角形可以被分割，并且学生在分割三角形时都是通过分割角的策略来进行的，也为后面从角的维度来进行探究埋下了伏笔，引出课题；二是探究出条件后利用学生设计的三角形进行验证，加深体会.

[案例2："边边角"能判定三角形全等吗?]

问题1：如图3-59，在下列推理中填写需要补充的条件，使结论成立.

在 $\triangle AOB$ 和 $\triangle DOC$ 中：

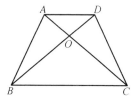

(1) $\begin{cases} AO = DO（已知）, \\ \angle\text{_____} = \angle\text{_____}（\quad）, \\ \text{_____} = \text{_____}（\quad）, \end{cases}$

$\therefore \triangle AOB \cong \triangle DOC（SAS）.$

在 $\triangle ABD$ 和 $\triangle DCA$ 中：

图 3-59

$$(2)\begin{cases} \underline{\qquad}=\underline{\qquad}\text{(已知)},\\ \underline{\qquad}=\underline{\qquad}\text{(已知)},\\ \underline{\qquad}=\underline{\qquad}\text{(公共边)},\end{cases}$$

$\therefore \triangle ABD \cong \triangle DCA(\text{SSS}).$

在 $\triangle ABC$ 和 $\triangle DCB$ 中：

$$(3)\begin{cases} \underline{\qquad}=\underline{\qquad}\text{(已知)},\\ BC=CB\text{(公共边)},\\ \underline{\qquad}=\underline{\qquad}\text{(已知)},\end{cases}$$

$\therefore \triangle ABC \cong \triangle DCB(\text{ASA}).$

在 $\triangle AOB$ 和 $\triangle DOC$ 中：

$$(4)\begin{cases} \underline{\qquad}=\underline{\qquad}\text{(已知)},\\ \underline{\qquad}=\underline{\qquad}\text{(已知)},\\ AB=DC\text{(已知)},\end{cases}$$

$\therefore \triangle AOB \cong \triangle DOC(\text{AAS}).$

在 $\underline{\qquad}$ 和 $\underline{\qquad}$ 中：

$$(5)\begin{cases} BC=CB\text{(公共边)},\\ \angle BAC=\angle CDB\text{(已知)},\\ AB=DC\text{(已知)},\end{cases}$$

$\therefore \triangle\underline{\qquad} \cong \triangle\underline{\qquad}(\quad).$

设计意图：复习全等三角形的四种判定方法,强调"边边角"不能判定三角形全等.

问题 2：如图 $3-60$,已知线段 c 及角 $\alpha(0°<\alpha<90°)$,画 $\triangle ABC$,使 $AB=c$,$\angle A=\alpha$,$BC=a$,阅读教材 P116—117 内容,画图并思考:线段 a 的长度取何值时,能且只能画出一个 $\triangle ABC$?

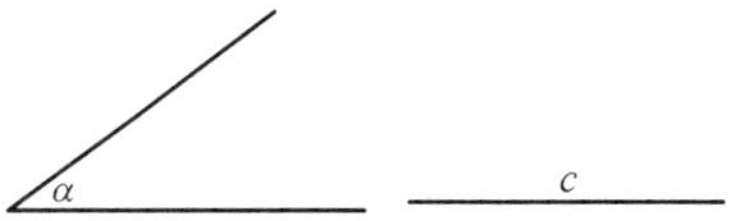

图 $3-60$

结论：如图 $3-61$,设 B 点到 AC 的距离为 d,当 $a=d$ 或 $a\geqslant c$ 时,根据上述条件能且只能画出一个 $\triangle ABC$.

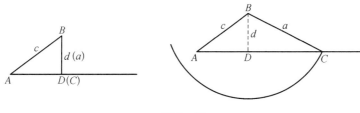

图 $3-61$

设计意图：通过画图发现，当 $d < a < c$ 时，会画出两个不同的满足条件的 $\triangle ABC$，再次揭示了"边边角"不能判定三角形全等. 而当 $a = d$ 或 $a \geqslant c$ 时，能且只能画出一个满足条件的 $\triangle ABC$，说明在特定条件下，"边边角"可以判定三角形全等. 激发学生探究"边边角"判定三角形全等成立所需条件的兴趣.

在课堂中对这个课前作业中的问题进行反馈及讨论，既是课堂内对已经学习的全等三角形判定的方法的全面复习，同时通过对 $\angle A$ 的对边 BC 长度的讨论，也就是对"边边角"中"角"所对"边"的讨论，在这个过程中，学生发现一边、一角确定后，角所对边的长度不同，会决定所画三角形的个数，引导学生在动态变化的条件中，通过控制变量，即把"角所对的边"作为变量，进一步探究"边边角"在哪些特殊条件下可以判定三角形全等.

（二）根据探究的相互关系形成问题链，推动思维进阶

为了体现在问题解决过程中的认知挑战，根据探究的相互关系设计驱动性问题链，架构拓展课的学习过程和思维路径. 学生经历问题提出——问题解决——问题深化——问题延伸的过程，引发他们的高阶思维，推动思维向前发展，培养学生的核心素养.

《探究一个三角形被分割成两个等腰三角形的条件（角的维度）》这节课中，教师首先通过背景分析、知识回顾，凝炼并提出本原性问题，挑战学生的思维认知. 随后，通过课前作业的展示交流，进行定量研究，从而解决问题. 接着，进一步深化问题，驱动思维向前发展思考，由特殊的三角形的分割向一般三角形分割问题进发. 最后，通过系列问题的设计启发学生从特殊到一般，有序分类作图，经历分析、观察、概括，从而获得一个三角形能被分割成两个等腰三角形的条件.

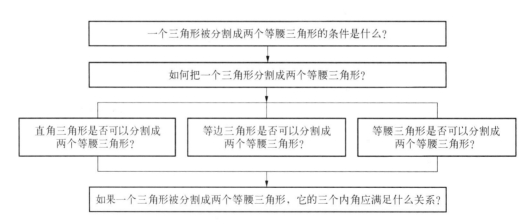

图 3-62　《探究一个三角形被分割成两个等腰三角形的条件（角的纬度）》问题链

（三）作业设计进一步拓展迁移、问题延伸

拓展课的作业设计，应考虑发展学生的拓展迁移能力，问题的延伸更多地应该指向数学

思想方法.例如《探究一个三角形被分割成两个等腰三角形的条件(角的维度)》这节课中的课后作业是"给定一个等腰三角形,画一条直线后,使之被分成两个等腰三角形,那么这个给定的等腰三角形的每个内角是几度?把符合要求的等腰三角形尽可能列举出来."《"边边角"能判定三角形全等吗?》这节课的课后作业是"在今后学习等腰三角形的性质和判定时,你准备怎样进行自主探究?"这两份作业不约而同地将探究活动由课内延伸到课外,将课内对于一般三角形的探究成果应用到等腰三角形中来,从一般回归到特殊.

《义务教育数学课程标准(2022 版)》指出:"学生通过数学课程的学习,发展实践能力和创新精神,形成和发展核心素养",数学课程内容由"数与代数、图形与几何、统计与概率、综合与实践"四个领域组成.随着新课改不断推进,对于"综合与实践"学习领域的研究也越来越多,我们发现拓展课与综合实践领域的学习内容既有联系也有区别,把综合与实践的内容分为三类,包括:融入数学知识学习、知识与方法的综合、跨学科的问题解决.这三类内容实际上都是通过主题式学习或是项目式学习实现知识和技能的输入到输出,再到远迁移输出.这些特征和数学拓展课类似,课堂教学策略的设计也有共同特征,本书中对于"综合与实践"的相关教学设计也做了具体阐述.今后,在新课程背景下,我们也将继续对于拓展课与综合与实践课开展研究.

案例分享 《折剪中的数学》①

一、案例研究背景分析

(一)学习意义与价值的高观点分析

"折剪中的数学"是以数学为主学科的跨学科主题学习任务中的一课时,其数学知识点包括了:翻折与轴对称图形与轴对称."翻折与轴对称图形"教学内容属于直观几何与实验几何的过渡阶段.翻折运动是现实生活中广泛存在的一种基本运动,也是义务教育阶段数学课程中"空间与图形"领域的一个重要内容.它不仅是认识和描述物体运动前后的空间位置关系和探索图形运动性质的必要手段之一,而且也是解决现实世界中的具体问题、进行交流的重要工具.

折剪是图形的可视化运动,能把图形的变化直观地呈现在眼前.帮助我们借助几何直观,把复杂的数学问题变得简明、形象,有助于探索思路、预测结果.

本课时旨在将数学层面的"翻折与轴对称图形"与美术中的"折剪艺术"相结合,以学校德育任务——板报布置为载体,形成跨学科主题学习任务.

① 课例执教者:上海市园南中学顾之豪.

（二）基于高阶思维培养的尝试

本案例是建立在学生学习了图形平移和旋转的概念与性质的基础上学习的又一种图形运动；轴对称图形是学生在学习了中心对称图形和旋转对称图形的基础上将要学习的又一种具有对称美的图形.本课时主要研究图形翻折的概念、图形翻折的性质以及轴对称图形的概念和性质并结合我国传统的折剪艺术，使之以实际作品的形式呈现.以"观察折剪作品——归纳数学概念——应用概念归纳折剪方法——应用折剪方法创造作品"为主线，让学生感知图形运动的思想，为今后研究图形的全等奠定基础.

（三）目标与分析

1. 经历观察、动手操作，感性认识图形翻折运动，理解轴对称图形与两个图形关于一条直线成轴对称的意义，并掌握这两个概念的区别与联系；

2. 通过欣赏现实生活中的折纸图案，体会轴对称图形及轴对称在现实生活中的广泛应用和传统文化中折剪艺术的对称美，提高数学审美能力；

3. 在学习的过程中，运用艺术审美、手工剪纸操作、数学理解与表达等跨学科知识与方法解决学习生活中的实际问题，初步形成观察、分析、概括等综合实践能力.

教学重点：理解轴对称图形与轴对称的意义，能找出轴对称图形的对称轴，并能运用跨学科知识与方法解决生活中的剪纸问题.

教学难点：用数学的思维分析问题，在问题解决的探究中，运用数学概念设计精美图案.

二、课例的整体设计思路

（一）教学活动设计与分解：

任务 1：欣赏折剪作品，感知轴对称图形的美；

任务 2：分析图形特征，归纳轴对称图形与轴对称的概念；

任务 3：分析图案的特征，找到"最小单元"，归纳折剪的一般方法；

任务 4：创作折剪作品，并表达出作品的几何特征与现实寓意.

（二）"如何利用折剪艺术，设计具有对称美的图案"为课时的核心问题，围绕整节课的推进预设了 5 个中观问题架构整节课的学习过程：

问题 1：观察图形，它们具有怎样的特征？能否从图形运动角度来描述它？

问题 2：辨析概念，轴对称图形与轴对称这两个概念有什么联系与区别？

问题 3：分析图形，这个图形是轴对称图形吗？有几条对称轴？对称轴有怎样的位置关系？

问题 4：归纳方法，你能试着总结折剪的一般方法吗？

问题 5：应用方法，你们能试着设计并折剪出美丽的图案吗？

三、教学过程与实践

(一) 在艺术赏析中感知美

任务1：赏析折剪图案，直观感知对称美．

【教学片段1】

师：同学们，近期各班都在装饰板报迎新年，有同学建议可以用中国传统的折剪艺术，来制作精美图案，并初步形成了自己的作品，同学们请看．

图 3 - 63

剪纸是我们中华民族的传统文化，具有很高的艺术欣赏价值，老师也找了一些折剪大师的作品，同学们请欣赏：

图 3 - 64

评析：从学生熟悉的生活场景入手，引导学生从图形运动角度直观感知对称美，为后续引出轴对称图形与轴对称的概念作出铺垫．

(二) 用数学的眼光观察美

任务2：归纳轴对称图形与轴对称的概念．

问题1：观察图形，它们是有怎样的特征？如何用数学的方式下定义？

设问1：如果这些图案看作是平面图形，请找一找它们有什么共同特点？

设问2：你能从图形运动角度加以说明吗？

设问3：我们把具有这样特征的图形叫做轴对称图形，谁来归纳一下什么叫轴对称图形？

设问 4：你能划出概念中的关键词吗？

设问 5：轴对称图形与轴对称这两个概念有什么相同点？又有什么不同点？

【教学片段 2】

师：同学们，如果这些图案看作是平面图形，请找一找它们有什么共同特点？

生：它们是对称图形.

师：你是怎么看出来的，能从图形运动角度加以说明吗？

生：沿着当中那条线翻折，左右的两部分完全一样.

师：(动画演示翻折)我们把具有这样特征的图形叫做轴对称图形，谁来归纳一下什么叫轴对称图形？

归纳：把一个图形沿着某一条直线翻折后，直线两旁的部分能够互相重合，这个图形叫做轴对称图形.这条直线就叫做对称轴.

师：你能找找概念中的关键词吗？

生：一个图形、翻折、两部分重合、直线.

师：如果我们将其看作一个图形，那么它就是一个轴对称图形，那如果我们将它看作左、右两个图形呢？

归纳：如果把一个图形沿某条直线翻折，能与另一个图形重合，那么叫做这两个图形关于这条直线成轴对称.这条直线叫做对称轴.

师：轴对称图形与轴对称这两个概念有什么相同点？又有什么不同点？

生：相同点是都是沿某条直线翻折，不同点是轴对称图形的概念对象是一个图形，而轴对称的概念对象是两个图形.

设计意图：师生合作，归纳出轴对称图形与轴对称的概念，引导学生找出关键词与两个近似概念的相同与不同，让学生在感知图形的翻折表象的基础上，能够用数学语言加以表述、概括.这是学生将自己的研究成果上升为规律性内容的必要步骤，对提高学生的归纳总结能力、锻炼表达能力等都至关重要.

（三）用数学的思维分析美

任务 3：用数学眼光分析图形，并归纳折剪的一般方法.

问题 2：红双喜字怎么剪？背后的数学原理是什么？

设问 1：你是怎么剪双喜字的？

设问 2：(向对折一次的同学)你在剪的过程中有遇到什么困难吗？

设问 3：(向对折两次的同学)你为什么折两次？

设问 4：克服了对折一次的同学说的困难了吗？

设问5：我们来分析一下图形，双喜字是轴对称图形吗？几条对称轴？对称轴有怎么样的位置关系？

【教学片段3：动手实践，初步体验折剪】

师：同学们，原来折剪图案用数学的眼光来看就是轴对称图形，那么我们是否可以将刚才的学习应用到剪纸中来呢？这也就是我们本节课要研究的主要内容. 老师在每位同学的桌上都放了一张印双喜字的纸，请大家帮老师把双喜字这个图案剪下来.

师：你是怎么剪的？

活动结果展示：

情况一：不折，直接剪.

师：可以成功，但能否应用今天的轴对称图形概念，来优化剪的精度与速度呢？

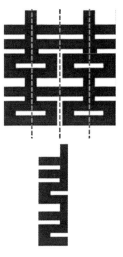

图 3-65

情况二：对折一次.

师：从剪双喜字，转变为剪"一个喜字"，你在剪的过程中有遇到什么困难吗？

生：镂空部分比较费劲.

情况三：对折两次.

师：你为什么折两次？

生：因为单独的一个喜字也是轴对称图形.

师：你克服了刚才那位同学说的困难吗？

生：克服了.

师小结：我们来分析一下双喜字这个图形，它是轴对称图形吗？（是）它有几条对称轴？（3 条）为什么要对折两次？（因为单个的喜字也是轴对称图形）这三条对称轴有什么位置关系？（平行）

同学们说得很好，我们如果能通过一个轴对称图形有几条对称轴来分析折剪图案，就可以找到"最小单元"，优化折剪问题.

问题3：下列作品如何剪出来？你能解释背后的数学原理吗？

设问1：我们来看一个新的图案——团花图案，团花是轴对称图形吗？有几条对称轴？对称轴又有怎么样的位置关系？

设问2：要完成这副折剪作品，应该对折几次？如何对折？

设问3：这里的三次对折是和"双喜"图案一样的同向三次对折吗？

设问4：为什么不是？

设问5：你能总结一下，剪纸时要怎么折是由什么因素决定的？

【教学片段4：数学眼光分析图形，归纳折剪一般方法】

师：刚才同学们表现得都很棒，如图3-66是一个更为复杂的团花图案，请你们观察分析：这个图形是轴对称图形吗？如果是，有哪几条对称轴？这几条对称轴位置关系和之前有什么不同？

图3-66

生：是轴对称图形，有4条对称轴.

生：对称轴是垂直的，不是平行的.

师：那么完成这副作品，我们应该对折几次最优化？如何对折？

生：三次.

师：那这三次对折，是和双喜字一样，同向对折三次吗？

生：要对角折.

师：为什么呢？

生：因为对称轴不再是平行的，夹角45°.

师：通过三次对折后，画出基本图形，再裁剪就可以得到最终的轴对称图形了.

师：最后，让我们完成一个更富挑战的任务，我们再来看一下如何剪出这样一个图案呢？能否类比刚才的方法来分析？

生：三条对称轴，三折.

师：这里的折法还是之前的对折吗？

生：要对折后沿着60°角来折.

师：为什么？

师：因为对称轴之间的夹角为60°.

师：同学们说得很好.现在,你们能总结一下,剪纸时怎么折是由什么决定的?

生：对折次数由对称轴条数决定的,对折方向是由对称轴的位置决定的.

设计意图：通过实践操作,学生能更直观地理解轴对称图形的概念,这种具象化的教学方式有助于学生深化对抽象概念的理解.引导学生思考如何选择最优的对折次数,提升了学生分析问题和解决问题的能力.

(四)用数学的方法创造美

任务 4：创作折剪作品,并表达出作品的几何特征与现实寓意.

【教学片段 5】

同学们,我们已经了解了折剪的基本方法,接下来,请同学们充分发挥你们的想象,小组分工合作设计出一些轴对称图形,并汇报展示.

评析：整堂课是学生知识建构的过程,也是创造美、感受美的过程.激发学生学习兴趣,也使学生体会数学源于生活,回归生活,数学是美的,也是有意义的.学生在经历了用数学思维分析美的体验后,尝试动手实践解决问题,体会数学与生活密切相连,感受数学图形之美.

(五)在反思总结中品味美

任务 5：自主小结,反思所学.

【教学片段 6】

师：通过今天所学,你有什么收获吗?

生：学习了轴对称图形和轴对称的概念,知道了它们的相同与不同.

生：学会了折剪的一半方法,并能通过分析图形,准确地找到"最小单元",来帮助我们更快更准确地完成折剪.

生：体会到了中华民族传统文化的博大精深,还想在课后继续深入学习,研究折剪艺术.

评析：将数学中的轴对称图形与民族的传统剪纸相结合,引领学生用数学的眼光欣赏美,用数学的语言表达美,用数学的思维分析美、创造美.寓教于乐,达成学生对轴对称图形的深度认识,激发学生的民族自豪感;本节课以素养为导向立意高远,以折剪窗花的活动为线索贯穿课堂始终,背后体现着老师以素养为导向的设计理念,通过几何直观发展学生的空间观念与抽象能力,以问题引领注重学生思维的养成.

四、问题探讨与反思

(一)感性到理性,经历概念形成过程,提高思维缜密性

数学来源于生活,又服务于生活,从学生贴近的生活情境中发现数学问题,运用所学的数学知识解决问题,让学生体验到数学与日常生活是密切联系的,真正体会到数学的内在价值.在本课时设计中,运用了许多生活中的素材.

首先,让学生欣赏生活中的轴对称图案.在学生们感叹图形之美时,引导学生指出美在哪里,找出图形共同特征,引出轴对称图形,并引导学生自己概括出轴对称图形的概念.

经历这样的概念形成过程,学生从感性到理性,不断感知,尝试表达,发现、纠正、弥补,提升了思维的缜密性.学生思维的训练,不仅可以通过论证几何的分析综合达到,在概念教学中同样可以达到.

(二)联系实际,创设自主探索与合作交流的氛围,发展空间观念

发展空间观念需要实践活动、观察测量、动手操作,这些都是具体的手段,只有在大家共同探究、合作解决问题的过程中才能不断发展空间观念.本课时在设计时,设置了许多的小组讨论、活动,如认识图形的翻折运动,能辨识轴对称图形,并利用轴对称图形的概念与折剪技巧设计,制作美丽的图案.学生经过讨论交流,互相补充,解决问题,其空间观念也在讨论交流中得以发展.在这个过程中,学生也充分感受到数学的趣味和作用、数学与现实生活的联系,体验数学的魅力,最后再将新学的知识应用于实际生活中,引导学生在面对实际问题中,学会从数学的角度出发思考、解决问题.

案例分享 《建立函数模型 解决现实问题——含氧量和海拔高度的关系》[①]

一、课例研究背景分析

(一)学习意义和价值的高观点分析

本节课是学生在学习了函数的概念、正比例函数、反比例函数、一次函数的图像和性质以及"直线型经验公式"之后,设计的一节以真实情境为背景的拓展课,主要内容是通过建立一次函数模型,探究大气压和海拔高度之间的变化规律,进而获得含氧量与海拔高度之间的关系,是运用函数模型解决真实问题的一次大胆尝试.

(二)基于高阶思维方面的思考

函数是数学中核心概念之一,也是一种重要的思想方法.它揭示了现实世界中数量关系之间相互依存和变化的实质,是刻画和研究现实世界变化规律的重要模型.《义务教育数学课程标准(2022年版)》指出:模型观念主要是指对运用数学模型解决实际问题有清晰的认识.知道数学建模是数学与现实联系的基本途径.中学阶段目前有三个涉及"模型"的数学核心素养,分别是模型意识、模型观念、数学建模,它们是一个整体在不同阶段的表现.在初中阶段,模型观念起着承上启下的作用,强调要进一步感知数学建模的基本过程,从现实生活

[①] 本案例选自第十三届初中数学青年教师优秀课展示活动,执教者:上海市延安初级中学 周民凡,徐晓燕老师参与指导.

或具体情境中抽象出数学问题. 模型观念既表现在概念、原理、方法的抽象过程中,还表现在问题解决的过程中[①].

事实上,从一个原始问题出发,可以设计不同层次的数学建模活动(表3-9):

表3-9

层次1	在已知模型类型特征的条件下,根据给定数据,利用数学工具求出相应的数学模型,解决常规问题
层次2	根据给定的问题情境,自己提出有意义的问题,构建常规模型,解决问题
层次3	根据实际情境,适当改变所设条件,提出开放性的数学建模问题

由于初中阶段培养学生模型观念的主要途径就是加强数学的实际应用,本节课是在层次3上对各环节进行建构,从现实世界的真实问题出发,转化为开放性的数学问题后,通过建立函数模型解决数学问题,并最终为现实世界具体问题的解决提出方案,完整地体验了数学建模的一般过程,为后续进一步学习数学建模奠定基础.

(三)目标与分析

基于对教学内容的思考,将本节课的教学目标设置如下:

(1)通过对一个真实问题的研究,经历发现与提出问题、收集资料分析并解决问题的过程,初步感悟数学在科学研究中的意义与价值;

(2)在具体情境中,能结合数据的特点,选择恰当的函数解决现实问题,并能去判断、检验所建立的函数模型是否能反映数据呈现的特点,为决策提供科学依据;

(3)在建立函数模型,解决现实问题的过程中,主动思考、自主探究、积极提问,积累基本活动经验,形成数据观念与模型观念,发展应用意识,感悟数学应用的普遍性.

教学重点:建立一次函数模型探求含氧量和海拔高度的变化规律.

教学难点:能选择恰当的函数反映大气压和海拔高度之间的变化规律以及探究"最佳直线"的判断标准.

二、课例的整体设计思路

在本原性问题"我们为什么要学习函数""研究函数的一般方法是什么?"的统领下,我们首先确定了本节课两个任务,任务一是如何把现实问题转化为函数问题,任务二是如何用函数方法研究两个变量之间的数量关系和变化规律.围绕这两个任务,以函数为知识背景,通过教学过程的推进,体验数学建模的基本过程,即"提出问题、建立模型、计算求解、检验结

---

① 杨兴. 初中生模型观念素养测评模型构建的研究[D]. 贵州师范大学,2023.

果、修正模型、解决问题"①,经历从现实生活或具体情境中抽象出数学问题,用函数的方法表示数学问题中两个变量之间存在的数量关系和变化规律,求出结果并讨论结果的意义,对现实问题作出决策.从"寻找模型"到"建立模型"的过程中,提升学生自主进行知识迁移,创造性运用知识解决问题的能力,进一步发展学生的高阶思维.

本节课问题结构如下:

本原性问题:如何运用函数模型解决现实中的真实问题?

驱动性问题:去九寨沟旅游,如何判断老师会不会出现高原反应?

问题 1:我们今天研究的问题如何转化成数学问题?

问题 2:观察分析表中的数据,反映了哪些量的数量关系?

问题 3:怎样利用函数方法探究 p(大气压)和 h(海拔高度)之间的变化规律?

问题 4:由最小二乘法建立的函数模型,是否对于其他城市仍然适用?

问题 5:由所建立的函数模型计算得到长海地区含氧量的结果与实际值是否接近?如何处理?

问题 6:在现实世界的复杂情境下,如果我们把海拔再升高,要去求珠穆朗玛峰峰顶的含氧量,我们所建立的函数模型仍然适用吗?

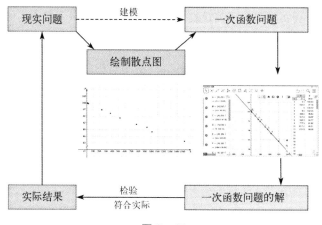

图 3-67

三、教学过程设计与实践

教学环节 1:创设情境,提出问题,促思考.

国庆节就要到了,老师和家人想去西北地区领略下祖国的大好河山,其中九寨沟长海的旖旎风光更是让老师心动,可是西北地区海拔都偏高,老师有点担忧自己和家人能不能够适

---

① 鲍建生,章建跃.数学核心素养在初中阶段的主要表现之七:模型观念[J].中国数学教育,2022(23):3-8.

应高原反应. 于是,老师查阅了如下资料:

资料 1:研究表明,达到海拔 3 000 米以上地区,机体会产生明显的症状和体征.[1]

资料 2:若空气中氧气浓度未满 18%,人们便会出现缺氧的症状.[2]

资料 3:一个地区含氧量 O 与大气压 P(以 kPa 为单位)的关系式为

$$O = P \times 0.206\,76\%.\ [3]$$

设计意图:函数与现实生活的联系非常密切. 本节课以"九寨沟长海含氧量问题"引入,激发学生探究"含氧量与海拔高度之间的关系"这一问题的兴趣. 为了解决该问题,通过展示三个资料(资料 1、资料 2、资料 3)将该问题转化为研究大气压 P 和海拔高度 h 之间的关系.

教学环节 2:分析数据,明确思路,促探究.

资料 4:我国部分城市的海拔高度(h)及大气压(P)对照数据表:[4]

表 3 - 10

城市名	海拔高度/m	大气压/kPa
A. 上海	4.5	100.53
B. 西安	396.9	95.92
C. 成都	505.9	94.77
D. 银川	1 111.5	88.35
E. 西宁	2 261.2	77.35

教学活动:观察表格中的数据,并让学生自主尝试利用函数方法去探究 P 和 h 之间的变化规律,教师巡视,进行个别指导. 引导学生能够从数和形两个角度,对函数模型进行检验.

设计意图:通过对资料 4 的数据观察并分析,学生分别从纵向和横向体会到大气压 P 随着海拔高度 h 的增大而减小(变化而变化),如果一个地区的海拔高度确定,那么该地区的大气压一般也确定(它们之间存在确定的依赖关系),体会到要用函数的方法来解决该问题. 让学生感悟数据蕴含的信息,发展数据观念.

教学环节 3:经历过程,把握关键,促体验.

---

① 肖雨茜. 西藏高寒旅游环境下人体高原反应指标体系建立与区域评价[D].成都理工大学,2013.
② 鲍建生,章建跃.数学核心素养在初中阶段的主要表现之七:模型观念[J].中国数学教育,2022(23):3-8.
③ 李大潜,王建磐等. 普通高中教科书 数学 选择性必修第二册[M].上海教育出版社,2022.
④ 许居鹓,陆哲明,邝子强. 机械工业采暖通风与空调设计手册[M].上海:同济大学出版社,2007.

模型检验：解决问题

表 3 - 11

城市名	海拔高度/m	由解析式：＿＿＿＿＿＿计算得到大气压估计值（结果保留两位小数）	大气压准确值/kPa	误差	误差的平方和
F. 北京	31.2		99.86		
G. 太原	777.9		91.92		
H. 兰州	1 517.2		84.31		
I. 丽江	2 393.2		76.11		
J. 林芝	3 000.0		70.54		
K. 都兰	3 191.1		69.14		
L. 昌都	3 306.0		68.14		

＊说明：以上七座城市海拔高度和大气压的数据参见脚注①

检验所建立的函数模型是否对于其他城市仍然适用，并利用模型解决现实问题，对结果进行检验.

设计意图：学生先通过自主尝试并结合小组探究，完整经历函数模型建立的三个阶段，即（1）将数据转化为点，并将点在平面直角坐标系的相应位置进行标注；（2）观察点的分布规律呈现出直线型特点，联想到建立一次函数模型来找到大气压和海拔高度之间的变化规律；（3）通过选点、连线并利用待定系数法，求出函数解析式.

每个小组可能会通过选取不同的点坐标，从而得到不同的函数解析式，制造认知冲突，要求学生通过讨论完善后说明哪条直线的表达式能够更加真实的反映 P 和 h 之间的变化规律，学生从数和形两个角度，给出相应的检验方法，并介绍最小二乘法，优化函数模型.

通过抛出以下两个问题：（1）由最小二乘法建立的函数模型，是否对于其他城市仍然适用？（2）由所建立的函数模型计算得到长海地区含氧量的结果与实际值是否接近？引导学生感知模型检验的必要性，进而解决现实问题.

教学环节 4：问题拓展，设置悬念，促反思.

拓展问题：我们建立函数模型，解决现实问题，但实际上这个问题远比我们想象的复杂.
① 含氧量与很多因素有关，我们今天所建立的是在忽略次要因素影响下的理想模型. 但实

---

① 李大潜，王建磐. 普通高中教科书. 数学（选择性必修第二册）［M］. 上海：上海教育出版社，2022.

际上,在海拔高度相同的情况下,如果一个地区绿树成荫,而另一个地区是荒漠戈壁,这两个地区的含氧量是会存在差异. 另外,当地环境的湿度和温度也影响着该地区的含氧量;② 从计算误差的表格中发现,在低海拔地区,我们所建立的函数模型误差绝对值相对较小,随着海拔的升高,误差绝对值有增大的趋势,如果我们把海拔再升高,要去求珠穆朗玛峰峰顶的含氧量,我们所建立的函数模型仍然适用吗?

作业布置: 函数模型 $O = (-0.010\,2h + 100.101\,2) \times 0.206\,76\%$ 能够较好的反映 3 300 米以下含氧量与海拔高度的关系. 如果要计算珠穆朗玛峰峰顶(海拔高度 8 848.86 米)的含氧量,这个函数模型仍然适用吗? 请同学们课后查阅资料,利用本课中的研究方法进行探究.

图 3 - 68

设计意图: 一般所建立的函数模型,往往会有它的适用范围,如果我们要计算出珠穆朗玛峰峰顶的含氧量,那么我们所建立的函数模型还适用吗? 让同学们感受到我们所建立的模型并不是"完美的",现实中我们还要考虑更多的因素,为学生进行课后的探究性学习指明了方向.

四、问题探讨与反思

(一) 重视问题转化,提升学习动机

本节课的实际问题,是一个复杂陌生、具有一定挑战性的情境,需要学生综合运用所学知识与方法解决实际问题,实现知识的远迁移输出[1],面对"在海拔高度为 3 060 的九寨沟长海地区游玩会不会出现高原反应?"这样的现实问题,如何转化为"数学问题"? 问题简化过度,则会失去现实问题的真实性,成为人为构造的纯数学问题;问题设置切入口过大,则会使得难度过高、跨度过大;问题设置切入口太小,铺垫过多,则会使得学生失去自主选择和表达创意的机会,自然也就没有了探究和解决问题的兴趣. 所以在本节课中,通过若干个有层次的开放性问题,"我们今天研究的是怎样的数学问题?""观察分析表中的数据,反应了怎

---

① 郭衎,曹一鸣.综合与实践:从主题活动到项目学习[J].数学教育学报,2022,31(5):9 - 13.

样的数量关系?""怎样利用函数方法探究 p(大气压)和 h(海拔高度)之间的变化规律?"引导学生逐步提取出需要解决的数学问题,进一步激发学生的学习兴趣,提升学生的学习动机.

(二)经历问题解决,发展高阶思维

本节课从一个真实的情境"在海拔高度为 3 060 的九寨沟长海地区游玩会不会出现高原反应?"出发,结合现实的经验(含氧量低于 18% 会出现缺氧症状,$O = p * 0.206\,76\%$ 比例关系),从数学的视角分析、抽象出一个具有驱动性的数学本质问题:如何探究 p 和 h 的关系.这个问题对学生而言是具有一定的挑战性,从而也激发了学生主动投入和思考.问题解决过程中,学生先根据表格中的数据信息分析出 p 和 h 具有某种函数关系,通过描点发现数据的变化趋势,确定了一次函数模型解决问题的思路,然后再经过系统地分析、决策,解决了问题.也就是说学生在"提出问题——建立模型——检验模型——应用模型"的建模过程中,要经历信息收集、分析、推理、抽象到系统分析、决策、问题解决的认知过程,这里体现了思维的进阶,通过在复杂情境下,解决具有挑战性的问题,促进了学生高阶思维的发展.